本书是全国教育科学“十三五”规划2018年度课题国家一般项目“大学科研育人机理研究”（BIA180189）成果

大学科研育人机理研究

刘在洲　李小平　刘香菊　等◎著

科学出版社
北京

内 容 简 介

本书基于“立德树人”的视角，追寻了大学科研育人的历史嬗变，分析了当下大学科研育人的现实境况，凝练了大学科研育人的时代内涵，揭示了大学科研育人的本质特征，阐述了大学科研育人的使命与价值，从多个角度探索了大学科研育人的机理，提出了大学科研育人的实现机制与育人路径。

本书对高校管理干部、科研教师和政府教育行政主管部门人员等有重要参考价值，还可作为高校思想政治教育专业与高等教育学专业的教师和研究生的教学、研究参考用书。

图书在版编目（CIP）数据

大学科研育人机理研究 / 刘在洲等著. —北京：科学出版社，2022.6
ISBN 978-7-03-070824-3

Ⅰ. ①大… Ⅱ. ①刘… Ⅲ. ①高等学校–人才培养–研究–中国
Ⅳ. ①G649.2

中国版本图书馆 CIP 数据核字（2021）第 260648 号

责任编辑：朱丽娜　高丽丽 / 责任校对：杨　然
责任印制：李　彤 / 封面设计：润一文化

科学出版社 出版
北京东黄城根北街 16 号
邮政编码：100717
http：//www.sciencep.com
北京建宏印刷有限公司 印刷
科学出版社发行　各地新华书店经销
*
2022 年 6 月第　一　版　开本：720×1000　1/16
2023 年 2 月第二次印刷　印张：16
字数：260 000

定价：99.00 元

（如有印装质量问题，我社负责调换）

前　　言

20世纪70年代以后，一些世界著名大学普遍把科学研究和知识创新作为办学的重心，由此在世界范围内形成了“重科研、轻教学”的格局。在我国，随着高等教育的发展，大学的科研职能日益凸显，“重科研、轻教学”的现象时有出现，科研往往成为大学的工作重心，人才培养存在被边缘化的趋势。特别是在科研过程中，很容易忽视对学生科研理想、科学道德、科学精神以及政治、思想、文化方面的素质的培养。

2015年和2017年，《关于进一步加强和改进新形势下高校宣传思想工作的意见》《关于加强和改进新形势下高校思想政治工作的意见》两份针对新形势下的高校思想政治工作的文件中分别提出了“科研育人”的要求，强调科研育人是培养人才的重要途径。在2016年底中央召开的全国高校思想政治工作会议上，习近平总书记指出“把思想政治工作贯穿教育教学全过程，实现全程育人、全方位育人，努力开创我国高等教育事业发展新局面”①。2017年，教育部印发了《高校思想政治工作质量提升工程实施纲要》，提出要着力加强科研育人，构建科研育人质量提升体系。2020年出台的第五轮学科评估工作方案，把科研育人作为评估指标列入其中。

在新形势下，科研育人的提出符合我国高等教育“立德树人”这一根本任务的要求。贯彻落实中共中央提出的科研育人精神，是当前大学思想政治工作的重要任务之一，大学应当不忘育人初心，砥砺前行，在历经发展变革后回归育人本质，肩负起时代重任。要贯彻落实好中共中央提出的科研育人精神，理论研究必须走在前面，研究科研的历史和现实，探讨科研育人的相关理论，分析科研育人

---

① 习近平：把思想政治工作贯穿教育教学全过程 开创我国高等教育事业发展新局面[EB/OL]. http://cpc.people.com.cn/n1/2016/1209/c64094-28936173.html[2021-06-10].

的要素及作用机理，具有重大意义。

本书以提出问题—分析问题—解决问题—总结问题为研究脉络，沿着为什么要研究大学科研育人问题—大学科研育人是什么—大学科研育人育什么—大学科研育人为什么—大学科研育人如何可能—如何促进大学科研育人这一主线展开。本书共十二章，具体内容如下。

第一章回答了为什么要研究大学科研育人问题。本章展现了研究的背景，提出了研究的问题，界定了大学、科研、大学科研、育人、大学科研育人、机理等概念，通过文献研究梳理了大学科研育人的逻辑起点和研究基础。

第二章研究了大学科研育人的历史和现实问题。首先，通过文献梳理，分析了大学科研育人的起源与历史嬗变；其次，通过问卷调查、个别访谈分析了大学科研育人的时代境况；最后，剖析了大学科研育人存在问题的原因。

第三章研究了大学科研育人是什么的问题，概括了大学科研育人的时代内涵，分析了大学科研育人的本质特征。

第四章研究了大学科研育人为什么的问题，探讨了大学科研的育人使命，论述了科研育人的时代价值及现实意义。

第五章至第八章主要从多个视角探索了大学科研如何育人及育人机理的问题。一是从大学科研本质属性的视角，探索了大学科研的育人本源；二是从发生学方法的视角，分析了大学科研的育人逻辑；三是从大学科研育人构成要素的视角，分析了诸要素的育人效能；四是从要素作用模式的视角，揭示了大学科研的育人规律。

第九章解析了科技界的典型案例，阐述了科学家精神的育人意蕴。

第十章研究了美国大学学术道德和科学精神教育的实践做法，从中找出了一些可以借鉴的经验，得到了重要启示。

第十一章构建了大学科研育人运行机制系统，提出了科研育人的对策与建议。

第十二章对本书内容进行了总结，并对大学科研育人的发展进行了展望。

本书研究的创新点有如下五个方面。

一是凝练了大学科研育人的时代内涵，分析了其本质特征。研究表明，大学科研育人任务很重，内涵丰富，共有十个方面，即科学报国、服务人民的崇高理想；勇攀高峰、争创一流的创新精神；淡泊名利、甘于奉献的高尚情操；勤奋刻苦、潜心钻研的拼搏精神；不怕失败、越挫越奋的坚强意志；集智攻关、团结协作的协同精神；严谨求实、诚实守信的优良学风；敢于怀疑、善于批判的问题意识；求善求美、有律有度的科技伦理；辩证唯物主义的世界观和方法论。大学科研育人的特征体现为科研理想引领的政治教育的方向性特征、科学道德修炼的道德教育的规范特征、科学精神规训的思想教育的认知性特征、科研方法指导的方法论教育的实践性特征。

二是分析了大学科研的本质属性与育人意蕴，探讨了大学科研育人的本源和应然性育人机理。研究表明，大学科研的本质属性蕴含着大学科研育人的本源，凸显了大学科研育人的必然性，是大学科研育人机理形成的土壤。

三是基于发生学方法，解析了大学科研育人的逻辑。研究表明，发生学方法揭示了大学科研育人的逻辑，凸显了科研育人的应然性，是大学科研育人机理形成的动力。

四是分析了大学科研育人的构成要素，实证检验了其影响因子。研究表明，学校、教师、团队、环境以及学生是科研育人的核心要素；引领与管理、言传与身教、互动与感染、熏陶与浸润、感悟与内化体现了大学科研育人要素作用的育人规律，凸显了大学科研育人的实然性，是大学科研育人机理形成的核心。

五是系统构建了大学科研育人的运行机制，并提出了相应的对策建议。研究表明，科研育人的运行机制主要包括引领与协调机制、动员与协同机制、支持与保障机制、监督与激励机制，相应的对策围绕实现这四个方面的机制展开，分别如下：一是强化宏观调控与组织领导；二是强化主体责任与联动推进；三是强化环境培育与手段创新；四是强化规范管理与考核奖惩。

本书的不足和后续研究应继续深化的问题如下。

1）鉴于课题组成员的水平、时间及精力有限，书中有些观点或结论可能存在一定的局限性，诚望各位学者批评指正。

2）由于缺少必要的外文文献，本书的比较研究分析得不够深入，这是今后有待完善的地方。

3）立足大学“立德树人”这一根本任务，探索大学科研育人及其机理是必要的，但教育部第五轮学科评估将科研育人作为一项指标纳入，这无疑扩展了科研育人的内涵，给科研育人研究提出了新的要求，这是研究者今后要关注的研究领域。

本书第一、三、四、九、十一、十二章由刘在洲撰写，第二章由张愿、谭梦媛、谢晨霞撰写，第五、六章由李小平、刘在洲撰写，第七章由汪发元、谭梦媛撰写，第八章由赵映川、刘香菊撰写，第十章由刘在洲、张恒波撰写。同时，侯玉巧、郑亚威、阚远亮、张春珍等同学为本书的出版做了许多资料收集和整理工作，武汉纺织大学的段益波、周闰禄、武猛、曾中良、向涛、刘登冉等同事参与了本书稿的修改和校对工作。全书由刘在洲负责统稿。

在撰写过程中，我们得到了中国教育科学研究院刘贵华教授、张彩云教授，华中科技大学刘献君教授、张应强教授、贾永堂教授、童志勇老师，华中师范大学董泽芳教授、周小李教授，中南大学庞青山教授，湖北省教育科学规划领导小组办公室赵友元教授，武汉纺织大学副校长冯军、校党委常委金艳、科技处副处长王良波、朱丽霞教授、李相朋教授，长江大学胡成功教授、徐红教授等专家学者的指导与关心。武汉纺织大学学校办公室、科技处、研究生处、马克思主义学院，以及科学出版社编辑朱丽娜等对本书的出版给予了大力支持和帮助，对于他们的付出，在此表示衷心的感谢。

最后，值得指出的是，尽管我们在探索大学科研育人方面做了诸多努力，但鉴于我们的水平、时间及精力有限，书中的不足在所难免，诚望广大读者批评指正。

作　者

2022年1月

目　　录

第一章 绪论

第一节 研究的背景与问题的提出

一、研究的背景

自19世纪初洪堡[①]（W. von Humboldt）将科学研究引入大学以来，科研成为现代大学的重要职能。大学科研的贡献与日俱增，大学不仅是知识创新的主体，而且是技术创新的重要力量，同时是人才培养的重要途径。随着时代的发展，大学拥有了丰富的科研资源，大学科研覆盖了基础研究、应用研究与开发研究，在一个国家科技创新体系中的地位不断提高，在推动国家科技创新进程中拥有无法比拟的优势，主要表现在以下三个方面。

其一，大学是科研学术活动最为活跃的地方之一，并且不断促进知识的创新和学科的发展。大学自始以来就有宽松且浓厚的学术氛围，有长期积累的扎实的科学研究基础和良好的科学研究传统，有众多的学科门类，有交叉学科生长的土壤，有高端的研究平台。因此，大学始终站在世界科技前沿和科技竞争未来发展的制高点，敢于提出新理论、开辟新领域、探寻新路径，引领科技创新方向，并不断地促进学科的生长和发展。正如伯顿·克拉克（B. R. Clark）所说，“大学不平常地被包括在学科、专业和跨学科领域的不断前进的知识流组织

① 有的文献将此人名翻译为“洪堡特”，文献部分保持原样，不做修改，其他译著中的人名处理方法相同。

起来”[①]，“只要高等教育仍然是正规的组织，它就是控制高深知识和方法的社会机构”[②]，大学汇聚了丰富的创新资源，为原始创新提供了肥沃的土壤。以我国为例，高校国家重大科技基础设施“十一五”实现零的突破，“十二五”牵头项目占 1/3，“十三五”优先启动项目占半壁江山。[③]“十三五”期间，我国高校不仅建有 60%以上的国家重点实验室，承担了 80%以上的国家自然科学基金项目，还聚集了 60%以上的全国高层次人才，高校两院院士在全国院士总数中占比超过 40%。[④]大学在国家科研全局中占主导地位，为高校原始创新能力提升和关键核心技术突破奠定了坚实的基础。

其二，大学获得的科技投入比例在不断提高。在我国，大学的研发经费占总研发经费的比例在不断增长。2016—2019 年，高校科技经费总额达到 7820 亿元。2019 年，全国高校签订技术转让合同 13 918 项，比 2016 年增长 45.1%；合同总金额 67.5 亿元，比 2016 年增长 34.3%。[⑤]2015—2019 年，国家自然科学基金委员会批准的科学基金资助经费逐年增加，大学承担国家自然科学基金项目经费占比较高，且逐年上升。

其三，大学的科学研究蓬勃发展，其社会贡献与日俱增。美国大学的教育与科研实力雄踞世界之首。美国卡内基小组（Carnegie Corporation）的研究表明，美国 50%的经济实力是从它的教育制度中获得的。[⑥]就我国来讲，大学以自由探索和协同创新并重，加快了科研成果转化，自主创新能力得到显著提升，成为国家科研创新体系的重要力量。2012 年以来，我国高校发表的科技论文数量占全国论文数量的 80%以上。[⑦]“十三五”以来，高校获得了 70%以上的国家自然科学奖和国家技术发明奖，以及 60%以上的国家科学技术进步奖，牵头完成了 50%的“中国科学十大进展”，高水平研究成果集中涌现。清华大学首次成功观测量子反

---

① [美] 伯顿·克拉克. 探究的场所——现代大学的科研和研究生教育[M]. 王承绪，译. 杭州：浙江教育出版社，2001：278.

② [美] 伯顿·R. 克拉克. 高等教育系统——学术组织的跨国研究[M]. 王承绪，徐辉，殷企平等，译. 杭州：杭州大学出版社，1994：11.

③ 雷朝滋. 新中国成立 70 年高校科技创新发展历程与未来展望[J]. 中国高等教育，2019（18）：11-13.

④ 梁丹，焦以璇. “十三五”高等教育取得突破性进展[EB/OL]. http://www.moe.gov.cn/fbh/live/2020/52717/mtbd/202012/t20201204_503404.html[2020-12-03].

⑤ 教育部：高校两院院士在全国院士总数中占比超过 40%[EB/OL]. http://www.moe.gov.cn/fbh/live/2020/52717/mtbd/202012/t20201204_503450.htm[2020-12-03].

⑥ 白春礼. 世界主要国立科研机构概况[M]. 北京：科学出版社，2013：44.

⑦ 雷朝滋. 新中国成立 70 年高校科技创新发展历程与未来展望[J]. 中国高等教育，2019（18）：11-13.

常霍尔效应，实现了世界物理科学前沿领域的重大突破；上海交通大学成功研发全球最大非自航绞吸疏浚装备，实现了从“被封锁”到“出口管制”的跨越式发展。[①]与此同时，高校科技服务经济社会和国家重大战略的能力得到显著提升。高校的科技成果和社会服务为产业升级以及高铁、核电、光伏、数控、高压输电、新能源汽车等领域提供了关键技术支撑。“十三五”以来，高校科技成果转化成效显著。2016—2019 年，高校服务产业、企业和社会需求获得的横向科研经费总额超过 2147 亿元。[②]高校科技成果加快了向现实生产力转化的速度。

可以预见，大学科研职能将不断加强，并对我国科技创新与发展产生深刻的影响，大学也将肩负起建设创新型国家的历史使命。

然而，20 世纪 70 年代以来，世界著名大学普遍把科学研究和知识创新作为办学的工作重心，在世界范围内形成了“轻教学、重科研”的格局，甚至出现了美国高等教育学家伯顿·克拉克所说的“科研漂移”现象。“科研漂移”是指在科学事业不断强化和分化的背景下，一大批高科技知识专业相继出现，这些专业在其发展进程中，对资金、设备和人员等方面的要求不断提升。与此同时，各领域的专家为尽快产出预期科研成果，对其所处的科研环境的要求也相继提高。在这一背景下，各类研究活动开始向专门化的科研场所聚集，而与同时进行科学教育、学生科研训练和科学研究的大学疏离开来。这一现象在近代科学发展中逐步显现，“很多近代科研的核心需要将促进科研活动从正常的大学教学场所流到科研中心、实验室和研究所”[③]。

在我国，大学的科研职能日益凸显，表现为教学、科研双中心逐渐演变成以科研为中心，科研数据作为重要的考核指标被运用在大学社会评估、排名上，科研水平更是大学申请博士点和各种项目的重要依据。为此，大学想方设法引进高层次人才、搭建科研平台、组建科研团队、出台科研激励政策并投入大量经费资助，全力推进科技创新。在大学的科研作用和地位日益凸显的背景下，大学内部教学和科研的天平发生了倾斜，科研逐渐与教学相脱节，与人才培养相背离，科

---

① 教育部：高校两院院士在全国院士总数中占比超过 40%[EB/OL]. http://www.moe.gov.cn/fbh/live/2020/52717/mtbd/202012/t20201204_503450.html[2020-12-03].

② 新华网.“十三五”期间高校高水平研究成果集中涌现 科技成果转化成效显著[EB/OL]. http://education.news.cn/2020-12/03/c_1210914106.htm[2020-12-03].

③ [美] 伯顿·克拉克. 探究的场所——现代大学的科研和研究生教育[M]. 王承绪，译. 杭州：浙江教育出版社，2001：222.

研似乎成为大学的中心任务和教师的主要工作目标，人才培养出现边缘化的趋势。特别是在科研过程中，一些教师往往忽视了对学生科学道德、学术诚信及政治思想、文化素质的培养。这一情况引起了党和国家及教育工作者的高度关注。

二、问题的提出

2015 年 1 月，中共中央办公厅、国务院办公厅印发《关于进一步加强和改进新形势下高校宣传思想工作的意见》，首次在中央文件中明确提出“科研育人”的要求，强调高校要“立足学生全面发展，努力构建全员全过程全方位育人格局，形成教书育人、实践育人、科研育人、管理育人、服务育人长效机制，增强学生社会责任感、创新精神和实践能力，全面落实立德树人根本任务，努力办好人民满意教育”。

2017 年 2 月，中共中央、国务院印发《关于加强和改进新形势下高校思想政治工作的意见》，提出要“坚持全员全过程全方位育人。把思想价值引领贯穿教育教学全过程和各环节，形成教书育人、科研育人、实践育人、管理育人、服务育人、文化育人、组织育人长效机制”，再次强调了科研育人。

2017 年，教育部在《高校思想政治工作质量提升工程实施纲要》中提出了构建“科研育人质量提升体系”等十大任务（亦称“十育人”：课程育人、科研育人、实践育人、文化育人、网络育人、心理育人、管理育人、服务育人、资助育人、组织育人），要求着力加强科研育人，并强调要“发挥科研育人功能，优化科研环节和程序，完善科研评价标准，改进学术评价方法，促进成果转化应用，引导师生树立正确的政治方向、价值取向、学术导向，培养师生至诚报国的理想追求、敢为人先的科学精神、开拓创新的进取意识和严谨求实的科研作风”。2020 年 10 月，教育部出台的第五轮学科评估工作方案，把科研育人作为评估指标列入其中。

在对教师育人的要求方面，2018 年 9 月 14 日，《中共教育部党组关于认真学习贯彻全国教育大会精神的通知》下发，提出以凝聚人心、完善人格、开发人力、培育人才、造福人民为工作目标，实施新时代立德树人工程，形成全员育人、全过程育人、全方位育人格局。2020 年 10 月，中共中央、国务院印发了《深化新时代教育评价改革总体方案》，提出改革学校评价，推进落实立德树人根本任务，坚决克服重科研轻教学、重教书轻育人等现象。

在新形势下，科研育人的提出符合我国高等教育“立德树人”这一根本任务的要求。贯彻落实中央科研育人精神是当前大学思想政治工作的重要任务之一，大学应当不忘育人初心，砥砺前行，在历经发展变革后回归育人本质，肩负起时代重任。要贯彻落实好中央科研育人精神，理论研究必须走在前面。研究科研育人的历史和现实，探讨科研育人的相关理论，分析科研育人的要素及其作用机理，对促进大学立德树人具有重大意义。为此，本书对科研育人及其机理进行了系统的阐述。

第二节　核心概念界定

一、大学

大学泛指从事高等教育活动的机构。“大学”的概念有广义和狭义之分。广义的大学是大学、专门学院和高职高专院校的统称，包括以下几种：①全日制普通高等学校（大学、学院、高等专科学校、高等职业学校）及其夜校部、函授部；②独立的函授大学（学院）、广播电视大学（学院）；③管理干部学院；④职工、农民大学（学院）；⑤教育学院、教师进修学院；⑥高等教育自学考试机构。狭义的大学仅指校名中以“大学”冠名的教学研究型层次以上的普通高等学校，在英文中常被翻译为“university”。本书取大学的广义之意。

二、科研

“科研”是“科学研究”的简称。“科学”的概念有广义和狭义之分，广义的科学是人们关于自然、社会和思维的现象及其客观规律的分科理论体系，包括自然科学、技术科学、人文科学和社会科学；狭义的科学仅指自然科学，是人们关于自然现象及其客观规律的分科理论体系。由此可见，科研也有广义和狭义之分，广义的科研是人们关于自然、社会和思维的现象及其客观规律的研究，包括自然科学、技术科学、人文科学和社会科学的研究；狭义的科研仅指自然科学研究，是关于自然现象及其客观规律的研究。本书取科研的广义之义，泛指自然科学、技术科学、人文科学和社会科学等学科领域中的基础性研究、探索性研究、应用性研究及开发性研究。

三、大学科研

本书中的大学科研是指大学科研人员在自然科学、技术科学、人文科学和社会科学领域开展的基础性研究、探索性研究、应用性研究和开发性研究。①

四、育人

育人的“育”定义为教育、培养。广义的育人即人才培养，是指通过对受教育者进行德智体美等多方面的教育，促进受教育者的全面发展。狭义的育人主要是指针对德育方面的培育，旨在提高学生的思想道德素质。本书取育人的狭义之义。

五、大学科研育人

本书的大学科研育人是指大学教师寓德育于科研过程之中，通过科研活动对学生进行思想价值引领的教育行为和实践，旨在培育学生正确的人生观、价值观和世界观，在提高学生科研水平和能力的同时，增强学生的科研理想、科学道德、科学精神、科研方法及其政治、思想、文化、心理素质等。需要说明的是，本书中的大学科研育人对象是大学的全体学生，包括本科生、研究生、进修生等。

六、机理

目前，学界对机理主要有两种解释：一是指为实现某一特定功能，一定的系

① 刘在洲，徐红，陈承. 高校科研质量评价标准研究[M]. 北京：科学出版社，2015：25.

统结构中各要素的内在工作方式以及各要素在一定环境下相互联系、相互作用的运行规则和原理；二是指事物变化的理由和道理。本书取机理的第一种解释。

第三节　国内外相关研究

一、国外大学科研育人研究动态

在国外的文献中，很难找到有关“大学科研育人”的系统研究，但与之相关的大学科研促进人才培养、通过科研培养学生的个性与道德修养和组织本科生进行科研的研究比较丰富。

（一）关于大学科研促进人才培养的研究

中世纪的欧洲虽然没有明确赋予大学科研职能，但中世纪大学的教学更像是师生在一起共同探讨高深学问，这种研究式的教学，不仅发展了知识，而且培养了人才。比利时的教育学家希尔德·德·里德-西蒙斯（H. de Ridder-Symoens）在《欧洲大学史（第一卷）——中世纪大学》一书中对中世纪大学的教学即人才培养的组织形式进行了研究，指出中世纪大学里经院哲学教学中特有的“评注”方式①，使教师和学生从讨论互动逐渐演化为“辩论”，而后转变为“研究”，最终达到向学生传授知识的目的。

洪堡于1810年创办柏林大学（又称洪堡大学）并将科学研究引入大学，强调大学科研的作用和地位，把发展科学放在至高无上的地位。他主张“科研与教学相统一”的原则，并在《论柏林高等学校学术机构的内部和外部组织》一文中指出：“高等学术机构的作用，由内而观之，在于沟通客观的学术和个人的修养；由外而观之，则是将完成的中学教育与开始的独立的大学学习连接起来，或

① ［比］希尔德·德·里德-西蒙斯. 欧洲大学史（第一卷）——中世纪大学[M]. 张斌贤，程玉红，和震等，译. 保定：河北大学出版社，2008：253.

者说促进前后两者的过渡，但其最为关注的唯有学术。”[①]可见，洪堡认为，发展科学和培养人才是相互联系的，人才培养可以在发展科学的过程中实现。洪堡将科学研究与人才培养密切联系在一起，科学研究成了培养人才的重要手段。因此，洪堡的这一观点被奉为经典的教学和科研相结合的大学教育理念。

德国著名学者赫尔曼·勒尔斯（H. Röhrs）指出，教学与科研统一中的“统一”就是指教学与科研的整合，即教学中有科研，科研中有教学，科研与教学一道直接培养人才，科研具有促进人才培养的重要属性。[②]

20 世纪 60 年代以后，德里克·博克（D. Bok）的《走出象牙塔——现代大学的社会责任》、亚伯拉罕·弗莱克斯纳（A. Flexner）的《现代大学论——美英德大学研究》和克拉克·克尔（C. Kerr）的《大学的功用》等对大学的本质职能做出了新的判断，并就科研和教学的关系做出阐释，认为科研虽然从教学中分离出来，但应当与教学协调一致，科研的目的是促进人才培养。

可见，科研虽然从现代大学的教学中分离了出来，但强调科研目的仍然是必须促进人才培养。当代研究型大学虽然着力强调科技创新，但也强调科研必须促进人才培养，全面育人。当然，这里的人才培养也包含了对思想道德素质的培养，但侧重的是对学生的业务知识及技能的培养。

（二）关于大学科研培养学生的个性与道德修养的研究

关于大学科研培养学生的个性与道德修养的研究，代表人物是柏林大学的洪堡，他对此做了一系列的阐述。

洪堡在积极推行“教学与学术研究相统一”的实践中，强调大学科研要培养学生的个性与道德修养。他指出，“所谓高等学术机构，乃是民族道德文化荟萃之所，其立身之根本在于探究深邃博大之学术，并使之用于精神和道德的教育”[③]。洪堡还鲜明地提出了另一条重要原则，即“由科学而达至修养”[④]。他认为大学的活动虽然为发展科学，其根本目标则在于通过发展科学促进学生乃至全民族的精神和道德修养的提升。他强调，探求纯科学的活动是达至修养的不二门

① 转引自：陈洪捷. 德国古典大学观及其对中国的影响[M]. 北京：北京大学出版社，2015：222.
② 转引自：潘懋元. 多学科观点的高等教育研究[M]. 上海：上海教育出版社，2001：74.
③ 转引自：陈洪捷. 德国古典大学观及其对中国的影响[M]. 北京：北京大学出版社，2015：222.
④ 转引自：陈洪捷. 德国古典大学观及其对中国的影响[M]. 北京：北京大学出版社，2015：37.

径，而纯科学是用于“精神和道德修养……天然合适的材料”①。可见，科学是一种心智的、能动的、创造性的和探索性的活动，这种活动具有涵养品质和促进修养的作用，因此科学是实现修养目标的媒介，科学可实现个体自由的“自我塑造”，通过这种自我塑造，个体能够发展成一个理性的、有修养的、有个性的人。

洪堡的“由科学而达至修养”的原则概括了大学的双重任务：一是对科学的探求；二是对个性与道德修养的培养。②概言之，洪堡认为大学的本质就是客观的学习与主观的修养的结合，通过学习和研究客观纯粹的科学或学问提升主观修养。也就是说，大学尽可以专心于科学，只要探索科学的活动在此能蓬勃进行，修养的目标就会随之得以实现，“科学……也可以陶冶性格”③。

洪堡的修养观是以他对人、人性和人的尊严的关心为出发点的。他认为，“不应该把人看成是装配在社会机器上的随时可以由他人替换的零件。因为，这样人就失去了他做人的尊严。像人一样地生活，就意味着自己的个性。修养正是为了发展人的个性而设。修养要唤醒个体的力量，让个人在觉醒的过程中壮大自己，调理自己”④。洪堡重视人自身的价值与修养的关系。他认为，“人的价值就在于人的存在本身，人的目的在于人本身，在于他内部的道德修养”⑤。修养的目标在于促进人的自我发展和自我完善，达到道德的境界。提高修养既是人发展的最终目标，也是实现这一目标的必经过程，在提高修养的过程中，个体通过不断反思，以及通过知识与道德方面的努力达到内心的和谐。洪堡认为，通过修养的历练，个人天赋能完全地发展，各种潜能能圆满、协调地发展，最终融合成一个整体。⑥

---

① Wassermann F M, von Humboldt W, Flitner A. Schriften zur Anthropologie und Bildungslehre[M]. Frankfurt am Main: Beck Press, 1984: 82.

② Wassermann F M, von Humboldt W, Flitner A. Schriften zur Anthropologie und Bildungslehre[M]. Frankfurt am Main: Beck Press, 1984: 77.

③ Wassermann F M, von Humboldt W, Flitner A. Schriften zur Anthropologie und Bildungslehre[M]. Frankfurt am Main: Beck Press, 1984: 84.

④ 转引自：傅安洲，阮一帆，彭涛. 德国古典大学修养观及其启示[J]. 高等教育研究，2007（12）：99-103.

⑤ 转引自：傅安洲，阮一帆，彭涛. 德国古典大学修养观及其启示[J]. 高等教育研究，2007（12）：99-103.

⑥ von Humboldt W. Ideen zu einem Versuch, die Gränzen der Wirksamkeit des Staats zu bestimmen[M]. Stuttgart: Opladen Press, 1967: 22-23.

洪堡认为，提升修养的历程能够导致新文化的产生和新国家的建立。他倡导的教育体制从个体的自我解放开始直至促进人类一致性的人格的自主和独立，通过个体的“成形”达至社会的转变。洪堡认为，“高等科学教育机构概念的核心，在全部意义上就是直接产生民族道德文化，这是确定无疑的，科学这个词汇在最深刻、最广泛的运用上，能够作为精神与道德教育的材料”①。大学首先不是一种教育机构，而是由于它的存在，科学及其进展具有了主观的并且以人类精神世界的社会生活为目的的指导意义。因此，科学应该被引入社会生活，但不是通过它在经济上的运用，而是通过促进充满灵感的青年一代的精神、每一个公民的理性以及国民的整体理性来进入。②科学的社会重要性是通过修养来体现的，即科学产生于修养，修养又依赖于科学。

洪堡强调，只有在人们经历了自身修养的提升过程后，科学知识才是可理解的，正是科学把知识集合起来。如果人们停止探求或想象真正的科学，那么它将不需要从心灵深处被创造出来，唯有当科学出自内部并能根植于内部，才能塑造品格。③正因为这种品格的塑造，科学才成为人类社会的推动力和生产力。这样客观的科学和主观的修养就紧密地连接起来，科学从修养中产生，修养则由科学给养。在修养中科学变得主观，在科学中修养变得客观。

关于科研促进学生个性发展与道德修养的观念还有许多。雅斯贝尔斯（K. T. Jaspers）在其著作《什么是教育》中认为，“大学也是一种学校，但是一种特殊的学校。学生在大学里不仅要学习知识，而且要从教师的教诲中学习研究事物的态度，培养影响其一生的科学思维方式”④。布鲁贝克（J. S. Brubacher）在其著作《高等教育哲学》中指出：“一位学者教授是出于自我实现的动机来从事研究和教学工作的，如果他感到必须从事这些学术活动才能实现他的潜力，我们就可以说他的活动是高尚的。”⑤拉塞克（S. Rassekh）和维迪努（G. Vaideanu）在

① von Humboldt W. Über die innere und äussere Organisation der höheren wissenschaftlichen Anstalten in Berlin[M]. Darmstadt: Landorf Press, 1964: 255.

② 傅安洲，阮一帆，彭涛. 德国古典大学修养观及其启示[J]. 高等教育研究，2007,（12）: 99-103.

③ von Humboldt W. Über die innere und äussere Organisation der höheren wissenschaftlichen Anstalten in Berlin[M]. Darmstadt: Landorf Press, 1964: 257.

④ ［德］卡尔·雅斯贝尔斯. 什么是教育[M]. 邹进，译. 北京：生活·读书·新知三联书店，1991：139.

⑤ ［美］约翰·S. 布鲁贝克. 高等教育哲学[M]. 王承绪，郑继伟，张维平等，译. 杭州：浙江教育出版社，2002：131.

《从现在到2000年——教育内容发展的全球展望》一书中强调，要使教育内容跟上时代步伐，正确的做法是在当代科学的精神与方法论和教育的内容之间寻求一种认识论上的协调一致。①

可见，以洪堡为代表的许多教育家和哲学家对科研如何促进学生道德修养与个性发展及国民素质的提高进行了深入研究，并提出了许多观点和理论，这是本书研究的重要理论基础。

（三）关于以本科生为对象的科研育人研究

西方国家最早发现高校科研在育人方面出现了问题，意识到高校因重视科研而淡化了对本科生的培养和教育，从而开始重视科研育人。美国的大学最早推行了本科生科研。1969年，麻省理工学院本科教育院长玛格丽特·麦克维卡（M. MacVicar）将本科生科研融入课堂，创立了“本科生研究机会计划”（Undergraduate Research Opportunity Program，UROP）用来支持本科生参加科研工作，之后，此举被诸多高校效仿，本科生科研这一概念在世界范围内引起了关注。英国高等教育学院出版了《发展本科生科研与探究》（Developing Undergraduate Research and Inquiry）一书，该书结合广泛的国际案例研究，展示了世界各学术机构和国家系统对北美本科生科研概念的借鉴和发展。20世纪80年代，美国开展了具有针对性的教育改革，教育界重新定位了本科教育的培养目标，着重将科研训练作为创新人才培养的重要举措之一。②1998年，美国博耶研究型大学本科教育委员会（The Boyer Commission on Educating Undergraduates in the Research University）在卡内基教学促进基金会（Carnegie Foundation for the Advancement of Teaching）的资助下，发表了题为《彻底变革大学本科教育：美国研究型大学的蓝图》的报告（即博耶报告），指出本科教育是研究型大学常常忽视的问题，他们把自身的价值限定于科研方面，高深的研究和本科生教育存在于两个完全不同的平面上。③该报告明确提出，探索、调查、发现是大学的核心，每一个存在于大学系统中的人

---

① ［伊朗］S. 拉塞克，［罗马尼亚］G. 维迪努. 从现在到2000年——教育内容发展的全球展望[M]. 马胜利，高毅，丛莉等，译. 北京：教育科学出版社，1992：204.

② 转引自：卢晓东. 本科教育的重要组成部分——伯克利加州大学本科生科研[J]. 高等理科教育，2000（5）：67-74.

③ ［美］博耶本科教育委员会. 彻底变革大学本科教育：美国研究型大学的蓝图[J]. 朱雪文，编译. 全球教育展望，2001（3）：2，67-73.

都应该是发现者、学习者。此外，其他一些会议报告也要求大学制定以研究、探索为本源的学习标准。例如，报告《学院——美国本科生教育的经验》指出，积极的理论学习和对学科的探索发现最好被列入本科生培养经验中，以发展学生的智力。[①]《彻底变革大学本科教育：美国研究型大学的蓝图》对大学提出了更进一步的要求：学习是基于导师指导下的发现，而不是信息的传递。[②]为落实这些报告的精神，许多研究型大学出台了相应的本科生科研计划，旨在激励本科生参与科学研究，鼓励教师指导本科生进行科研，由此本科生科研蔚然成风。有学者在对美国文理学院的夏季本科生科研（undergraduate research，UR）经验的民族志学研究中，通过问卷调查分析比较了UR方案的结构要素及其对学生有利的方面。研究结果表明，在UR实践中，教师和学生能真正参与科研实践工作，在有共同目标或兴趣的科研项目上，学生与科研指导教师相互协助进行科学研究。对教师和学生的观察研究表明，UR是一个智力体验过程：它为学生提供了一个实践科研的机会，并在一定程度上深化了对高等教育的认知。激发学生学习的积极性、独立性，了解科学研究的实际意义并积累实践经验，对于确定未来工作和教育的发展方向及职业规划有指导意义。在广义上，UR本身就是最纯粹的教学方式。教师认为学生参与科研有助于提高学生的认知水平、技术水平、沟通表达能力，促进个人发展等。学生认为参与科研有助于深入学术领域之中、解决问题和学习道德标准等。

韦根（Wiegant）等在《旨在弥补课本和科研之间差距的一门本科生课程》（An undergraduate course to bridge the gap between textbooks and scientific research）一文中认为，本科生参与科研活动的潜在价值在于了解研究者是如何在该领域工作、思索、交流的，同时学生的批判能力、分析问题和解决问题的能力能够在科研过程中得到提升。[③] 班格（G. Bangera）等在《基于课程的本科生科研经历能使科研更具包容性》（Course-based undergraduate research experiences can make scientific research more inclusive）一文中研究了科研对本科生尤其是对大一

---

① ［美］卡内基教学促进会，E. L. 波伊尔. 学院——美国本科生教育的经验[A]//吕达，周满生. 当代外国教育改革著名文献（美国卷·第一册）[C]. 北京：人民教育出版社，2004：74.

② ［美］博耶本科教育委员会. 彻底变革大学本科教育：美国研究型大学的蓝图[J]. 朱雪文，编译. 全球教育展望，2001（3）：2，67-73.

③ Wiegant F, Scager K, Boonstra J. An undergraduate course to bridge the gap between textbooks and scientific research[J]. CBE—Life Sciences Education, 2011 (10): 83-94.

新生的积极影响：获得丰富的知识和技能，沉浸式的科研经验成为本科生学习的典型特征，独立参与科研的经验往往也是申请攻读博士的参考。[①]基于课程的本科生科研经历（course-based undergraduate research experience，CURE）潜在地给予了每一位学生而非特定的学生参与科研的机会。弗里德里希（J. M. Friedrich）在《本科生早期参与科学研究——基于教室分布式的工作流程倡议》（A classroom-based distributed workflow initiative for the early involvement of undergraduate students in scientific research）一文中认为，大一、大二学生掌握的技能有限和时间安排上的冲突，使他们参与有意义的科研面临挑战，因而需要一种分布式的工作流程项目，并就参与形式、参与时间、参与者会晤以及目标结果展开探究。[②] 保尔·亨纳兹（P. Hernandez）等在《本科生科研经历丰富了科研的多样性》（Undergraduate research experiences broaden diversity in the scientific workforce）一文中的研究表明，本科生的科研经历对大学生的学术成就、取得科学学士学位、获得研究生科研项目和长期参与科研工作具有举足轻重的意义。[③]其中，每周参与科研 10 小时及以上，且完全参与了至少两学期（或夏季学期）的本科生是最大的受益者。

从上述研究来看，虽然将本科生引入科研之中并通过科研活动来培养他们，强调的是对学生的知识和能力的培养，但很多研究者都看到了本科生科研对促进学生个性发展和提高道德素质是有帮助的。这些研究为本书研究开阔了思路。

综上所述，国外暂时没有明确提出“科研育人”这一概念，但从历史的角度来看，国外大学一直非常重视通过科研促进人才培养，促进学生个性的发展与道德素养的提高。众多研究表明，大学科研的育人职责似乎是与生俱来的，大学科研已成为育人的重要途径，以及学生成长的重要环节。这些研究为本书研究提供了理论支撑和研究基础。

---

① Bangera G, Brownell S E. Course-based undergraduate research experiences can make scientific research more inclusive[J]. CBE—Life Sciences Education, 2014 (13): 603-604.

② Friedrich J M. A classroom-based distributed workflow initiative for the early involvement of undergraduate students in scientific research[J]. Journal of Science Education and Technology, 2014, 23 (1): 59-66.

③ Hernandez P, Woodcock A, Estrada M B, et al. Undergraduate research experiences broaden diversity in the scientific workforce[J]. BioScience, 2018, 68 (3): 204-211.

二、国内大学科研育人研究动态

（一）对大学科研育人的意义、作用的研究

刘咸卫认为，大学科研区别于科研院所的科研的关键在于人才培养，“大学科研要培养人才，就必须使其具有教育性。大学科研是培养高素质人才的一条重要途径与手段，大学要在科研中真正体现与实现教书育人”①。刘建军在论文《进一步重视科研在高校育人中的地位和作用》②和《论高校思想政治工作的育人格局》③中，从学理上强调了“全程育人、全方位育人”的必要性，提出了以立德树人为核心的思想政治工作对全面育人具有重大意义，并从研究生思想政治工作的角度充分阐述了科研在大学育人中的地位和作用。万里鹰、万紫涵在《科研育人对大学生创新能力和素质提升的研究》④一文中指出，科研育人对大学生的培养工作具有重要作用和意义：科研可以融入教学育人；科研过程可以反哺教学；科研育人可以激发学生的求知欲，调动学生的学习积极性，还可以促进大学生综合素质的提高。魏强、李苗在《高校科研育人论析》⑤一文中指出，科研育人在时代改革创新、营造科研风气和发掘育人要素三个方面具有重要意义。尹万东在《高校科研育人：价值、意蕴、问题与机制》⑥一文中提出，高校科研育人是建设科技强国的必然要求、遵从伦理道德的应有之义、催生时代新人的重要举措。周光礼等在《高校科研的教育性——科教融合困境与公共政策调整》⑦一文中认为，高校科研不同于院所科研，院所科研强调单一的学术性，旨在推进理论发展、前沿领域技术创新、复杂系统创新，而高校科研兼具学术性和教育性，具有明确的、不容推卸的人才培养职责。高校科研应同时面向学术发展和人才培养，而不是不顾学科性质、无视育人使命，一味地追求所谓“学术成果”的发

---

① 刘咸卫. 回归大学育人本真：教学的研究性与科研的教育性[J]. 中国高等教育，2008（21）：29-31.

② 刘建军. 进一步重视科研在高校育人中的地位和作用[J]. 中国高等教育，2015（6）：34-37.

③ 刘建军. 论高校思想政治工作的育人格局[J]. 思想理论教育，2017（3）：15-20.

④ 万里鹰，万紫涵. 科研育人对大学生创新能力和素质提升的研究[J]. 大学教育，2017（2）：145-146.

⑤ 魏强，李苗. 高校科研育人论析[J]. 思想理论教育，2018（7）：97-101.

⑥ 尹万东. 高校科研育人：价值、意蕴、问题与机制[J]. 北京化工大学学报（社会科学版），2019（4）：75-81.

⑦ 周光礼，姜嘉乐，王孙禺等. 高校科研的教育性——科教融合困境与公共政策调整[J]. 高等工程教育研究，2018（1）：88-94.

表。高校科研的主要目的是更好地培养人才，而不是论文至上，论文不代表学术水平的全部。

从以上众多的研究文献中可以看出，学者对科研育人的定位较高，对科研育人的作用和意义的认识比较到位。

（二）对大学科研育人的基本概念、内涵、功能的研究

1. 关于科研育人的概念

骆郁廷在《略论科研育人》①一文中界定了科研育人的概念，认为科研育人是指结合科学研究的过程对学生进行思想政治教育，寓思想政治教育于科研之中，在提高学生科研水平和能力的同时，提高学生的思想道德素质。科研育人是大学培养人才、提高学生思想道德素质的重要途径。阮一帆、徐欢在《高校科研育人探析》②一文中指出，科研育人是以科学研究活动为载体的，并在科学研究的过程中实现育人的功能。具体而言，就是在高等教育中，教师通过指导学生参与科学研究活动，在提高学生的科学素养和研究能力的同时，全面培养学生的思想品德、意志品质、人格操守等，从而实现立德树人的根本目标。

2. 关于科研育人的内涵

袁巍、王经民在《试论科研育人的特点、内容及方法》③一文中提出，科研育人主要包括树立科学报国的理想、培养科学精神、掌握科学方法、形成科学的世界观等内容。崔明德在《"科研育人"论纲》④一文中指出，在知识经济时代背景下，社会更需要具有创新精神和创新能力的人才。科研育人的提出，既是时代的呼唤，又是高校实施素质教育的要求。科研育人的功能主要体现在以下几个方面：一是激发学生的创造力，培养学生的创新精神；二是影响学生未来的学术和职业发展；三是促进学生的个性发展；四是增强学生识假辨伪、反对迷信愚昧的能力；五是培养学生的良好学风；六是培养学生的完整人格。该文认为应把科研育人始终贯穿于教学过程中。科研育人功能的充分发挥，需要学校、社会为其创造必要的条件，建立健全学生全面评价指标体系和激励机制。谢维和教授在接受

---

① 骆郁廷. 略论科研育人[J]. 高等教育研究，1997（3）：71-74.

② 阮一帆，徐欢. 高校科研育人探析[J]. 思想理论教育导刊，2019（8）：152-155.

③ 袁巍，王经民. 试论科研育人的特点、内容及方法[J]. 研究与发展管理，1989（3）：42-45.

④ 崔明德. "科研育人"论纲[J]. 烟台大学学报（哲学社会科学版），2001（2）：220-225.

访问时指出，育人是大学科研的本质特征，增强高校的科研能力有助于提高高等教育质量和人才培养水平。尤其是高水平研究型大学的研究生和本科生都应参加科研活动，以培养他们的科学精神和科学素养，以及提升其创新意识和创新能力，达到理解、运用和创造的目的。[①]王李金、杨彩丹在《转变观念 强化科研育人理念》[②]一文中指出，大学的科研功能源于人才培养的实际需要，科研应围绕人才培养展开；大学的科研特点体现了人才培养的特殊要求。大学既是教育中心，又是科研中心。高校科研更需要将创新成果转化为人才培养资源，将学生纳入科研环节，以提升学生的科研能力。张德江在《论科学研究的育人作用》[③]一文中指出，科研育人是新形势和任务下高等教育大力改革人才培养模式、拓展人才培养道路、强化学生创新精神和实践能力的必然选择。刘建军在《进一步重视科研在高校育人中的地位和作用》[④]一文中，从思想政治教育的角度，认为科研育人主要指的是通过科研活动来培育学生的健全人格和思想品德。王静、李俊秀在《科研育人：高等教育变革的动力》[⑤]一文中认为，科研育人的内容包含在科研育人的理念、过程和环境中。魏强、李苗在《高校科研育人论析》[⑥]一文中归纳了科研育人的主要内容，即至诚报国的理想追求、敢为人先的科学精神、开拓创新的进取意识和严谨求实的科研作风。阮一帆、徐欢在《高校科研育人探析》[⑦]一文中提出了科研育人的时代内涵，即至诚报国的理想追求、开拓创新的进取意识、严谨求实的思维观念和诚信敬业的人生态度。尹万东在《高校科研育人：价值、意蕴、问题与机制》[⑧]一文中认为，科研育人的内涵包括胸怀理想不甘落后、践行精神知难而上、掌握方法授之以渔、培养思维训练有素、落实行动循序渐进五个方面。

---

① 薛娇. 育人是大学科研的重要任务——访清华大学副校长谢维和教授[J]. 中国高校科技，2011（9）：11-13.

② 王李金，杨彩丹. 转变观念 强化科研育人理念[J]. 中国高校科技，2012（Z1）：20-23.

③ 张德江. 论科学研究的育人作用[J]. 中国高校科技，2012（Z1）：17-19.

④ 刘建军. 进一步重视科研在高校育人中的地位和作用[J]. 中国高等教育，2015（6）：34-37.

⑤ 王静，李俊秀. 科研育人：高等教育变革的动力[J]. 中国成人教育，2017（8）：30-32.

⑥ 魏强，李苗. 高校科研育人论析[J]. 思想理论教育，2018（7）：97-101.

⑦ 阮一帆，徐欢. 高校科研育人探析[J]. 思想理论教育导刊，2019（8）：152-155.

⑧ 尹万东. 高校科研育人：价值、意蕴、问题与机制[J]. 北京化工大学学报（社会科学版），2019（4）：75-81.

3. 关于科研育人的功能

很多学者对不同类型的大学科研育人功能的侧重点进行了研究。胡道全、成孝义在《研究型大学的育人职能》[①]一文中认为，研究型大学的科研育人功能是培养高素质人才。于佩学在《以科研促进教学 培养创新型人才——兼论教学研究型大学科研的定位》[②]一文中认为，研究型大学要树立自己的人才培养理念，改变单一传授知识的教学模式，着力构建科研与教学相结合、产学研有效衔接的人才培养模式，结合科研实践、生产实践和社会实践培养学生探索未知的兴趣、独立思考的习惯和解决问题的能力。孙雷在《论地方高校科研的核心价值》[③]一文中认为，地方大学科研具有学术价值、经济价值、个体价值、社会价值、育人价值等，其中育人价值是地方大学科研的核心价值。

从以上文献可以看出，在不同背景和政策下，科研育人的概念、内涵、功能也在不断发生着变化。但目前大多数学者认为，科研育人的内涵和功能均侧重于培养学生的科研理想、科学道德、科学精神及政治、思想、道德素质。也有少数学者认为，科研育人侧重于对学生知识、能力以及其他方面科学素质的培养。

（三）对大学科研育人的途径、方法、特点和动力机制等的研究

王李金、杨彩丹在《转变观念 强化科研育人理念》[④]一文中认为，大学科研育人的途径和方法主要包括如下四个方面：一是结合教学的科研环节育人；二是加强对学生业余科研活动的指导；三是吸收学生参加教师的科研活动；四是引导学生面向社会开展科研等。万里鹰、万紫涵在《科研育人对大学生创新能力和素质提升的研究》[⑤]一文中认为，科研育人的途径是通过课堂教学、课堂设计、申报三小课题、综合性实验设计、毕业实践实习、毕业论文设计等对大学生进行初步的科研训练。教师可以把科研思想、科研方法、科研平台转化成教育理念、教学内容和教学平台，以科研成果强化教学深度、把科学研究型实验导入实验教学

---

① 胡道全，成孝义. 研究型大学的育人职能[J]. 高等建筑教育，2005（1）：27-30.

② 于佩学. 以科研促进教学 培养创新型人才——兼论教学研究型大学科研的定位[J]. 现代教育科学，2006，（7）：115-117.

③ 孙雷. 论地方高校科研的核心价值[J]. 中国高校科技，2011（12）：18-19.

④ 王李金，杨彩丹. 转变观念 强化科研育人理念[J]. 中国高校科技，2012（Z1）：20-23.

⑤ 万里鹰，万紫涵. 科研育人对大学生创新能力和素质提升的研究[J]. 大学教育，2017（2）：145-146.

等。严俊在《研究生思想政治工作“四育人”路径探析》[①]一文中，针对思想政治工作提出了科研育人路径：将思想政治工作融入科研训练，培养研究生的创新意识与思维，通过激励和考核机制，提高研究生的专业技能和职业规划能力。柳太平在《论高校科研的育人功能》[②]一文中认为，高校科研育人具有实践性、综合性、创造性、关联性、多变性等方面的特点。范五三、谢兴政在《新时代高校建构科研育人体系的动力机制》[③]一文中，提出了构建科研育人体系的引导机制、内驱机制和外驱机制，分别以政治方向、主体发展和实践方向为核心。可见，这一方面的研究也比较丰富，对本书研究有一定的启发作用。

（四）对大学科研育人的育人对象的研究

陈启智发表的《科研育人与研究生培养》[④]，楼建悦、赵启泉发表的《科研育人：研究生培养教育的关键》[⑤]，肖春、毛诗焙发表的《高校科研团队与研究生创新人才培养》[⑥]的育人对象侧重于研究生。刘宝存发表的《美国大学的创新人才培养与本科生科研》[⑦]一文的育人对象侧重本科生。刘在洲、张恒波发表的《促进人才培养：高校科学研究义不容辞的责任》[⑧]一文的科研育人对象既包括研究生，也包括本科生。

总之，关于科研育人对象的专门研究虽然不多，但从相关文献来看，大多是针对研究生的，针对本科生的较少。

（五）对科研育人存在的问题与对策的研究

周光礼等在《高校科研的教育性——科教融合困境与公共政策调整》[⑨]一文中指出，高校教师评价过于强调发表论文、申请专利、科研奖励、出版学术专著

① 严俊. 研究生思想政治工作“四育人”路径探析[J]. 高校辅导员学刊，2017（4）：54-58.

② 柳太平. 论高校科研的育人功能[J]. 思想·理论·教育，1995（3）：55-57.

③ 范五三，谢兴政. 新时代高校建构科研育人体系的动力机制[J]. 中国高校科技，2018（7）：41-43.

④ 陈启智. 科研育人与研究生培养[J]. 学位与研究生教育，1991（5）：5-7.

⑤ 楼建悦，赵启泉. 科研育人：研究生培养教育的关键[J]. 黑龙江高教研究，2002（6）：74-75.

⑥ 肖春，毛诗焙. 高校科研团队与研究生创新人才培养[J]. 黑龙江高教研究，2011（6）：70-71.

⑦ 刘宝存. 美国大学的创新人才培养与本科生科研[J]. 外国教育研究，2005（12）：39-43.

⑧ 刘在洲，张恒波. 促进人才培养：高校科学研究义不容辞的责任[J]. 高等农业教育，2014（7）：3-6.

⑨ 周光礼，姜嘉乐，王孙禺等. 高校科研的教育性——科教融合困境与公共政策调整[J]. 高等工程教育研究，2018（1）：88-94.

以及科研项目及其经费等量化指标，且将其与教师职称晋升、职务升迁和奖金分配等具体利益挂钩，直接塑造了教师的科研偏好，即多数教师选择把主要精力放在发表论文、申请课题和出成果等活动上，投入到教学与育人方面的精力相对不足。在这种价值偏好的支配下，不仅科研转化育人的渠道不畅，科研直接育人更是无从谈起。有些教师让学生参与自己的科研项目，但仅将学生视为“学术打工仔”。由于科研育人无利可图，教师对于把自己的科研成果转化为教学内容、把科研方法转化为教学方式缺乏动力和热情。科研本是教学的衍生物，偏离“为育人而科研”是高校科研的异化。

宋喆在《科学研究对人才培养的贡献力思考》①一文中指出，科研的过程是漫长且枯燥的，常伴随诸多失败，研究者需要有耐得住寂寞、为学术献身的精神。学术浮躁使一些学生只满足于应付学业，对本科生科研活动草草应付，不愿意在科研的道路上付出努力，即使参与了教师的课题，也达不到育人的效果。

尹万东在《高校科研育人：价值、意蕴、问题与机制》②一文中指出，科研育人尚存在投入不足、学术不端、学生科研动机不纯三大问题。

周光礼等在《科教融合学术育人——以高水平科研支撑高质量本科教学的行动框架》③一文中回顾了高校科教从分离到融合的历史，对如何构建科教融合的理论框架和行动框架进行了研究。蒋文娟、张淑林在《构建科教结合协同育人的保障机制》④一文中研究了我国科教结合协同育人的发展现状、主要障碍和保障机制的构建。

谭红等在《科技创新视阈下工科大学生科研育人路径研究》⑤一文中指出，目前工科大学生科研育人存在的问题主要有两个：一是理论联系实际有待加强；二是育人过程的针对性有待提高。

---

① 宋喆. 科学研究对人才培养的贡献力思考[J]. 艺术百家，2013（S2）：408-409.

② 尹万东. 高校科研育人：价值、意蕴、问题与机制[J]. 北京化工大学学报（社会科学版），2019（4）：75-81.

③ 周光礼，周详，秦惠民等. 科教融合学术育人——以高水平科研支撑高质量本科教学的行动框架[J]. 中国高教研究，2018（8）：11-16.

④ 蒋文娟，张淑林. 构建科教结合协同育人的保障机制[J]. 中国高校科技，2018（8）：33-36.

⑤ 谭红，吴男，姜云龙. 科技创新视阈下工科大学生科研育人路径研究[J]. 辽宁广播电视大学学报，2018（3）：12-13.

张毅华在《高校德育之科研育人：路在何方》①一文中提出了科研育人的实践路径：一是科研须贯穿于教学中进行；二是激发学生的学习主体意识，培养大学生的自我教育和终身学习意识；三是改进科研环节和程序，将思想价值引领贯穿于科研全过程；四是为本科生开设学术规范与学术道德专题讲座，为研究生开设相应的公选课程；五是加强哲学社会科学学科建设。

杨萍在《新时代高校科研育人问题与途径探析》②一文中认为，要充分发挥高校科研工作的育人职能，需要从教育主体、培养体系和特色模式等角度来激发育人活力。

综上所述，国内学者明确提出了“科研育人”的概念，且不少学者对大学科研育人的概念、内涵、途径、功能、方法、特点、对象以及存在的问题与对策等进行了研究，产生了一些有价值的研究成果。这些都是本书研究的重要基础，对本书研究具有借鉴作用。但是，由于种种原因，这些研究还存在以下几个方面的不足。

1）大学科研育人的研究对象单一。一是研究的大学主要是研究型大学，对教学研究型这类为数不少的大学的关注不够；二是研究的育人对象多为研究生，忽略了本科生这个庞大群体。

2）大学科研育人研究的系统性不够，具体表现为碎片化、单一性。一是对大学科研育人的概念、内涵、特性、机理、途径、方法等进行的探讨较多，系统研究较少；二是对某个单一领域科研育人的研究较多，如计算机领域的科研育人、农业领域的科研育人等，对科研育人的综合研究偏少。

3）大学科研育人研究的深度不够。不少学者对教学与科研的关系以及科研如何促进人才培养进行了深入研究，但对教师在科研过程中如何培养学生的思想品德的研究深度还不够，特别是围绕习近平总书记讲话精神和中央文件提出的弘扬和培养科学家精神等的研究有待深入。

4）大学科研育人的内在机理研究欠缺。现有的研究对科研育人的途径和方法的探讨较多，但深入探讨科研育人构成要素及其作用机理的研究尚未发现。

总而言之，关于大学科研育人及其机理的研究，存在对象单一化、体系碎

① 张毅华. 高校德育之科研育人：路在何方[J]. 科技视界，2018（11）：155-156.

② 杨萍. 新时代高校科研育人问题与途径探析[J]. 宁波教育学院学报，2018（4）：27-30.

片化、内涵表面化、功能弱化等问题。特别是关于科研育人的构成要素与内在发生机理的研究目前仍然处于“真空”状态，既没有相关著作，也没有类似论文。虽然这加大了本书研究的难度，但同时也说明了本书研究选题的必要性。

第四节　研究的意义

一、研究的学术价值

1）研究科研育人及其机理问题，不仅有助于深化对大学科研育人的认识，而且有助于充实、完善和深化科研职能的内涵，丰富高等教育职能理论，对高等教育理论发展起到“添砖加瓦”的作用。

2）研究科研育人及其机理问题，不仅有助于增强对大学科研育人的理论自信，而且有利于丰富大学育人途径理论，特别是丰富大学德育途径理论和创新德育过程理论，从而对促进思想政治工作理论的发展起到一定的积极作用。

3）通过探讨大学科研的育人意蕴和科研育人的理论基础，概括科研育人的基本内涵和本质特征，研究大学科研育人的发生学机理和要素作用机理，有助于丰富科学学、科学社会学、发生学理论，完善科研育人及其机理的理论框架，为科研育人实践奠定理论基础。

二、研究的应用价值

1）从政治站位来看，研究大学科研育人及其机理问题，是贯彻落实中央精神和习近平总书记指示的需要，有助于引起大学对科研育人的重视，增强大学践行科研育人的责任感和使命感。

2）从面向需求来看，研究大学科研育人及其机理问题，有助于了解科研育人的现实状况，认清其中存在的问题，找出成因，探索解决当前科研育人存在的问题的方案与科研育人的未来发展方略，并提出对策。

3）从实践层面来看，研究大学科研育人及其机理问题，有助于把握科研育人的规律，掌握科研育人的方法，指导大学科研育人的实践。

第五节　研究的思路与方法

一、研究的思路

本书以提出问题—分析问题—解决问题—总结问题为研究脉络，沿着为什么要研究大学科研育人问题—大学科研育人是什么—大学科研育人育什么—大学科研育人为什么—大学科研育人如何可能—如何促进大学科研育人这一主线展开。

本书研究在梳理文献的基础上，以界定大学、科研、大学科研、育人、大学科研育人、机理等概念为起点，首先，追寻了大学科研育人的起源与历史嬗变过程，通过问卷调查、个别访谈等方法，分析了大学科研育人的现状和存在的问题，剖析了问题的成因。其次，凝练科研育人的时代内涵，分析科研育人的本质特征，阐述大学科研的育人使命与育人价值。再次，从多个角度探索了大学科研育人为什么能及育人机理问题，即从大学科研的本质属性视角，探索了大学科研的育人本源；从发生学方法的视角，分析了大学科研的育人逻辑；从大学科研育人构成要素的视角，分析了诸要素的育人效能；从要素作用模式的视角，揭示了大学科研的育人规律；从科技界典型案例中，总结了科学家精神的意蕴；从美国大学学术道德和科学精神教育的实践经验的视角，得出了育人启示。在此基础上，提出了大学科研育人的实现机制与育人路径。最后，对大学科研育人研究结论进行了总结，对科研育人的发展进行了展望。具体的研究思路与技术路线如图 1-1 所示。

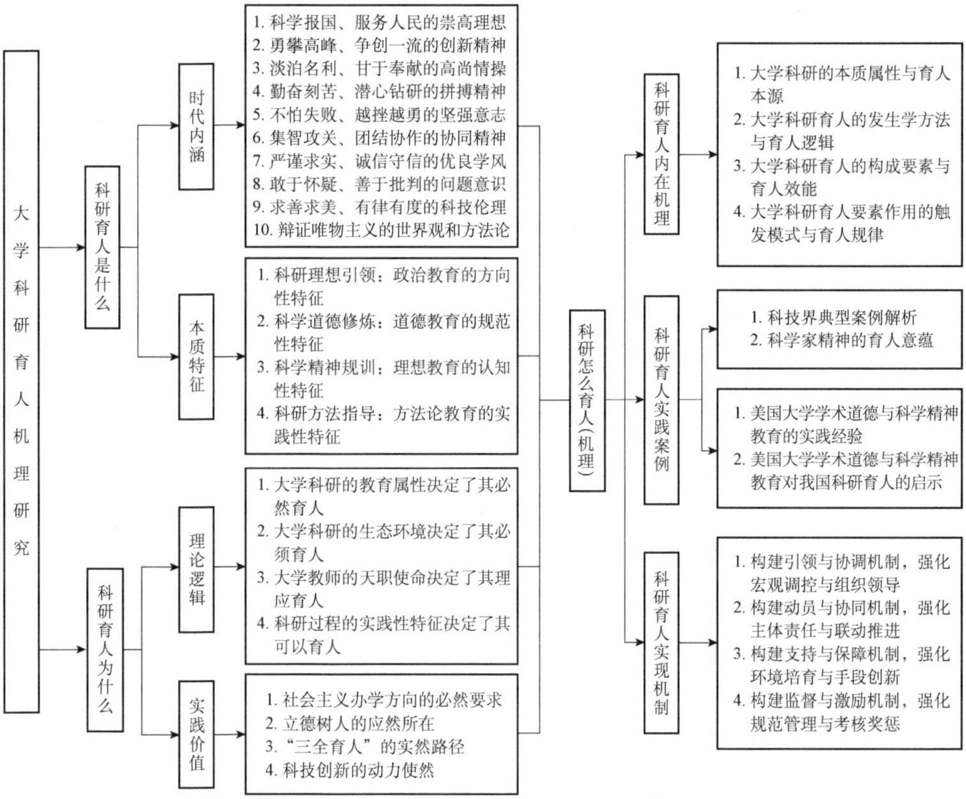

图 1-1　本书的研究思路与技术路线

二、研究的方法

（一）文献研究法

课题组围绕研究目的和内容，通过查阅、获取相关文献、资料，系统、全面地了解和掌握所要研究问题的研究现状，汲取目前国内外相关研究取得的成果，从而对大学科研育人及其机理研究的现状、前沿问题有一个总体性的认识和把握，在此基础上展开进一步的研究和探讨。

（二）理论分析法

课题组通过对大学科研育人及其机理研究的相关文献进行检索、收集、加工，从理论的角度分析大学科研育人的意蕴与理论基础、起源与历史嬗变、构成要素与作用机理等。由于大学科研育人及其机理问题涉及范围较广，比较难以把握，本书在研究中综合采用了教育学、心理学、管理学、科学社会学等理论，通过进行严谨的逻辑推理，较为全面地分析了相关问题。

（三）问卷调查与个别访谈法

课题组通过书面形式，将严格设计的测量项目或问题分别发放给教师和学生，以收集有关大学科研育人现状的客观数据，以及教师和学生对科研育人的主观评价，从而对我国大学科研育人现状、问题、成因等情况有一个总体了解。

同时，针对问卷调查难以了解到的问题及在问卷调查中暴露出来的新问题，课题组访谈了部分高校分管科研的校领导、科技处处长、学院院长、科研平台负责人、科研骨干、科研育人典型代表等，以了解科研育人的现状与观念背后的动因，学校科研育人政策与考核情况及其影响，以及教师在科研过程中对学生进行思想道德教育的故事和典型案例。

（四）实证研究法

课题组通过对问卷调查获取的数据进行分析，找出影响大学科研育人的主要因素及影响因子。

（五）案例研究法和比较研究法

课题组通过解析科技界的典型案例及其正反两个方面的经验和教训，阐述科学家精神的育人意蕴；基于美国大学学术道德和科学精神教育的案例，通过比较研究归纳美国科研育人的经验，从中得出宝贵的启示，以资借鉴。

第二章

大学科研育人的历史嬗变与现实境况

第一节　大学科研育人的历史嬗变

一、大学科研的起源

考察大学科研育人，必须从大学科研的发生发展说起，而说到大学科研的发生发展，自然要追溯到大学的变迁。

西方高等教育的起源可以追溯到阿加德米学园（Academy，即后人所称的“柏拉图学园”）的成立。该学园由柏拉图创立，有重视自然科学研究的传统，学生通过自由讨论和演讲的方式，共同探索学术问题。学园门前写着“不懂几何者不得入内”。可见，在诞生之初，大学就携带着科学探索活动的基因。

中世纪初期，欧洲的守旧教会和皇室的纷争冲突时常不断，因与统治者的思想相悖，科学研究的发展滞后于神学和经院哲学。教育被教会垄断，直接体现在教学科目的设置和人才培养方式上：中世纪大学的目的是继承和保留文化传统，在宗教价值观的影响下，自然科学的教授不被应允；大学教法也采用带有经院哲学色彩的讲座和辩论等方式，贯通在神学、文学、医学和法学中。因此，一般认为中世纪大学的任务不包含科学研究，其主要职责是教书育人。其实中世纪教学方法中的讲座和辩论是有着“研究”特征的，因为讲座的举行需要学生在演讲前结合经文进行“评注”，得出符合逻辑的推断，然后说出自己对教材典籍的领悟并形成自己独到的见解。“在所有中世纪大学的学院中，有两种基本的训练类型，这就是‘讲座’和‘辩论’……后者是口头辩论，依据亚里士多德的三段论方法进行推理、演绎、辩论。”[①]辩论是在给定命题下，学生运用亚里士多德三段论的方法进行推理、演绎、论证的过程。这一过程必然会引发探索和讨论，教师从对经典的照本宣科转变为对真理的探求发现。由此可见，讲座和辩论都蕴含着发现真理获得新知的过程，特别是讲座和辩论中的思辨式与求索性的“评注”可以称作中世纪的科学研究。这种形式的科研属于广义上的研究，只是一种个体意义的自我探索和教师与学生的个体化研究实践，还未形成规模和体系，并非真正意义上的科学研究，但仍具有科研的属性。

13 世纪，博洛尼亚大学（意大利）和巴黎大学（法国）的创办，标志着具有现代意义的大学的诞生，为科学研究在高校的植根提供了土壤。13 世纪，牛津大学、剑桥大学开始引领世界高等教育的发展，高校的科学研究有了雏形。这一时期众多取得伟大成就的科学家几乎都有在大学任职的经历，他们一边传授知识，一边探索未知。例如，布拉德雷（F. H. Bradley）在牛津大学任职过，巴罗（I. Barrow）在剑桥大学任职过，阿尔德罗万迪（U. Aldrovandi）在博洛尼亚大学任职过，等等。16—17 世纪，大学为科研人员提供付酬职位，以确保他们能专心于教育、研究，没有生活温饱方面的后顾之忧。以牛津大学和剑桥大学为例，16 世纪的牛津大学、剑桥大学的教授职位数量非常有限，只在 1527 年、1540 年和 1546 年相继设立了利纳克尔讲师职位、钦定物理讲座教授职位等。[②]17 世纪早期，几何学、天文学、自然哲学、解剖学和植物学等教授职位已在牛津大学先后设立。剑桥大学则设立了数学、化学、几何学、解剖学和天文学等教授职位。除了在为科研人员提供基本生活保障方面发挥关键作用之外，大学还在促进科学发展方面发挥了重要作用。大学为许多学生开设了解自然科学的课程，为学生提供与大师级教师进行面对面交流的机会。大学还为科研人员提供了个人无法获得的宝贵资料。

可见，从 欧洲创办博洛尼亚大学和巴黎大学开始到牛津大学、剑桥大学的诞生，大学开始成为实施科学教育的机构，虽然科研活动并不活跃，但因传统中携带着科学探索活动的基因，大学激发了教师和学生的科研兴趣，科学知识得到传

---

① ［比］希尔德·德·里德-西蒙斯. 欧洲大学史（第一卷）——中世纪大学[M]. 张斌贤，程玉红，和震等，译. 保定：河北大学出版社，2008：46.

② 贺国庆，王保星，朱文富等. 外国高等教育史[M]. 北京：人民教育出版社，2010：91.

播和扩散。这一时期的大学科研开始萌芽，可以说科学研究与大学是与生俱来、相伴相生的。自大学诞生起就有了科研，科研隐藏在人才培养过程中。但由于某些条件的限制，此时的科研没有从人才培养中分离出来，不是大学工作的重点，而且近代早期大学一般不鼓励集体性的科学探索。

19 世纪初，洪堡创办柏林大学，正式将科学研究引入大学，首次提出了“教学和科研的统一性”原则[①]，此时的大学科研在发展逻辑上与 16—17 世纪的牛津大学、剑桥大学截然不同，其地位显赫。柏林大学非但不排斥科研，还把科研放在首要位置，使科研正式成为大学除教学外的又一大职能。

综上所述，虽然科学研究在大学的发展经过了漫长且艰难的历程，但自从有了大学，就有了科研的身影，可以说科研与大学是如影随形的。

二、大学科研育人的发展历程

大学科研育人是与大学科研相伴而生、同步发展的，经历了一个漫长的过程。在古典大学时代，科研育人不为人所关注，处于幕后，隐藏于教学即人才培养之中，直到牛津大学、剑桥大学引领世界高等教育发展时期，科研育人才初见雏形；在真正具有现代大学属性的柏林大学诞生后，科研育人才显山露水。今天我们考察大学科研育人的发生、发展，必须尽可能地从源头说起。为了便于分析和说明问题，我们将大学分为传统大学、现代大学和多元大学（也称“多元巨型大学”）三种类型，分别对应大学发展的三个历史阶段。[②]必须说明的是，传统大学、现代大学和多元大学只是相对概念，是人们为了便于说明而人为构建的关于大学的“理想类型”。[③]

（一）传统大学时代：科研育人与教书育人融为一体，默默育人

在世界高等教育历史上，传统大学阶段是牛津大学、剑桥大学处于世界高等教育中心的时代。科研育人正式发轫也是在牛津大学、剑桥大学引领世界高等教

① 周川. 从洪堡到博耶：高校科研观的转变[J]. 教育研究，2005（6）：26-30.

② 毛金德. 从“单属性”到“双属性”——高等教育本质观批判与重构[J]. 中国人民大学教育学刊，2017（4）：66-80.

③ ［德］马克斯·韦伯. 社会科学研究方法[M]. 杨富斌，译. 北京：华夏出版社，1999：186.

育风向的时代，如果说在这之前科研育人处于幕后，那么牛津大学、剑桥大学的科研实践便拉开了科研育人的序幕。虽然这一时期的牛津大学、剑桥大学依然传授着古典文化知识，事实上其科研是融入教学之中的，默默地发挥着育人作用。

首先，办学模式是学院制。学院不分学科、专业，教师和学生同吃、同住、同活动，一起研习人文知识，共同探讨人生哲理，教学内容和培养目标的核心是“育人”——培养学识渊博、品德高尚、举止高雅的“绅士”。

其次，培养方式是导师制。这是牛津大学、剑桥大学传统教育制的典型模式。每个学生都有一名导师，导师是学生在校的直接指导者和引领人，对学生的知识增长和品行修炼全面负责，导师也在和学生共同探讨学问、传授知识、答疑解惑的过程中更新知识、共同进步。欧洲现行研究生教育的导师制就起源于此。

再次，以培养人才为核心，通过研究式的方法来传授知识，通过传授知识来培养人才。纽曼（J. H. Newman）在《大学的理念》（*The Idea of University*）一书中几次对古典大学的教育观做了解读，认为“大学是所有知识、科学、事实和规则、研究与发现、实验与思索的制度性保护力量”[①]。纽曼提出的“普遍知识的传授”的内容十分广泛，他认为大学尊重并忠实于文学、自然科学、历史和神学等学科的各种要求。[②]纽曼虽然不主张大学从事科研，但他在“基督教徒与科学研究”的演讲中提出了知识与科学、事实与规则、探索与发现、实验与思辨等这些大学要保护的内容[③]，其实这就是科研的过程与方法。可见，纽曼虽然主张大学以培养人才为主，但没有否认科学研究的力量，他提出了科学研究的手段与方法，而且主张通过这些手段与方法来实现人才培养的目的，只是没有明确提出科研及科研育人的概念而已。

最后，注重对人的心智的培养。正如纽曼所说，大学是传授普遍性知识的场所，大学的任务是提供博雅教育和从事智力训练，大学教育的目的是训练良好的社会成员，培育绅士，提升社会格调。[④]他还强调大学教育“旨在提高社会的智识风尚，培育公众的心智，纯洁国家的情趣，为大众的热情提供真实的原则，为

---

① Newman J H. The Idea of University[M]. South Bend：University of Notre Dame Press，1982：167.

② Newman J H. The idea of University[M]. South Bend：University of Notre Dame Press，1982：167.

③ ［美］克拉克·克尔. 大学之功用[M]. 高铦，高戈，汐汐，译. 北京：北京大学出版社，2008：1.

④ 转引自：蔡珍红. 现代大学基层学术组织特征与治理研究[M]. 重庆：重庆大学出版社，2012：93.

大众的渴求提供确定的目标，使时代理念开阔而清醒，使政治权力便于行使，使私人生活的交往温良优美”①。他的字里行间直截了当地描述了培养人主要是培养人的心智，正是我们所说的“育人”的要义。

由此可见，传统大学时代，科研与教书育人融为一体，大学在默默育人。

（二）现代大学时代：科研育人与教书育人并驾齐驱，共同育人

现代大学的开端很早，但真正完成从传统大学到现代大学转变的标志应该是柏林大学的创立。19 世纪初，洪堡创办柏林大学后，科研育人随着科研职能的闪亮登场而走到台前，科研和教学共同承担起育人的职责，为高等教育史翻开了崭新的篇章。科研育人的教育思想贯穿了洪堡的教育理念和实践的始终。

洪堡的科研育人观体现在他对科研及科学的定位、对大学职能的解读和对办学原则的确立上。洪堡指出，大学以研究为中心，教师的首要任务是从事创造性的研究。人必须永远把科学作为一种还没有完全解决的问题来对待，因此必须处于对真理和知识永无止境的探索与研究之中。在洪堡看来，科研活动须在大学中进行，大学必须永无止境地发展科学，重视通过科学研究发现知识、创造知识，探索真理。同时，洪堡提出了“科研与教学相统一”的原则，他虽然非常重视科研，但也没有忽视对人才的培养。他始终认为，学校首先要“纯粹地关心教育本身，关心作为知识的知识，关心心灵的培养”，在这一前提下，“要关心科学”。②洪堡强调，人才培养是通过“对学术的研究，并有机会与科学接触、对整体世界反思”，来实现培育“全人”的最高目标。这种人想象力生机勃发，精神深邃、意志坚强，整个言行一致。③洪堡作为新人文主义者，强调培养人的理性与道德，即培养所谓的“全人”，这是相当有远见的。

洪堡还鲜明地提出了另一条重要原则，即“由科学而达至修养”。他认为，大学的科研活动应从发展科学出发，从而达到改善学生乃至全体公民的精神风貌和提升其道德修养的根本目标。他认为，“为能卓有成效和强劲有力地主导普遍

① 转引自：[美] 克拉克·克尔. 大学之功用[M]. 高铦，高戈，汐汐，译. 北京：北京大学出版社，2008：3.

② [德] 威廉·冯·洪堡. 立陶宛的学校计划[A]//李其龙，孙祖复. 教育学文集·联邦德国教育改革[C]. 北京：人民教育出版社，1991：6.

③ [德] 威廉·冯·洪堡. 论国家的作用[M]. 林荣远，冯兴元，译. 北京：中国社会科学出版社，1998：28-40.

的教养活动，一个民族不仅要在具体的科学活动中取得成就，而且首先需要倾全力于追求构成人类本质内核的精神，这一精神在哲学、诗歌和艺术中最清晰、最完整地自我显示出来，从而对民族的思维和情操产生影响”①。

洪堡在《论柏林高等学术机构的内部和外部组织》一文中对科研与育人的关系做了精辟阐述，他指出，大学“对纯科学的追求”和“个性与道德的修养”这两个任务是彼此相连、互为因果的。他在谈到科研与育人相互促进时说：修养就是个人天赋完全的发展，各种潜能最圆满、最协调的发展，最终融合为一个整体。②由此可见，洪堡非常重视科研，强调通过科研来培养人才，特别重视通过科研来育人，培养学生的品德。在教师工作重点和方法上，他强调将科研作为教师的一项主要职责，教师要进行研究式的教学，以达到科研育人的目的。

德国的科研教学方法和模式迅速被英国、法国、美国等国家借鉴和效仿。在洪堡的带领下，实验室和研究机构在柏林大学兴起，习明纳的教学方式被创造出来并受到推崇，吸引了众多世界优秀人才来此聚集研学，浓厚的科研氛围和探索未知的兴趣把学生深深地吸引到大学，师生在大学校园进行学术交流、发明创造和探索真理，形成了这一时期鲜明的大学及大学科研精神。正如有学者所言，习明纳中“创造性的研究方法被阐明，有创新能力的人员被训练，独立的科学精神被灌输”③。通过对法国、德国和英国的育人模式进行比较，可以惊奇地发现：科学精神强化了一种将传统大学的法人自治与其成员在教学、学习和研究中的自由相结合的模式，并使中世纪大学的结构趋于现代化。④凭借着“科研与教学相统一”实践的发展，德国成为世界高等教育的中心，极大地促进了本国科学技术的发展，培养了大量顶尖级人才，在科学技术方面取得了一定的成就，成为科教兴国的典范，为 19 世纪后半叶德国成为第四个世界科学中心并跻身世界工业强国之列奠定了重要基础和做出了巨大贡献。

随着现代高等教育的发展，高等教育的中心开始向美国转移，以美国大学的

---

① ［德］威廉·冯·洪堡特. 论人类语言结构的差异及其对人类精神发展的影响[M]. 姚小平，译. 北京：商务印书馆，2017：47.

② 转引自：陈洪捷. 德国古典大学观及其对中国的影响[M]. 北京：北京大学出版社，2015：64.

③ Veysey L R. The Emergence of the American University[M]. Chicago: The University of Chicago Press, 1965: 154.

④ Hermann B. The rise of the German universities[J]. The Modern Language Journal, 1939 (4): 282-290.

先驱弗莱克斯纳出版《美国的大学、英国的大学、德国的大学》(*Universities: American, English, German*) 一书为标志，他在书中开宗明义地提出了“现代大学的理念”。他特别强调“现代大学”有别于历史上的“大学”。他不仅平息了大学职能的“教学与研究”之争，而且强调科研是育人的途径。他认为大学是特殊的研究组织，是一个复杂的有机体，大学的目的既在发展知识，也在培育人才。“无论民族传统和民族气质差异大小，大学的学者和研究人员都应关注四大任务：知识和思想的保存；知识和思想的解释；寻求真理，训练青年学人成为将来继起的工作者……鼓励学者去研究社会问题，人类社会才能避免盲目、自私的发展，走上理智发展的轨道。”①他重视对人的精神素养和道德修养的培育，充分体现了大学要通过科研来育人的要求与实践。由此可见，现代大学时代，科研育人与教书育人并驾齐驱。

（三）多元大学时代：大学科研“漂移”育人

随着时代的发展，现代大学的多元性特征越来越突出。1939 年，第二次世界大战爆发，波及了包括美国在内的多个国家。重创下的美国社会迫切需要重新发展科学技术。美国大学利用科学技术为国家赢得战争胜利提供了巨大帮助，科研对社会发展的推动力有目共睹，科学技术对生产力的发展起到了决定性作用。对科学研究的强烈需求使科研由此进入顶峰，大学与美国政府的关系越来越紧密。美国大学为迎合社会需求，专门成立了研究生院，用来培养研究生和进行科研活动，开创了高等教育的新模式。威斯康星思想还直接促进了产学研合作模式的发展，以斯坦福大学和“硅谷”为代表，其把教学与科研的结合作为主要任务，发挥大学的生产性功能。在这种思想的影响下，英国的高科技走廊、日本的筑波大学城等也走向“硅谷模式”并取得了成功。科研成果越来越成为大学地位和荣誉的象征，科研的经济效益也给政府、企业和研究者本人带来了许多实际的利益。

20 世纪中叶，美国著名学者、加利福尼亚大学前校长克拉克·克尔提出了“多元大学观”，他指出“现代大学是一种‘多元的’机构——在若干种意义上的多元：它有若干个目标，不是一个；它有若干个权力中心，不是一个；它为若干

① Flexner A. Universities: American, English, German[M]. New York: Oxford University Press, 1930: 10-16.

种顾客服务，不是一种。它不崇拜一个上帝；它不是单一的，统一的社群；它没有明显固定的顾客。它标志着许多真、善、美的幻想以及许多通向这些幻想的道路；它标志着权力的冲突，标志着为多种市场服务和关心大众。应当称它为多元大学"①。在多元大学时代，知识成为一种重要的经济要素，大学也日益走向社会的中心，实现了从"一个居住僧侣的村庄"到"一座由知识分子垄断的工业城镇"再到"一座五光十色的城市"的转变②，成为社会的"服务站""动力站"。正是由于这些转变，在大学内部，教学和科研虽然同时存在着，但似乎二者之间的关系开始疏远，出现了科研活动从大学的教学单位和中心课程框架中分离出来，转至专门从事学术科研的科研中心的"科研漂移"现象，以及教学活动从以科研为中心的系和大学分离出来，转移至专门负责教学的机构和大学的"教学漂移"现象。③这种"双漂移"使"科研与教学相统一"的原则受到强烈冲击④，"由科学而达至修养"的原则面临严峻挑战，致使"科研与教学相统一"的理想越来越渺茫⑤。大学的科研机构和教师只关心科研成果，不注重培养人才，教师在科研过程中更无暇对学生进行思想道德教育，很难实现大学的科研活动从发展科学出发，达到促进学生精神风貌改善和道德修养提升的根本目标。

进入 21 世纪，经济和社会发展对知识的依赖性空前提高，科学技术的进步对国家经济发展具有举足轻重的作用。高校也日益成为科研学术活动最为活跃的地方之一，高校的科学研究蓬勃发展，社会贡献与日俱增，科研在高校的地位不断得到加强，致使科研育人在实践中面临许多新情况、新问题，大学科研功能抑制育人功能的问题突出。

对学校而言，受"四唯"（唯论文、唯职称、唯学历、唯奖项）甚至"五唯"（唯论文、唯帽子、唯职称、唯学历、唯奖项）评价导向的影响，大学普遍存在重科学研究、轻人才培养的现象。一些大学为了排名和声誉，关注点集中在科研成果的产出，即所谓的核心竞争力上，这势必导致一些大学对科研育人重视不

① ［美］Kerr C. 大学的功用[M]. 陈学飞，陈恢钦，周京等，译. 南昌：江西教育出版社，1993：96.

② ［美］Kerr C. 大学的功用[M]. 陈学飞，陈恢钦，周京等，译. 南昌：江西教育出版社，1993：26.

③ ［美］伯顿·克拉克. 探究的场所——现代大学的科研和研究生教育[M]. 王承绪，译. 杭州：浙江教育出版社，2001：221-223.

④ ［美］伯顿·克拉克. 探究的场所——现代大学的科研和研究生教育[M]. 王承绪，译. 杭州：浙江教育出版社，2001：221-223.

⑤ 毛金德. 从"单属性"到"双属性"——高等教育本质观批判与重构[J]. 中国人民大学教育学刊，2017（4）：66-80.

够，既没有专门的科研育人政策，也没有在教师考核中提出科研育人的要求。以“四唯”“五唯”为导向的大学教师职称评聘制度在20世纪80年代以来对推动我国科学技术发展确实发挥了积极作用，但面对新时代的要求，其弊端日渐凸显，既不利于大学落实立德树人的根本任务和营造优良的学术生态环境，也不利于师德的养成与教师专业发展。[①]教师将更多的时间、精力集中在科研上，即使能兼顾人才培养，也只是重视对学生的专业学术培养，而忽视了对学生的思想道德教育；只关注学生做事，而不关心学生做人。

与此同时，在我国社会转型和经济快速发展的背景下，一些不良风气正在逐渐腐蚀着科学界和学术殿堂。[②]尤其是受市场经济负面因素的影响，功利主义、拜金主义等不良思想开始冲击大学教师的价值观，对教师的科研动机产生了不良影响，导致一些大学教师科研动机不纯，科技创新和科研育人被边缘化，效益科研、职称科研大行其道。一些教师不仅在科研过程中忽视了对学生进行思想道德教育，甚至出现了与科研育人功能背离的现象。例如，有的教师利欲熏心，不按需求使用科研经费，出现贪污、挪用、私分科研经费的现象；还有一些道德意识薄弱、责任感不强和抵抗不住诱惑的教师盲目追求科研成果可能带来的荣誉、地位和物质利益，违反科技伦理，出现学术不端行为，甚至走上违法犯罪的道路，给学生带来了直接的负面影响，成了科研育人的“笑柄”。这些教师从事科研工作不但没有使自身和学生受益，反而与科研的育人功能背道而驰，影响了学生的价值取向和身心健康，甚至威胁到了人民财产安全和社会公共安全，因此高校科研必须重新回归育人的轨道，肩负起培养人的职责和使命。由此可见，多元大学时代，大学科研“漂移”育人，致使科研育人的功能被弱化，这些现象应该引起教育工作者的重视。

---

① 施维属，林庆藩. 新时代高校教师职称评聘改革路径探析——基于清理“四唯”专项行动的思考[J]. 中国高校科技，2019（5）：38-40.

② 许祥云，孙上，王佳佳. 学术不端：基于高校教师认知的测量及启示[J]. 国家教育行政学院学报，2016（8）：73-81.

第二节 大学科研育人的现实境况

一、大学科研育人的现状调查

贯彻落实中共中央关于科研育人的精神是当前大学思想政治工作的重要任务之一，在具体工作中，必须厘清科研育人的现状，分析存在的问题，并提出相关对策。为此，本书以H省4所大学为研究对象，探讨了大学科研育人的现状及存在的问题，并据此提出了相关对策，以期为我国大学科研育人提供一些借鉴和帮助。

（一）样本基本情况

本书研究主要采用量化研究与质化研究相结合的研究范式，以问卷调查为主，辅之以访谈调查。2018年12月17日至2019年1月17日，本课题组对H省4所大学展开相关调研，向4所大学的教师和学生分别发放纸质问卷452份、559份，同时通过“问卷星”在网络上进行了问卷调查，包括108名教师和307名学生。合计发放教师问卷560份、学生问卷866份，最终收回教师问卷508份，其中有效问卷479份，回收学生问卷803份，其中有效问卷775份，问卷的有效率分别为94.29%和96.51%。利用软件SPSS22.0对问卷调查数据进行分析，得到α值为0.838，KMO值为0.78，可见该问卷具有较高的信度和效度。2019年2—3月，本课题组成员还分别对4所大学的教师和学生代表进行了访谈，样本基本情况如表2-1所示。

表2-1 样本基本情况

<table>
<tr><th colspan="3">学校</th><th colspan="9">教师</th><th colspan="6">学生</th></tr>
<tr><th rowspan="2">管理归属</th><th rowspan="2">样本数</th><th rowspan="2">比例/%</th><th colspan="3">职称</th><th colspan="3">导师资格</th><th colspan="3">研究领域</th><th colspan="3">学历</th><th colspan="3">性别</th></tr>
<tr><th>层次</th><th>样本数</th><th>比例/%</th><th>层次</th><th>样本数</th><th>比例/%</th><th>科类</th><th>样本数</th><th>比例/%</th><th>层次</th><th>样本数</th><th>比例/%</th><th>性别</th><th>样本数</th><th>比例/%</th></tr>
<tr><td>部属大学</td><td>620</td><td>49.4</td><td>教授</td><td>111</td><td>23.2</td><td>博导</td><td>81</td><td>16.9</td><td>自然科学</td><td>294</td><td>61.4</td><td>博士生</td><td>150</td><td>19.4</td><td>男</td><td>379</td><td>48.9</td></tr>
</table>

续表

学校			教师									学生					
			职称			导师资格			研究领域			学历			性别		
管理归属	样本数	比例/%	层次	样本数	比例/%	层次	样本数	比例/%	科类	样本数	比例/%	层次	样本数	比例/%	性别	样本数	比例/%
地方大学	634	50.6	副教授	191	39.9	硕导	282	58.9	人文社会科学	185	38.6	硕士生	510	65.8	女	396	51.1
			讲师及以下	177	37.0	其他	116	24.2				本科生	115	14.8			
合计	1254			479			479			479			775			775	

注：因四舍五入，个别数据之和不等于100%，下同

第一，所选定的学校类型包括世界一流大学建设高校、世界一流学科建设高校、国内一流大学建设高校、国内一流学科建设高校四种类型。其中，教育部部属大学和省属大学各两所，所选学校能较好地反映不同层次、不同类型高校的情况。在1254份有效问卷中，4所大学所占比例分别为20.7%、28.8%、29.7%、20.8%。总体来看，样本数量充足、分布均衡且覆盖面较大，具有一定的代表性。

第二，在所调查的教师中，具有教授（正高级）职称的占23.2%，具有副教授（副高级）职称的占39.9%，具有讲师及以下职称的占37.0%；从事自然科学研究的教师占61.4%，从事人文社会科学研究的教师占38.6%；博士生导师占16.9%，硕士生导师占58.9%，其他教师占24.2%。

第三，在被调查的学生中，硕士生占多数，占总数的65.8%；其次是博士生，占19.4%；最后是本科生，占14.8%。

（二）大学科研育人现状

关于大学科研育人的现状，本书研究主要从大学师生科研状况、大学科研育人的客观现实、对大学科研育人的主观看法三个方面进行统计分析。

1. 大学师生科研状况

（1）大学教师科研状况

本次调查问卷主要从承担科研项目、指导研究生、近五年获得科研经费、近三年发表最高级别刊物的论文、近三年获得科研奖励等方面调查了教师的科研现

状。从表 2-2 可以看出，大部分教师承担了科研项目并获得了经费，同时指导研究生，具备科研育人的基础和条件。从教师发表的论文和获得的奖励来看，大学教师已成为我国科技创新的重要力量，为我国科技事业做出了重要贡献。

表 2-2 教师科研与指导研究生情况

承担的项目		指导研究生				科研经费		论文发表		获奖	
		硕士		博士							
国家重点研发	26 5.4%	无	155 32.4%	无	400 83.5%	大于 1000 万元	3 0.6%	SCI 等收录	271 56.6%	国家级	13 2.7%
国家技术创新	16 3.3%	1—5 人	200 41.8%	1—3 人	51 10.6%	100 万—1000 万元	51 10.6%	EI 等收录	117 24.4%	省部级	95 19.8%
国家基金项目	181 37.8%	6—10 人	83 17.3%	4—6 人	16 3.3%	10 万—100 万元	220 45.9%	核心期刊	48 10%	行业	53 11.1%
省部级项目	227 47.4%	10 人以上	41 8.6%	6 人以上	12 2.5%	10 万元以下（含无）	205 42.8%	普通期刊	43 9%	厅局级	50 10.4%
横向项目	210 43.8%							无	0 0	其他（含无）	313 65.3%
无项目	36 7.5%										

注：①每个项目对应的数据，上方为该项对应的样本数，下方为该项样本数在总样本中的占比。②“国家重点”指国家重点研发计划或国家科技重大专项项目；“国家技术创新”指国家技术创新引导专项基金及基地和人才专项项目；“国家基金”指国家自然科学基金和国家社会科学基金等。③“SCI 等收录”指 SCI（科学引文索引，Science Citation Index）、SSCI（社会科学引文索引，Social Sciences Citation Index）等检索收录的论文；“EI 等收录”指 EI（工程索引，The Engineering Index）期刊、CSSCI（中文社会科学引文索引，Chinese Social Sciences Citation Index）或 CSCD（中国科学引文数据库，Chinese Science Citation Database）等检索收录的论文；“核心期刊”指在北京大学发布的《中文核心期刊要目总览》收录的期刊论文。④获奖情况中，“其他”一项指获校级奖和未获奖。⑤在问卷调查中，关于教师承担项目和所获奖项为多选，其他均为单选

（2）大学教师科研动机

大学教师从事科研的动机是影响科研育人的重要因素之一。调查问卷共列出五种动机，包括“探求知识，破解未知”、“技术创新，服务社会”、“完成科研任务，通过考核，晋升职称”、“获得科研业绩，创收赚钱”与“其他”。从总体情况来看，选择最多的是“完成科研任务，通过考核，晋升职称”，占 56.0%；在“探求知识，破解未知”方面，部属大学教师的占比高出地方大学 10.7 个百分点

（表 2-3），说明部属大学的教师更加注重知识的追求与创新；另外，“获得科研业绩，创收赚钱”这一动机在部属大学教师与地方大学教师中均占有一定的比例，说明该动机在教师中不是个例。

表 2-3　不同大学教师从事科研的动机　　单位：%

动机类型	部属大学教师占比	地方大学教师占比	平均占比
探求知识，破解未知	51.8	41.1	46.1
技术创新，服务社会	44.2	44.7	44.5
完成科研任务，通过考核，晋升职称	56.6	55.3	55.9
获得科研业绩，创收赚钱	21.2	24.1	22.8
其他	2.7	3.2	2.9

注：在问卷调查中此题为多选

（3）教师吸纳学生参与科研项目的情况及工作时间

学生参与教师科研项目是反映科研育人现状的一个重要因素。对学生问卷统计后发现，参与过教师科研项目的学生占比为 77.9%，未参与的为 22.1%。其中参与教师科研项目的博士研究生占比为 81.3%，硕士研究生占比为 76.9%。数据表明，学生的学历层次越高，参与教师科研活动的比例越高。在“学生参与教师科研项目工作时间”这一问题上，主要对参与过教师科研项目的 514 名研究生进行了统计，结果显示，博士研究生和硕士研究生的情况完全不同。在博士研究生中，“全天候参与”的占 49.2%；“部分时间参与”的占 26.2%；“偶尔参与”的占 24.6%。硕士研究生的情况与之正好相反，“全天候参与”的占比最低，仅为 15.3%；“部分时间参与”的其次，占 37.8%，“偶尔参与”的占比最高，达 46.9%（表 2-4）。这说明学历层次越高，学生参与教师科研项目的时间就越多，参与程度也越深。

表 2-4　教师吸纳学生参与科研项目的情况及工作时间　　单位：%

学历层次	教师吸纳学生参与科研项目的情况		学生参与教师科研项目的工作时间		
	吸纳	不吸纳	全天候参与	部分时间参与	偶尔参与
博士研究生	81.3	18.7	49.2	26.2	24.6
硕士研究生	76.9	23.1	15.3	37.8	46.9

（4）研究生在科研团队中承担的工作

从教师问卷调查结果来看，在科研团队中研究生的工作主要以“承担部分研究任务，如做实验或获取数据”、“参与论文撰写”及“收集、整理资料”为主，分别占74.3%、66.2%和61.0%。同时，不同研究领域的教师要求团队中研究生承担的工作任务也存在较大差异，如在“收集、整理资料”方面，人文社会科学研究领域比自然科学研究领域高出约7%；在“承担部分研究任务，如做实验或获取数据”和“参与论文撰写”方面，自然科学研究领域比人文社会科学研究领域分别高近34%和20%。这说明不同研究领域的教师分配给研究生的工作具有鲜明的学科特征，自然科学研究领域的教师通常要求团队中的研究生承担部分研究任务，如做实验或获取数据，而人文社会科学研究领域的教师则通常要求团队中的研究生做收集、整理类的工作（表2-5）。

表2-5 研究生在科研团体中承担的工作情况 单位：%

工作类型	平均占比	学校管理归属		研究领域	
		部属大学	地方大学	自然科学	人文社会科学
收集、整理资料	61.0	69.9	53.0	58.2	65.4
承担部分研究任务，如做实验或获取数据	74.3	81.0	68.4	87.4	53.5
参与论文撰写	66.2	74.3	58.9	73.8	54.1
管理发票和报账	31.3	29.2	33.2	31.0	31.9
管理仪器设备和场地等事务性工作	20.9	21.7	20.2	26.9	11.4
其他事务性工作或服务工作	14.4	17.7	11.5	12.9	16.8
其他	8.1	2.7	13.0	5.4	12.4

注：在问卷调查中此题为多选

从学生问卷调查结果来看，学生被安排最多的任务是“收集、整理资料”，其次为“撰写实验报告或论文”。这表明研究生在参与科研项目的过程中，从事收集、整理资料，管理仪器设备和场地等事务性工作的人数比例较高，参与科研的程度相对较低。博士研究生参与做实验或获取数据、撰写实验报告或论文的比例高于硕士研究生，说明学历层次越高，参与科研的程度越高（表2-6）。

表 2-6 研究生在科研过程中被教师安排的任务 单位：%

在科研过程中被教师安排的任务	博士研究生	硕士研究生	平均占比
收集、整理资料	81.1	81.1	81.1
做实验或获取数据	60.7	54.6	56.0
撰写实验报告或论文	68.9	53.6	57.2
管理发票并报账	24.6	27.0	26.5
管理仪器设备和场地等事务性工作	14.8	13.3	13.6
其他	7.4	11.7	10.7

注：在问卷调查中此题为多选

（5）本科生科研情况

关于本科生科研情况，课题组将其分为“参与教师科研项目”和“参与一般科研活动”两个方面进行调查，结果发现，本科生参与教师科研项目的较少，仅占受访本科生数的 5.2%；参与一般科研活动（包括在教师指导下参与的各种科技竞赛、大学生创新创业训练计划、科研实验活动等第二课堂科研活动）的相对较多，占受访本科生数的 46.1%，但仍有 53.9%的本科生没有参与一般科研活动（不含毕业论文的撰写）（表 2-7）。

表 2-7 本科生开展科研情况 单位：%

本科生科研情况	参与教师科研项目	参与一般科研活动
参加	5.2	46.1
未参加	94.8	53.9
合计	100.0	100.0

教师指导本科生开展科研活动这一指标反映了一所大学的科研氛围、教师的师德师风与科研动机。我们对教师指导本科生开展科研活动（包括上述一般科研活动、毕业设计和毕业论文的撰写等）的情况进行了调查，数据显示，指导本科生开展科研活动的教师占 71.6%，仍有 28.4%的教师没有指导本科生开展科研活动。从学校的管理归属来看，部属大学教师指导本科生开展科研活动的比例为 68.6%，地方大学教师指导本科生开展科研活动的比例为 74.3%，地方大学教师高出部属大学教师约 6 个百分点，差异不明显。但其中自然科学领域的教师和人文社会科学领域的教师在指导本科生开展科研活动上存在显著差别，前者比后者高出 22.5 个百分点（表 2-8）。

表 2-8 大学教师指导本科生开展科研活动的情况 单位：%

是否指导本科生开展科研活动	平均占比	学校管理归属		研究领域	
		部属大学	地方大学	自然科学	人文社会科学
是	71.6	68.6	74.3	80.3	57.8
否	28.4	31.4	25.7	19.7	42.2

在本科生承担科研工作任务方面，由于本科生的科研活动以完成毕业论文和毕业实习为主，选择最多的是“收集、整理资料”，占比为 52.6%，其次为“做实验或获取数据”，占比为 37.6%（表 2-9）。这说明不管是部属大学还是地方大学，本科生在教师团队中的参与度都较低，且从事较多的是收集和整理资料等比较简单的工作。

表 2-9 不同管理归属的大学教师要求本科生承担的工作任务情况 单位：%

工作类型	部属大学	地方大学	平均占比
收集、整理资料	53.5	51.8	52.6
做实验或获取数据	36.2	38.9	37.6
参与论文撰写	22.6	29.6	26.3
管理发票和报账	6.6	11.9	9.4
管理仪器设备和场地等事务性工作	5.3	11.1	8.4
其他事务性工作或服务工作	11.9	13.8	12.9
其他	23.5	17.4	20.3

注：在问卷调查中此题为多选

2. 大学科研育人的客观现实

（1）学校层面对科研育人的重视程度

大学对科研育人的重视程度是影响科研育人的重要因素。从总体情况来看，仅有 58.5%的教师认为所在学校强调了科研育人，其中部属大学为 59.6%，地方大学为 57.5%（表 2-10）。这说明在当今高校中，科研育人还没有得到应有的重视。

表 2-10 不同管理归属的大学强调科研育人的情况 单位：%

所在学校是否强调科研育人	部属大学	地方大学	平均占比
是	59.6	57.5	58.5
否	40.3	42.5	41.5

（2）科研育人是否纳入教师工作考核体系

科研育人是否纳入教师工作考核体系也是高校是否重视科研育人的表现之一。统计结果表明，仅4.2%的受调查教师认为所在学校将科研育人（即教师在科研过程中对学生进行思想道德教育）纳入对教师的考核体系，绝大多数教师认为所在学校并未将科研育人纳入对教师的考核体系，认为所在学校把科研培养人才纳入教师考核体系的相对较多，为56.4%，但也有43.6%的教师选择了未纳入考核体系（表2-11）。这表明教师对科研既要出成果又要出人才的观念有一定的认识，但教师在科研过程中对学生的思想道德教育重视不够。

表2-11　不同管理归属的大学将科研育人纳入教师考核体系的情况　单位：%

纳入教师考核体系情况	科研育人	科研培养人才
是	4.2	56.4
否	63.4	43.6
不确定	33.4	0
合计	100.0	100.0

（3）教师在科研过程中是否对学生进行思想道德教育

对于教师在科研过程中是否对学生进行思想道德教育这一问题，我们将其分为“有意识进行”“不刻意进行”“不进行”三种情形进行调查，统计结果表明，大部分学生认为教师在科研过程中“不刻意进行”思想道德教育。选择“不进行”的博士研究生、硕士研究生、本科生分别为8.2%、6.9%和11.3%（表2-12）。这表明部分教师在科研过程中对学生进行了思想道德教育，但教育方式还没有形成一定的体系，以“不刻意进行”的思想道德教育为主。

表2-12　教师在科研过程中是否对学生进行思想道德教育情况　单位：%

教师对学生进行思想道德教育的情况	博士研究生	硕士研究生	本科生	平均占比
有意识进行	42.6	45.2	28.3	43.0
不刻意进行	49.2	48.0	60.4	49.4
不进行	8.2	6.9	11.3	7.6

（4）教师在科研过程中对学生进行思想道德教育的方式

在科研过程中，教师对学生进行思想道德教育的方式是影响科研育人效果的因素之一。从总体情况来看，在科研活动中，教师主要通过行为示范对学生进行思想道德教育，占比高达 82.3%；其次是口头批评教育的方式，占比为 71.0%；再次是团队氛围影响，平均占比为 62.2%。由此可以看出，大学教师对学生进行思想道德教育的方式还是以言传身教为主。其中，部属大学教师在行为示范、口头批评教育、团队氛围影响三个选项上的比例均高于地方大学教师，这说明部属大学教师在科研过程中更加注重对学生的思想道德教育。其中，不同导师资格的教师对学生进行思想道德教育的方式又略有不同。在行为示范这一方式上，博士生导师高出硕士生导师 8.5 个百分点；在口头批评教育这一方式上，博士生导师高出硕士生导师 6.5 个百分点；在团队氛围影响这一方式上，博士生导师高出硕士生导师 8.1 个百分点（表 2-13）。这表明相较于硕士生导师，整体上而言，博士生导师更加注重对学生进行思想道德教育。

表 2-13　教师对学生进行思想道德教育的方式　　单位：%

教师对学生进行思想道德教育的方式	平均占比	学校管理归属		导师资格		
		部属大学教师	地方大学教师	博士生导师	硕士生导师	其他
口头批评教育	71.0	80.1	62.8	77.8	71.3	65.5
行为示范	82.3	87.2	77.9	90.1	81.6	78.4
团队氛围影响	62.2	67.3	57.7	69.1	61.0	60.3
其他	7.1	4.4	9.5	4.9	6.0	11.2

注：在问卷调查中此题为多选

（5）教师在科研过程中对学生进行思想道德教育的重点

从总体上看，教师最为注重的是“培养学生严谨治学的学术诚信”，平均占比为 79.5%；其次是“培养学生科学的研究方法与技能”，平均占比为 76.8%；再次是“培养学生集体主义及团队合作精神”，平均占比为 71.6%（表 2-14）。这表明教师在科研过程中对学生的学术诚信与研究方法等涉及论文写作的方面教授较多，而对学生科研动机、科研目标、科研精神等素养的培养偏少。从学校管理归属的角度来看，部属大学教师的比例明显高于地方大学教师，这说明部属大学教师在科研过程中更加注重对学生各种思想道德素养的培养。

表 2-14　不同管理归属的大学的教师在科研过程中注重培养的学生思想道德素养的侧重点

单位：%

学生素养	部属大学教师	地方大学教师	平均占比
培养学生科学报国、服务人民的科研理想	54.0	52.2	53.0
培养学生敢为人先、争创一流的科研目标	56.2	49.4	52.6
培养学生集体主义及团队合作精神	73.9	69.6	71.6
培养学生不怕苦、不怕累的拼搏精神	56.2	53.4	54.7
培养学生面对挫折勇于攻坚克难的意志品质	65.0	60.5	62.6
培养学生严谨治学的学术诚信	85.8	73.9	79.5
培养学生科学的研究方法与技能	82.7	71.5	76.8
培养学生的人际交往能力、沟通能力、表达能力等	70.8	53.4	61.6
其他	0.9	4.7	2.9

注：在问卷调查中此题为多选

（6）在科研过程中教师对学生思想道德影响较大的方面

从总体来看，教师对学生产生影响最大的是“教师的科学道德和科研诚信”，平均占比为 62.3%；相对来说，较低的是“教师报效祖国、服务人类的科研理想和敢为人先、争创一流的科研目标”，平均占比为 52.0%（表 2-15）。这表明在参与科研过程中，学生受教师影响较大的是学术水平和学术诚信等方面，而受教师的科研理想、科研目标、科研精神、方法论的影响相对较小。其中，博士研究生与硕士研究生受到“教师报效祖国、服务人类的科研理想和敢为人先、争创一流的科研目标”的影响存在显著差异，博士研究生高出硕士研究生 20.5 个百分点。

表 2-15　不同学历层次的学生在参与科研时受教师影响较大的方面　单位：%

参与科研时，受教师影响较大的方面	博士研究生	硕士研究生	平均占比
教师报效祖国、服务人类的科研理想和敢为人先、争创一流的科研目标	58.2	37.7	52.0
教师团队组织及合作精神	54.9	47.2	52.6
教师不怕苦、不怕累的拼搏精神和面对挫折勇于攻坚克难的意志品质	63.9	52.8	60.6
教师的科学道德和科研诚信	63.9	58.5	62.3
教师的方法论	60.7	43.4	55.4
不确定	4.9	3.8	4.6

注：在问卷调查中此题为多选

3. 对大学科研育人的主观看法

（1）科研是否应该注重人才培养以及在科研过程中是否应该对学生进行思想道德教育

对于在科研过程中是否应该注重人才培养和对学生进行思想道德教育这一问题，问卷选项分为“是”“否”“无所谓”三类。总体来看，认为科研应该培养人才的教师比例高达 98.3%，认为不应该的教师仅占 0.2%，表示无所谓的教师占 1.5%。认为在科研过程中应该对学生进行思想道德教育的教师比例较低，仅占 31.3%，认为不应该的教师占 8.2%，表示无所谓的教师占 60.5%。从导师角度来看，博士生导师认为科研应该注重人才培养的比例为 100%，硕士生导师的这一比例为 96.6%，仅 3.0%的硕士生导师选择了“无所谓”。但在认同在科研过程中应该对学生进行思想道德教育这一问题上，博士生导师选择“是”的比例为 45.1%，硕士生导师选择“是”的比例为 17.5%（表 2-16）。由此可见，关于在科研过程中是否应该对学生进行思想道德教育，博士生导师的重视程度显著高于硕士生导师。

表 2-16　科研是否应该注重人才培养和在科研过程中是否应该对学生进行思想道德教育

单位：%

项目	人才培养			进行思想道德教育		
	博士生导师	硕士生导师	平均占比	博士生导师	硕士生导师	平均占比
是	100.0	96.6	98.3	45.1	17.5	31.3
否	0	0.4	0.2	4.0	4.2	8.2
无所谓	0	3.0	1.5	50.9	78.3	60.5
合计	100.0	100.0	100.0	100.0	100.0	100.0

（2）应培养学生的哪些思想道德素质

在大学科研育人应该培养学生的哪些思想道德素质这一问题上，对教师的调查统计结果显示，从总体上看，占比最高的是“培养学生严谨求实的学术诚信”，占 83.3%；其次是“帮助学生建立勇于创新、敢为人先的科研目标”，占 75.6%。其中在“培养学生严谨求实的学术诚信”方面，部属大学教师高出地方大学教师 9.8 个百分点；在“帮助学生掌握科学合理的研究方法”方面，部属大学教师高出地方大学教师 11.3 个百分点（表 2-17）。这表明相较于地方大学，部属大学更加注重培养学生的学术诚信和帮助学生掌握科学的研究方法。在不同导师资格的教师中，博士生导师各选项所占的比例均等于或高于硕士生导师各选项所占的比例，这表明相较于硕士生导师，博士生导师更加注重对学生科研目标的引导。

表 2-17　教师认为科研育人应培养学生的哪些思想道德素质　单位：%

科研育人应实现的目标	平均占比	学校类型		导师资格		
		部属大学教师	地方大学教师	博士生导师	硕士生导师	其他
帮助学生树立科学报国、服务人类的理想	70.1	70.8	69.6	75.3	68.8	69.8
帮助学生建立勇于创新、敢为人先的科研目标	75.6	75.7	75.5	85.2	74.5	71.6
培养学生立德为本的科学道德	70.8	70.8	70.8	81.5	69.9	65.5
培养学生严谨求实的学术诚信	83.3	88.5	78.7	91.4	80.5	84.5
帮助学生掌握科学合理的研究方法	66.6	72.6	61.3	66.7	66.7	66.4
其他	1.7	0.9	2.4	2.5	1.1	2.6

注：在问卷调查中此题为多选

（3）影响学生思想道德品质的方式

从总体情况来看，教师认为“师生互动中教师的示范”是对学生思想道德品质产生影响的主要方式，选择这一方式的教师占 85.8%；其他依次为“科研团队中的群体互动”“科研过程中学生的自我教育与自主学习”“学校的科研政策环境”“其他”，占比分别为 72.0%、71.2%、56.8%和 2.9%。从学校管理归属的角度来看，部属大学教师和地方大学教师都认为对学生思想道德品质产生影响的主要方式为“师生互动中教师的示范”，分别占 89.8%和 82.2%。这表明师生互动中教师的示范非常重要。

从不同的研究领域来看，在“科研团队中的群体互动”这一方式上，自然科学教师高出人文社会科学教师 10 个百分点，而在“科研过程中学生的自我教育与自主学习”这一方式上，自然科学教师高出人文社会科学教师约 4 个百分点（表 2-18）。这表明在自然科学研究领域内，教师更加注重培养学生的团队合作能力，在人文社会科学研究领域内，教师更加注重培养学生的自主学习能力。

表 2-18 教师认为对学生的素质和道德产生影响的主要方式 单位：%

主要方式	平均占比	学校管理归属		研究领域	
		部属大学	地方大学	自然科学教师	人文社会科学教师
师生互动中教师的示范	85.8	89.8	82.2	86.4	84.9
科研团队中的群体互动	72.0	72.6	71.5	75.9	65.9
科研过程中学生的自我教育与自主学习	71.2	73.0	69.6	72.8	68.6
学校的科研政策环境	56.8	58.8	54.9	59.9	51.9
其他	2.9	1.8	4.0	2.0	4.3

注：在问卷调查中此题为多选

（4）教师对学生学术不端行为的态度

在“教师对学生学术不端行为的态度”这一问题上，统计结果显示，从总体上看，有 2.8%的教师选择了可以适当容忍学生的学术不端行为。其中，地方大学教师选择该项的比例为 4.0%，高出部属大学教师 2.3 个百分点（表 2-19）。这表明在参与科研过程中，相较于地方大学，部属大学更加注重对学生学术诚信的培养。

表 2-19 参与科研过程中，教师对学生学术不端行为的态度 单位：%

教师对学生学术不端行为的态度	部属大学教师	地方大学教师	平均占比
不容忍	98.3	96.1	97.2
可以适当容忍	1.7	4.0	2.8

（5）影响科研育人效果的主要因素

从教师角度来看，不同类型大学有所不同，部属大学教师认为影响科研育人效果的主要因素为“学校政策与环境”，占 85.8%，而地方大学教师认为影响科研育人效果的主要因素为“教师的态度和作风”，占 78.7%。不同导师资格的教师对此也有不同看法，硕士生导师认为影响科研育人效果的主要因素为“教师的态度和作风”，其次为“学校政策与环境”，占比分别为 80.5%和 78.7%，而博士生导师则认为影响科研育人效果的主要因素是“学校政策与环境”，占比为 87.5%，其次则是“教师的态度和作风”，占 86.3%（表 2-20）。这表明博士生导师认为学校的政策与环境对科研育人效果的影响更大，而硕士生导师则认为教师的态度和作风是影响科研育人效果的主要因素。

表 2-20　教师认为影响科研育人效果的主要因素　　　单位：%

主要因素	平均占比	学校管理归属		导师资格		
		部属大学	地方大学	博士生导师	硕士生导师	其他
学校政策与环境	79.7	85.8	74.3	87.5	78.7	76.7
教师的态度和作风	81.6	84.9	78.7	86.3	80.5	81.0
科研团队	63.2	60.0	66.0	65.0	62.4	63.8
学生参与科研的动机和意识	61.5	67.6	56.1	72.5	60.3	56.9
科研成果的社会效益与价值评价	46.4	51.6	41.9	51.3	47.5	40.5
其他	1.9	1.3	2.4	2.5	1.4	2.6

注：在问卷调查中此题为多选

（6）教师对科研育人的意见与建议

关于教师对科研育人的建议这一问题，问卷中设计了 7 个选项，选择比例最高的是“优化科研环境”，占 79.5%，其次为“完善评价和考核体系”，占 75.3%；其他各项按所占比例从高到低依次为“健全相关制度”（70.3%）、“加大奖励力度”（57.3%）、“学校加强组织和领导”（54.2%）、“广泛宣传动员”（32.6%）和“其他”（2.7%）。从管理归属的角度来看，在“学校加强组织和领导”这一项上，地方大学教师比部属大学教师高出 11.7 个百分点；在“广泛宣传动员”这一项上，地方大学教师比部属大学教师高出 8.8 个百分点；在“加大奖励力度”这一项上，地方大学教师比部属大学教师高出 6.7 个百分点；在“健全相关制度”这一项上，地方大学教师比部属大学教师高出 4.3 个百分点（表 2-21）。这表明在学校的组织领导、宣传、奖励制度等方面，地方大学存在的问题比部属大学更多。

表 2-21　不同大学的教师对科研育人的意见与建议　　　单位：%

对科研育人的意见与建议	部属大学教师	地方大学教师	占比
学校加强组织和领导	48.0	59.7	54.2
健全相关制度	68.0	72.3	70.3
广泛宣传动员	28.0	36.8	32.6
完善评价和考核体系	75.6	75.1	75.3
优化科研环境	80.9	78.3	79.5
加大奖励力度	53.8	60.5	57.3
其他	0.9	4.3	2.7

注：在问卷调查中此题为多选

二、大学科研育人存在的问题

根据对 4 所大学进行调查的情况来看，我国大学科研育人有一定的基础，绝大部分教师高度认同科研育人理念。实践中，多数教师在一定程度上能做到为人师表、实践科研育人，这表明我国大学科研育人有较好的基础，整体态势是积极、健康的，但仍存在一些不容忽视的问题，应引起各界的高度重视。

（一）学校方面

1. 部分学校重视不够，政策缺失

学校在思想上对科研育人是否重视，有无相关的配套政策和强有力的措施，是科研育人能否落实到位的关键。调查数据显示，部分学校对科研育人重视不够，育人氛围不浓。有 58.5%的教师认为其所在学校强调了科研育人，还有 41.5%的教师认为其所在学校没有强调科研育人（表 2-10），由此可以看出，有相当比例的学校不重视科研育人。课题组通过访谈还发现，样本大学均没有专门关于科研育人的文件，科研考核也主要针对教师的科研任务进行，没有将科研育人纳入教师考核体系。仅有两所学校在关于科研管理的文件中提到了教师要“教书育人”。可以看出，大学对科研育人重视不够、相关政策缺失，是存在的突出问题。

2. 科研育人环境不优，氛围不浓

在“影响科研育人效果的主要因素”这一问题中，选择“学校政策与环境”的教师占 79.7%（表 2-20）；在针对科研育人的建议中，选择“优化科研环境”“完善评价和考核体系”的教师分别占 79.5%和 75.3%（表 2-21）。这表明大多数教师都意识到学校的政策与环境对科研育人的成效有重要影响，并强烈呼吁学校优化科研育人环境，完善评价和考核体系。访谈中，教师普遍反映学校科研育人的氛围远不如教书育人的氛围浓厚，领导强调的少、要求不高，广播、报纸、网络的宣传也不多，实验室等研究场所没有关于科研育人的励志格言或典型人物事迹的介绍，在学校感受不到科研育人的氛围，科研育人的大环境还未形成。科研育人的小环境也很不理想，教师对科研团队建设不够，团队的紧密性不够，还有相当比例的学生未进入团队。即使形成了科研团队，团队也只是组织科研业务工作，进行思想道德教育的时间和内容不多，感染力不够，育人处于一种“无声”

状态。这些足以说明学校科研育人的大环境和团队的小环境不优、影响乏力，已成为大学科研育人的主要障碍。

（二）教师方面

1. 部分教师科研动机的功利性较强

随着经济社会的发展和高校考核评估体制的变化，教师的科研动机开始产生“漂移”，掺杂了较多的功利性。对高校教师从事科研的动机的调查结果显示，有55.9%的教师从事科研是为了“完成科研任务，通过考核，晋升职称”，选择“获得科研业绩，创收赚钱”这一项的教师高达22.8%（表2-3）。这表明多数教师对通过考核、晋升职称和创收赚钱等的追求远高于对科研的社会价值和教育价值的追求，通过考核成了教师从事科研的首要目的，而对探求知识、破解未知和创新科技、服务社会的关注不够。

2. 教师的科研育人意识不强，要求不严

该项问题突出表现在两个方面：其一，虽然大多数教师认同科研要培养人才，但仅约1/3的教师认为在科研过程中应该对学生进行思想道德教育，表示“无所谓”的教师占了多数，甚至还有少数教师认为其不属于教师的职责范围（表2-16）；其二，在教师对学生学术不端行为的态度这一问题中，有2.8%的教师选择了“可以适当容忍”（表2-19）。教师对学生学术不端行为本应当是零容忍的，但仍有少数教师选择了适当容忍，这表明少数教师在大是大非问题上仍存在立场不坚定的问题，科研育人的意识不强。

3. 教师的科研育人目标偏低，站位不高

在科研育人目标上，大部分教师把“培养学生严谨求实的学术诚信”排在第一位，而“帮助学生建立勇于创新、敢为人先的科研目标”、“培养学生立德为本的科学道德”和“帮助学生树立科学报国、服务人类的理想”分别排在第二位、第三位、第四位（表2-17）。在访谈中，很多教师认为，对学生进行科研理想教育太空、太虚，没有必要；学生的科学道德教育应有专人负责，包括实验室防火防盗等方面的教育也应是实验室管理部门的事，而不是教师的责任；教师的任务是专心从事科研工作，在科研中培养学生的科研能力和学术水平。

4. 教师科研育人的主动性欠缺，投入不足

科研育人虽然不需要经常放在嘴边，但应放在心上，教师应有目的、有计划、主动地对学生的思想道德进行规范的教育和科学的引导。对教师在科研过程中是否对学生进行思想道德教育的调查统计数据显示，43.0%的教师选择了“有意识进行”，49.4%的教师选择了“不刻意进行”，7.6%的教师选择了“不进行”（表 2-12）。可见，大部分教师在科研过程中对学生进行思想道德教育都缺乏主动性、目的性和计划性。同时，在教师对学生进行思想道德教育的方式上，占比最高的是“行为示范”，其次是“口头批评教育”（表 2-13）。通过讲座、讨论、谈心等方式有意识、专门地对学生进行思想道德教育的教师很少，教师对学生政治觉悟、道德修养的要求不高，在学生出现不良言行时，对其的批评指正不够。虽然行为示范也是重要的方式，但同时也反映出教师在科研育人方面投入的精力不足，处于随意、自由的状态，规范性、系统性不够。

5. 教师对指导本科生科研不够重视，范围偏窄

指导本科生开展科研是大学教师应尽的义务，统计结果显示，指导本科生开展科研活动的教师占 71.6%（表 2-8），教师虽然指导广义的科研活动（含指导学生毕业论文、毕业设计等教学科研活动和科技创新等第二课堂科研活动）较为普遍，但从学生反映的情况来看，本科生参与教师科研项目的人数较少。这表明大部分本科生没有得到教师系统的科研指导，无法近距离接受教师的教育和熏陶。这反映出部分教师对本科生的科研育人重视不够，指导本科生科研和科研育人的范围均偏窄。

（三）学生方面

1. 学生参与教师科研的程度不深，受教育时间有限

作为科研育人的对象，学生在科研中的参与度也是影响科研育人效果的重要因素之一。在学生参与教师科研项目的工作时间这一问题上，部分时间参与和偶尔参与的学生占大多数，高达 76.6%；全天候参与的学生仅占 23.3%，其中博士研究生全天候参与的人数比例高于硕士研究生（表 2-4）。这说明从总体上来讲，学生参与教师科研项目的时间较短，参与科研的程度较浅，导致思想道德教育的效果难以保证。

2. 学生在科研团队中的角色层次偏低，受教育机会不多

学生在参与教师的科研项目中承担什么具体任务，在团队中扮演什么角色，既反映出了教师吸收学生参与科研的动机，又决定了学生受教育的层次和机会。

因此，教师安排给学生的科研任务极为重要。调查数据显示，在研究生参与科研过程中，“收集、整理资料”是研究生承担最多的工作，占比高达 81.1%；“做实验或获取数据”“管理发票并报账”“管理仪器设备和场地等事务性工作”的比例分别是 56.0%、26.5%、13.6%（表 2-6）。可以看出，研究生在参与科研的过程中从事的都是比较简单的收集整理工作，成为教师报账、管理设备的“事务助理”，学生的受教育机会在一定程度上受到了限制。同时，教师在指导本科生参与科研的过程中，主要以指导学生开展一般科研活动（毕业论文、毕业实习、科技竞赛活动、科普活动）为主。现实中，研究生一般从事比较简单的事务性工作，从事科研业务工作的少，导致近距离接触导师并接受教育的机会在一定程度上受到了限制。相对于研究生而言，本科生受教育的机会更加有限。

三、科研育人存在问题的成因分析

（一）社会方面

1. 社会不良风气和错误价值观的影响

如前所述，随着我国社会转型和经济的快速发展，尤其是受市场经济负面因素的影响，一些不良风气正在影响着科学界，冲击着大学教师的价值观，科技创新和科研育人被边缘化，效益科研、职称科研大行其道，以至于教师在科研过程中对学生进行思想道德教育的主动性不够和精力投入不足。①教师安排学生承担科研任务时以事务性工作为主，不愿意接受本科生参与科研。

2. 缺乏科研育人合力机制

科研育人过程中的施教主体包括政府、教育主管部门、高校及教师。其中，教育主管部门作为非直接参与的施教主体，在科研育人的过程中起着定位和引导的作用。科研育人是一项制度化的育人工程，从国家层面到相关教育部门均制定了相关的政策制度与提出了相应要求，但所设机构很多仅停留在“象征”的意义上，缺乏实际的引领和指导意义。由于科研育人本身的特殊性，科研道德和学术品质难以被量化评价，政府、企业对人才的考核和评价局限于科研成果与科研奖

---

① 许祥云，孙上，王佳佳. 学术不端：基于高校教师认知的测量及启示[J]. 国家教育行政学院学报，2016（8）：73-81.

励等可以量化的指标，对科研道德和科研品质的考察缺乏完善的机制，这种单一、僵硬的考核与评价机制，造成学术失范现象屡见不鲜。与此同时，社会与大学校园的科研氛围也截然不同，如学生在校园中接受的社会主义核心价值观很可能与社会现实的功利主义的价值观存在冲突，全社会共同支持科研育人的局面尚未形成。

（二）学校方面

1. 大学“双漂移”现象的影响

随着知识经济时代的到来，大学日益走向社会的中心，成为社会的“服务站”和“动力站”，出现了科研活动从大学的教学单位和中心课程框架中分离出来的“双漂移”现象，这种“双漂移”使“教学和科研相统一的原则受到强烈冲击”[①]，使“由科学而达至修养”的原则面临严峻挑战，甚至导致一些大学科学研究与人才培养呈现分离的趋势，大学的科研机构和教师只关心科研成果，不注重培养人才，教师在科研过程中无暇对学生进行思想道德教育，很难实现大学的科研活动从发展科学出发，也很难实现促进学生精神风貌改善和道德修养提升这一根本目标。

2. 学校生存和发展面临压力

受一些评价导向的影响，一些大学为了排名和声誉，把关注点集中在科研成果的产出上，即所谓的核心竞争力上，既没有专门的科研育人政策，也不在教师考核中提出科研育人的要求，严重削弱了科研育人的效能，既不利于大学落实立德树人根本任务和营造优良的学术生态环境，也不利于师德养成与教师专业发展。[②]

3. 科研管理的过度体制化

过度体制化主要表现为政府和大学科研主管部门按照“政绩”规则而不是科学本身的逻辑来管理科研活动，少数部门凭借手中的资源，通过设置各种课题、荣誉和奖项等，来达到所谓的“政绩”目的。过度体制化的结果就是一些高校的

---

① ［美］伯顿·克拉克. 探究的场所——现代大学的科研和研究生教育[M]. 王承绪，译. 杭州：浙江教育出版社，2001：221-223.

② 施维属，林庆藩. 新时代高校教师职称评聘改革路径探析——基于清理“四唯”专项行动的思考[J]. 中国高校科技，2019（5）：38-40.

科研被行政体制和规则异化，为科研而科研，为了实现管理者对科研设置的数量指标而进行科研，如规定研究者每年必须在某一级刊物上发表多少篇文章，获得多少项课题和多少学术奖励，而不管其研究内容和研究过程如何。这种将科学研究数量化的行为，违背了科研的本质和规律，将科学研究这一高尚的精神探索活动等同于流水线作业，使科研成果沦为“流水线产品”，失去了自由探索研究的意义和对学术的本真追求。尽管在这种政绩的刺激之下，短时间内科研成果的数量会有所增加，但这是以科研资源的浪费和牺牲科研质量、科研道德为代价的，长此以往，将导致科学发展停滞不前，甚至会产生严重的负效应。

（三）教师方面

1. 师德师风的负面效应

一方面，部分教师的科研道德修养不够、育人底蕴不足，这是大学教师出现背离师德行为的主要原因。①这一类教师不尊重学生、不关爱学生，对学生未能做到严格要求。同时，有超过半数的学生和教师认为目前大学教师普遍存在名利思想严重的问题。②教师自身的道德水准是科研育人的基础，会直接影响科研育人的水平和层次。一些教师的科研育人意识不强、目标不高，将科研视为升职、赚钱的途径。另一方面，在教师中，学术不端问题时有发生，不良影响显现。部分教师的学术威信不高，对学生的要求不严。有研究者在对当前大学教师学术道德问题的调研中发现，最突出的问题就是剽窃、抄袭科研成果，其次是侵占学生科研成果。此外，还有科研论文一稿多投、研究数据资料造假、伪造学术经历等现象。③这些问题容易对学生的学术品格、学术素养的形成产生严重的不良影响。

2. 教师的科研育人意识不足

受高校考核机制所迫，一些大学教师热心于“科研”，认为教学只是副业，不重视育人。一些教师认为，学校为学生开设了专门的思想道德教育课程，有专

---

① 何祥林，程功群，任友洲等. 高校师德建设的现状、问题及对策——基于湖北省 H 高校的调查[J]. 高等教育研究，2014（11）：53-59.

② 何祥林，程功群，任友洲等. 高校师德建设的现状、问题及对策——基于湖北省 H 高校的调查[J]. 高等教育研究，2014（11）：53-59.

③ 何祥林，程功群，任友洲等. 高校师德建设的现状、问题及对策——基于湖北省 H 高校的调查[J]. 高等教育研究，2014（11）：53-59.

职的辅导员、班主任、思想理论课教师承担对学生进行思想道德教育的任务，因此科研育人可有可无，其对科研育人的教育目标和育人功能的理解、认识不够深刻，应付学校科研育人的要求。还有一些教师主动育人的积极性不高，将自己的任务局限于传授知识和进行科研，忽视了人文教育和科学教育的结合，将人才培养和科学研究割裂开来。同时，访谈结果表明，很多高校尚未形成系统的科研育人培养方案，或是培养方案更新迟缓，这也是导致教师的科研育人意识薄弱的重要原因。

（四）学生方面

学生对科研育人的认识不够深刻，有两方面的原因：一方面，学生参与科研的主体意识淡薄，参与科研的动机较为功利。随着就业压力的增大，受就业形势的影响，学生进行课程学习与发表论文更多是为了获得学分、拿到文凭，将科学研究作为毕业和求职的跳板，无视对科学的探索和知识的系统建构，无法潜下心来做科研，并且对教师在科研活动中的育人行为未给予足够的重视。另一方面，大学生自身的知识、能力水平不足，思想尚未完全成熟，有些学生的团队合作意识、与人交往的能力有待增强，在科研过程中不能很好地与老师和同学沟通交流，在一定程度上影响了科研育人的效果。同时，一些教师在科研活动过程中的“学术失范”行为也对学生产生了不良影响。

第三章

大学科研育人的时代内涵与本质特征

第一节　大学科研育人的时代内涵

大学科研育人的时代内涵是指当下大学科研育人的基本内容与任务，即回答科研育人育什么的问题。2017 年，教育部印发了《高校思想政治工作质量提升工程实施纲要》，提出了包括科研育人在内的“十大育人”体系提升计划，强调“发挥科研育人功能……引导师生树立正确的政治方向、价值取向、学术导向，培养师生至诚报国的理想追求、敢为人先的科学精神、开拓创新的进取意识和严谨求实的科研作风”。同年，中国科学技术协会第九届常务委员会第四次会议审议通过的《科技工作者道德行为自律规范》提出，科技工作者要“秉持创新、求实、协作、奉献的科学精神”。2019 年，中共中央办公厅、国务院办公厅印发了《关于进一步弘扬科学家精神加强作风和学风建设的意见》，提出了爱国、创新、求实、奉献、协同、育人的新时代科学家精神和加强作风与学风建设的要求。根据上述精神，围绕如何培养学生的科研理想、科学道德、科学精神等任务，本书将大学科研育人的时代内涵概括为以下十个方面。

一、科学报国、服务人民的崇高理想

崇高的科研理想是激励科技人员为国家和人类的科技事业献身的领航灯塔。培养学生的国家利益和国家安全至上的爱国主义精神，以民族复兴和人民幸福为

己任的家国情怀，引导学生把爱国之志、家国情怀融入建设世界科技强国的伟大征程和构筑人类命运共同体的国际主义使命之中，矢志不渝地为实现中华民族伟大复兴的中国梦贡献自身的智慧和力量，树立科学报国、服务人民的崇高理想，是科研育人的首要任务。

科学研究是探索和揭示自然、社会、思维等客观规律和内在本质的活动，是一项极其艰辛的工作，需要强大的精神力量支撑，这种精神力量的重中之重就是理想与志向。在中国古代，“理想”与“志”同义，是人生追求的奋斗目标。理想和志向作为一种特殊的人类精神，主宰着人的心灵世界，制约着人的价值取向和行为选择，是人们的世界观、人生观和价值观的集中体现。①一个人有了理想追求，会激发自己的无限能量，拓展发展和创造空间，取得超越自己实际能力的伟大成就。当今时代，一个科技工作者的远大理想，首先体现在科学报国、科学强国、服务人民上。科学家理应面向世界、服务人类，科学研究成果理应由全人类分享和利用，但这只是一个相对的概念和应然的理想。由于科学研究的功用性和实用性越来越强，其应用对象和领域的选择性与针对性不断增强。特别是促进科学研究发展的主体仍然是具有社会属性的人，而人又是具有主观性的，科学家为谁服务、科研成果被谁利用，往往受科学家个人的立场、观念和家国情怀的影响。法国科学家巴斯德（L. Pasteur）曾说：“科学无国界，但科学家有祖国。”②的确，随着时代的发展，“科学无国界”受到冲击和挑战，“科学家有祖国”更为凸显。

当前，受国际政治、经济和国家安全等因素的影响，科技发达的国家经常对他国进行科学技术封锁，国与国之间相互“卡脖子”的情况时有发生，甚至越来越突出。在涉及国家核心利益和安全的领域，科技共享障碍重重，科技是“有国界”的，这已是不争的事实。涉及国家核心利益和安全领域的关键核心技术必须掌握在自己人手里，国家必须培养一批心中“有祖国”的科技人才。在我国，很多尖端和敏感领域科技成果的突破受制于人之时，只能“自力更生”，如港珠澳大桥建设中的“外海沉管隧道”技术难题，因荷兰一家拥有相应技术的公司刻意刁难，实行技术封锁，最后还是依靠中国自主研发，成就了世界级的“中国

① 吴潜涛. 正确理解理想信念的科学含义[J]. 教学与研究，2011（4）：5-9.

② 转引自：朱丽兰. 科学无国界科学家有祖国——读《根系中华》[J]. 中国图书评论，1998（5）：36-37.

造”。正如习近平总书记指出的，“关键核心技术是要不来，买不来，讨不来的”①。“鱼不可脱于渊，国之利器不可以示人。”②可见，任何国家的发展都需要一大批优秀的科技人才，尤其是那些爱国科学家，这是教师应该告诉青年学生的道理。

一个科技工作者有了科学报国、服务人民的理想，就会激励其为国家的科学事业奋斗。有学者对我国25位国家最高科学技术奖获得者的相关资料进行了研究，发现25位获奖者在他们的成长过程中都树立了明确而远大的志向，其中大部分获奖者的志向直接与“科学报国、科学救国、科学强国”相关。③

从历史的角度来看，中国现代化建设和发展过程也得益于一大批爱国科学家的付出，他们满怀着对祖国的深厚情感和为国奉献、为国尽责的使命感，“踏平坎坷”“斗罢艰险”而归国；他们饱含着对祖国的深情，不远万里回归祖国，不畏艰辛，始终扎根祖国大地。其中，李四光辗转欧洲多国、钱学森被美国监禁5年、黄大年舍弃高薪待遇回到祖国，他们都是爱国科学家的典型代表。同样，“参天大树，只有扎根大地，才能根深叶茂；科技工作者唯有根系中华，方能大有作为”④。祖国的强大进步也是科学家的个人发展成长的坚强保证和信仰力量。习近平总书记曾指出：“具有强烈的爱国情怀，是对我国科技人员第一位的要求。”⑤高校作为培养未来科学家的摇篮，更应当肩负起培养爱国科学家的责任，而科研是育人的重要途径，教师应当不失时机地对学生进行科学报国、服务人民的科研理想与爱国主义教育。

诚然，服务人民还应放眼全球，服务世界各国人民，因此培养学生追求“大我”，为构建人类命运共同体和推进世界人类文明进程而奋斗的责任意识也是科研育人的应有之义。世界一些大学把“为世界培养人才”作为高等教育的重要使命，博耶在《彻底变革大学本科教育：美国研究型大学的蓝图》报告中提出：“研究型大学造就的人才应富有探索精神并渴望解决问题，将是下一个世纪科

① 习近平. 在中国科学院第十九次院士大会、中国工程院第十四次院士大会上的讲话[N]. 人民日报，2018-05-29（2）.

② 转引自：曹峰，裴健智.《老子》第三十六章新研[J]. 中原文化研究，2017（6）：2，17-27.

③ 李祖超，李蔚然，王天娥. 国家最高科学技术奖获得者非智力因素分析[J]. 教育研究，2015（10）：78-89.

④ 朱丽兰. 科学无国界科学家有祖国——读《根系中华》[J]. 中国图书评论，1998（5）：36-37.

⑤ 习近平. 深化科技体制改革增强科技创新活力 真正把创新驱动发展战略落到实处[N]. 人民日报，2013-07-18（1）.

学、技术、学术、政治和富于创造性的领袖。”[①]作为构建人类命运共同体的倡导国，我国更应该培养出具备参与全球治理能力的人才。科技全球化的潮流势不可挡，培养具备全球视野、把准时代脉搏的科技人才迫在眉睫。因此，在科研育人中，教师要引导学生在为本国科技进步做贡献的基础上，超越民族与国家的范畴，参与全球治理，为服务全人类做贡献。

二、勇攀高峰、争创一流的创新精神

创新精神是科技工作者攀登高峰、争创一流的生命之魂。培养学生敢于提出新理论、开辟新领域、探寻新路径的创新思维与创新人格，鼓励学生面向世界科技前沿、国民经济主战场、国家重大战略需求，抢占科技竞争和未来发展制高点，攻克事关国家安全、经济发展等基础前沿难题和核心关键技术，培养学生争创一流、敢为人先和勇攀高峰、敢啃硬骨头的创新精神，是大学科研育人的核心价值。

推动科学技术发展的核心在于创新。科学研究的对象和认识的主体都是历史生成的，每一代人的生活实践都为认识提供了新的对象，需要进行新的认识。每一代人只能在自己所处的历史条件下成为具体的认识主体，获得具体的认识能力，不可能对认识对象有无限的、绝对的认识，加上思维和存在的同一性是相对的而不是绝对的，人们的认识必然同时包含着真理的成分和谬误的成分。[②]所以人类认识是一个永恒发展的历史进程，人类必须勇于创新，永不止步地提出新的理论和方法，进行新的发现和发明。

科学技术从来没有像今天这样，以巨大的威力和人们难以想象的速度深刻影响着人类经济和社会的发展。当代科技已经到了产生重大突破、颠覆性突破的临界点。人工智能、大数据、物联网、5G、高铁、新能源、基因技术等新一轮科技革命中的关键核心技术将引领新一轮的产业变革，深刻影响未来经济社会和人类的发展。[③]

---

① 转引自：王平祥. 世界一流大学本科人才培养目标及其价值取向审思[J]. 高等教育研究，2018，39（3）：58-63.

② 王金福，宋新康. 论科学精神[J]. 苏州大学学报（哲学社会科学版），2009（5）：4-7.

③ 雷朝滋. 奋力做好新时代高校科技工作的若干思考[J]. 国家教育行政学院学报，2019（7）：3-7，13.

新一轮科技革命方兴未艾，科技的竞争非常激烈，谁占据创新的制高点，谁就能走在科学技术发展的前沿，在国与国的发展竞争中掌握主动权。科技是国家强盛的根基，创新是民族进步的灵魂。习近平总书记指出："只有把核心技术掌握在自己手中，才能真正掌握竞争和发展的主动权。"①

当前，我国的科技发展水平与科技发达国家还存在一定的差距，要在世界发展浪潮中迎头赶上、勇立潮头，在前瞻性领域占有一席之地，弘扬勇攀高峰、争创一流的创新精神非常关键。为此，科技工作者必须要有争创一流的目标与追求，敢为天下先的自信与勇气，抢占制高点、突破瓶颈的担当作为。

科技工作者只有拥有了创新精神，才能对未来科技发展具有敏锐的洞察力与准确的判断力，具备超前意识，超前规划，提前布局，确立一流目标。只有拥有了创新精神，才能审时度势，适时出手，抢占先机，敢于走他人未走过的路，做第一个"吃螃蟹"的人，牵住科技发展的"牛鼻子"，瞄准世界一流，敢于在世界舞台提出新理论、开辟新领域、探寻新路径。

高校是科技创新的排头兵，基础研究是高校科研的重头戏，高校科技必须引领原创、勇攀高峰，改变过去"从 1 到 N"的科技发展模式，实现"从 0 到 1"的原始创新。这就要求高校教师要敏锐地感知，力争在前瞻性基础研究、关键共性技术、前沿引领技术和颠覆性技术创新方面实现突破。今天在校的各级各类青年学生是国家未来的科技人才，他们有无创新精神关系到国家科技创新乃至民族复兴的进程和水平。习近平总书记在科学家座谈会上强调，"要加强创新人才教育培养"，"注重培养学生创新意识和创新能力"②。为此，高校要着眼于创新人才的培养，在科研过程中注重培养学生勇攀高峰、争创一流的创新精神，引导学生树立争创一流的科研目标，鼓励学生大胆尝试、敢为人先，要求他们拒绝浅尝辄止、见好就收的短视行为。同时，使学生受到符合创新精神的求新、求异、综合、发散等思维方式的锻炼，注重在科研中锤炼自己的意志品质，树立创新理想，坚定创新信念，养成创新人格；丰富学生的创新方法，提高他们的创新技能，通过科研课题的构思申报、答辩论证、组织研制，提高学生的科研能力，增

---

① 习近平. 在中国科学院第十七次院士大会、中国工程院第十二次院士大会上的讲话[N]. 人民日报，2014-06-10（1）.

② 习近平. 面向世界科技前沿面向经济主战场 面向国家重大需求面向人民生命健康 不断向科学技术广度和深度进军[N]. 人民日报，2020-09-12（2）.

强学生的创新技能。

三、淡泊名利、甘于奉献的高尚情操

高尚的道德情操是促进科技人员成功成才的重要基石。勉励学生养成淡泊名利、甘于奉献的高尚情操，要求他们以国家和集体利益为先，不图个人名利，甚至要为国家科学事业隐姓埋名、默默耕耘，反对拜金主义和投机行为，淡泊明志、宁静致远，不为虚名所扰，不被功利所惑，吃苦在前，在自己的专业领域深耕细作，培养学生尊重师长的虚心态度和奖掖后学的人梯精神，是科研育人的基本要求。

道德情操是人们对道德现象的一种态度与体验，高尚的道德情操是一种积极向上的精神状态和重要的精神力量，对人的道德行为起着支持作用。淡泊名利、甘于奉献的道德情操一旦形成，可以直接转化为促进道德行为产生的动力，可以将观念、目标和行为融合在一起，然后转化成一种巨大的力量。它会促使人产生积极的思维和心态，从而产生积极的行动。特别是高尚的道德情操对科技工作者的合作精神、优良学风、科技伦理起着引领作用，有利于推动科技进步，有利于促进学者的学术生涯发展与生活品质的提升。同时，淡泊名利、甘于奉献的道德情操是保持科学研究热情的动力，能激励科技工作者树立至诚报国、服务人民的理想追求，弘扬勇攀高峰、争创一流的创新精神，养成不畏艰难、潜心钻研的顽强作风。正如爱因斯坦（A. Einstein）评价居里夫人时所说的那样，才智成就“取决于品格的程度”[①]。

反之，缺乏道德情操的人将会一事无成。德国社会学家马克斯·韦伯提出学术职业分为外在物质与内在精神两个层面，平衡物质与精神的关系是每个学术人毕生无法回避的难题。对物质过分追求的学术人容易演变为这样一类群体：眼光格局局限在个人小圈子中，不谈道德情怀，只重眼前实利；没有精神追求，只拘囿于世俗化的潮流。[②]钱理群教授称他们为“精致的利己主义者”[③]。他们高智

---

① 许良英，范岱年，编译. 爱因斯坦文集（第一卷）[M]. 北京：商务印书馆，1977：339.

② 转引自：李晓华，袁晓萍. 高校立德树人的时代内涵和实践路径[J]. 高等教育研究，2018，39（3）：70-73.

③ 钱理群. 理想的大学离我们有多远[N]. 中国青年报，2012-05-03（3）.

商、世俗、唯利是图，一旦掌握权力，对高校和社会的危害甚大，自己也很难有所发展。一方面，追名逐利使这些学者目光短浅，盲目追逐热点，随意变换研究方向，为急于求成而违背学术道德，不利于学术创新及学术生涯的长远发展；另一方面，名利心重即得失心重，患得患失，这样的学者幸福指数就会低。可见，科技工作者拥有高尚的道德情操至关重要。

具备淡泊名利、甘于奉献的道德情操的前提是淡泊。淡泊是面对诱惑的从容、面对名利的洒脱、面对成败的豁达，不是无能为力的无奈、意得志满的自赏、无所作为的喟叹。专注科研之人都有一颗淡泊之心，他们甘于奉献，在不断超越自我的过程中为社会树立价值标杆。20 世纪五六十年代，中国科学家为了国家科技事业发展隐姓埋名、默默奉献，不计个人得失，在做出成就后依然淡泊名利，这是他们对甘于奉献的道德情操的最好诠释。①这种精神影响了一代又一代的科技工作者。黄大年从英国归来不要任何职务，带领团队在航空地球物理领域取得系列成就；袁隆平院士名满天下、举世誉之，却仍淡泊名利、专注田畴，为保障国家粮食安全与世界粮食供给做出了巨大贡献。淡泊之人无论“穷”与“达”，始终将“兼济天下”作为人生信条；无论荣或辱，始终能够坦然待之。

此外，尊重前辈的虚心态度和奖掖后学的人梯精神也是高尚道德情操的内在要求。攀登科技高峰是在前人基础上的接力，不仅需要当下承担项目的团队成员的团结协作、共同创新，而且需要科技工作者“前赴后继”，代代相传，永续攻关。为此，在科研育人过程中，培养学生尊重前辈的虚心态度和奖掖后学的人梯精神同样重要。特别是要引导学生尊重前辈，一方面，要求学生在科研过程中尊重前辈的指导，学习他们的科研方法和精神；另一方面，要教导学生尊重前辈的科研成果，不能剽窃前人的成果，不能轻易否定前人的结论。当然还要着眼长远，培养学生甘为人梯、奖掖后学的育人精神，要求他们日后成功成才后，甘做致力于提携后学的“铺路石”和“领路人”。

因此，在科研过程中，教师应强化立德树人意识，注重对学生淡泊名利、大公无私的奉献精神的培养，促进其形成高尚的道德情操。

---

① 丁俊萍，李庆. 20 世纪五六十年代中国科学家精神及其价值[J]. 思想理论教育导刊，2020（3）：66-72.

四、勤奋刻苦、潜心钻研的拼搏精神

勤奋刻苦、潜心钻研的拼搏精神是科技人员成功成才的必备作风和动能之源。鞭策学生发扬勤奋刻苦、全身投入的敬业态度和静心笃志、潜心钻研的拼搏精神，是科研育人的主要内容。

勤奋是成功的充分必要条件，学业的精深造诣来源于勤奋。凡是有成就的科学家、杰出人才，成功的秘诀主要有两个字：勤奋。习近平总书记指出："有研究表明，科学家的优势不仅靠智力，更主要的是专注和勤奋，经过长期探索而在某个领域形成优势。"①潜心既是心理问题，也是自我修养问题。潜心是一种气质、一种修养、一种境界，也是一种生活态度、处世智慧、工作责任、事业追求。心不静神不宁，便进入不了思想佳境和思考状态，胸怀敞不开、眼界放不宽、思路理不清，难以冷静客观地观察和解析事物，难以认识事物的本质、寻出规律、悟出真谛。②

勤奋刻苦、潜心钻研的拼搏精神是科技人员必备的素质，要想在科技领域攻克难关，实现创新创造，不付出艰苦的劳动是不可能实现的。科研成果的重大突破不可能一蹴而就，不可能轻轻松松获取。德国音乐家罗伯特·舒曼（R. Schumann）认为，勤奋而潜心的钻研，永远可以使你百尺竿头更进一步。③勤奋刻苦的工作状态是勇攀高峰的必备条件，潜心钻研的专注心境是学者争创一流、推动科技进步、促进个人发展的内在动力。高深学问的深奥性与专业性决定了掌握高深学问的艰巨性与复杂性，只有勤奋刻苦、潜心钻研、静心思虑，才能啃下"硬骨头"。施一公的剪接体小组的一些成员一段时间内未发表过任何文章，但他们沉得住、拼得起，不惧重复单调的生活，经常通宵达旦地进行钻研，最后成功解析剪接体的关键机制。④全国劳模王中华为潜心科研，与妻子定下"见面不谈家务事，闲聊莫过 5 分钟"的约定，最终为国家石油化工事业做出突出贡献。现任国家纳米科学中心副主任的唐智勇，曾花 6 年时间潜心钻研组装领域的一个重

---

① 习近平. 在科学家座谈会上的讲话[N]. 人民日报，2020-09-12（1）.

② 陈铭皋. 转变思想作风重在静心、深思、求是[J]. 理论前沿，2009（17）：33-34.

③ [德] 罗伯特·舒曼. 舒曼论音乐与音乐家[M]. 陈登颐，译. 北京：人民音乐出版社，1978：25.

④ 晋浩天. 对话施一公及其团队：世界级难题是如何破解的[N]. 光明日报，2015-08-24(5).

要基础性问题。[①]这样的学者还有很多，他们数十年如一日，兢兢业业，为国家科学研究事业的发展奉献自己的力量。这些都是教师可以提供给学生学习的好“教材”。

潜心钻研的另一面就是耐得住寂寞，在潜心拼搏的科研道路上，学者既要与时间赛跑，也要与寂寞相伴。正如德国教育家雅斯贝尔斯（K. T. Jaspers）所说：“本真的科学研究工作是一种贵族的事业，只有极少数人甘愿寂寞地选择了它。”[②]从事科研工作，寂寞清静是必需，没有物质回报是常态，能让科研工作者全身心沉浸其中的只有对真理本身的追求以及获得真理后的欣慰。板凳须坐十年冷，文章不写一句空。[③]只有耐得住寂寞，有献身科学的真心，才能探索真知。可见，在科研过程中，教师还要注重培养学生耐得住寂寞的平常心。

五、不怕失败、越挫越勇的坚强意志

不怕失败、越挫越勇的坚强意志是科技人员创新创造应具备的心理品质。要求学生保持不怕失败的良好心态、越挫越勇的顽强毅力、允许失败的宽容心境，注重吸取失败教训，磨炼不怕失败、越挫越勇的坚强意志，是科研育人的主要内容。

意志是人自觉地确定目标并支配其行动以实现预定目标的心理过程。人的意志活动具有明确的目的，能够清晰地意识到主体行为的进程和结果，并对主体的活动进行调节和控制。意志作为一种心理过程，规定着人的行为方向与程度，同时始终控制着人的行为。

坚强的意志来源于克服困难、经受磨难与战胜挫折的精神，是一种能使人克服内外部困难、坚持完成任务的可贵品质。[④]一般来说，外部困难往往会引起人内心的矛盾，而人的内心矛盾又往往会加重外部困难的强度。从这一内外困难的

① 张明功，杜先玉，仇国强．“科研是我的生命”——记“科研大王”王中华[J]．中国石油，2000（6）：54-57；程博．唐智勇：敢为人先攀高峰 十年磨剑铸锋芒[J]．创新时代，2018（9）：44-45.

② ［德］雅斯贝尔斯．什么是教育[M]．邹进，译．北京：生活·读书·新知三联书店，1991：141.

③ 转引自：彭明．板凳须坐十年冷 文章不写一句空——忆范文澜先生的治学精神[J]．中国高等教育，2002（10）：45-46.

④ 李祖超，李蔚然，王天娥．国家最高科学技术奖获得者非智力因素分析[J]．教育研究，2015（10）：78-89.

关系可以看出，只要我们心理健康，有坚强的意志，就能克服困难。

“在科学上没有平坦的大道，只有不畏劳苦沿着陡峭山路攀登的人，才有希望达到光辉的顶点。”[①]在科学研究中，失败不可避免，受挫折是常态，真理的获得并非一蹴而就，需要不断尝试、反复试错，要想获得成功必须拥有不怕失败、越挫越勇的坚强意志。事实证明，一举成功者实在太少。在成功的道路上，总是伴随着无数次的失败和挫折。即使是最有成就的科学家，他们在科学实践中得以实现的、成功的部分也占不到自己原先设想的 1/10。[②]正如一位哲人所说：“如果你不是常常遭受失败的话，这本身就是一种迹象，表明你没有在创造性地工作。”[③]

纵观人类社会的发展史，伟大的创造者都有坚强的意志，只有具备了坚强的意志，才可能在科技领域攀登高峰。一是能正确认识挫折。美国心理学家埃利斯（A. Ellis）提出了情绪 ABC 理论，认为人的消极情绪和行为障碍结果不是由激发事件本身直接引发的，而是由经受事件的个体对它不正确的认识产生的错误信念引发的[④]，即挫折本身并不影响个人，对挫折不合理的认识才会导致人的情绪恶化。人们只有有了坚强意志，才会认为失败和挫折不可怕，从而可以避免意志消沉和产生畏难情绪，并从中汲取教训。二是能提升耐挫力，即有了坚强意志，能提高耐挫力阈值，使个体提高受挫时主动走出困境、避免心理行为异常的能力。屡战屡败难免使人泄气，耐挫力阈值高的人更有可能屡败屡战。埃隆·马斯克（E. Musk）在经历三次猎鹰 1 号运载火箭发射失败后几乎濒临破产，在铺天盖地的舆论的质疑下，他第四次以全美最低火箭发射费将猎鹰 1 号送进发射轨道，让世界见证了第四个掌握卫星技术组织的诞生。[⑤]失败是使人不断成长的“磨刀石”与“助推器”，只有经得起挫折、具有坚强意志的人，才能不断磨炼自己，披荆斩棘，最终走向胜利。三是能宽容失败。人只要有经得起挫折的坚强意志，对失败与挫折看得透彻，具有不怕失败的宽广胸怀，这是人们从事科研工作必备

---

① ［德］马克思，［德］恩格斯. 马克思恩格斯文集（第五卷）[M]. 中共中央马克思恩格斯列宁斯大林著作编译局，编译. 北京：人民出版社，2009：法文版序言.

② 张浩. 论情感、意志与创造性思维[J]. 青海民族大学学报（教育科学版），2011（1）：1-5.

③ 庄寿强，戎志毅. 普通创造学[M]. 徐州：中国矿业大学出版社，1997：83.

④ Ellis A. The revised ABC's of rational-emotive therapy (RET)[J]. Journal of Rational-Emotive and Cognitive-Behavior Therapy, 1991 (3): 139-172.

⑤ 崔玉波. 埃隆·马斯克：用充电桩挑战加油站[J]. 石油知识，2016（3）：27-29.

的品质。人只要正确地认识失败、宽容失败、从失败中学习，就有希望成功。当然，并非所有的失败都能被宽容，有意、频繁且愚蠢的失败应当引起警觉。

可见，失败是成功之母，挫折并不可怕，关键是要有不怕失败、越挫越勇的坚强意志。因此，在科研过程中，教师要培养学生的不怕失败、越挫越勇的坚强意志。

六、集智攻关、团结协作的协同精神

集智攻关、团结协作的协同精神是引领科技人员成功成才的重要支撑。培养学生的团队观念和跨界融合的思维，要求他们积极履行团队成员义务，掌握合作的方法，拥有乐于助人的品质和求助于人的谦卑，具备崇尚学术民主的追求与反对“圈子”文化的协同精神，是科研育人的基本内容。

组团科研、集智攻关是攻坚克难、攀登科技高峰的重要保障。两个脑袋总比一个脑袋好，贝塔朗菲强调“整体大于各局部总和”①，体现了团队协同的力量。

随着时代的变迁，一方面，科研项目规模越来越大，科技攻关的难度越来越大，“硬骨头”越来越难啃，个人的力量显得十分有限；另一方面，科学活动已经高度职业化、建制化，有了越来越正式的组织②，单枪匹马从事科研活动很难获得成功，组团从事科研活动则成为常态。特别是随着科学研究向高精尖方向发展，需要解决的问题越来越复杂，多学科专家协同攻关显得越来越重要。由多学科专家组成的目标清晰、步伐一致、分工明确的团队，可发挥不同学科的力量，从不同学科的视角进行观察、分析，更有利于找到解决重大理论和现实问题的思路、方法。特别是通过多学科跨界交叉融合，可以发现新的知识、产生新的理论、得出创新性结论，从而取得事半功倍的效果。

无论是美国的曼哈顿工程还是我国的“两弹一星”，都凝聚了千万名科学家的智慧。美国“阿波罗登月计划”开始于 1961 年 5 月，至 1972 年 12 月第 6 次登月成功结束，历时约 11 年，耗资约 255 亿美元，在工程高峰期，参加工程的

① ［美］贝塔朗菲. 一般系统论：基础、发展和应用[M]. 林康义，魏宏森等，译. 北京：清华大学出版社，1987：48.

② ［英］J. D. 贝尔纳. 历史上的科学[M]. 伍况甫等，译. 北京：科学出版社，1959：319.

有 2 万家企业、200 多所大学和 80 多个科研单位，总人数超过 30 万人。[①]大部分诺贝尔奖获得者也是通过与他人协作研究而获奖的。

同时，进入团队有利于促进个人成长和进步。有相同目标的研究个体以强烈的合作意识组成的研究团队，其创造力大于单个成员的才能之和。施一公教授的剪接体团队之所以能成功解答基础生命科学领域的核心问题，其重要原因之一就在于团队成员的相互帮助、相互启发，通过相互合作和彼此竞争，提升团队的战斗力，在头脑风暴中让思维碰触产生灵感，最终破解难题。此外，在团队中善于合作等于延长了科研的“手臂”，能少走很多弯路；乐于助人能促进他人的科研开发，加快团队科研进程，形成良好的团队氛围，激发团队成员的热情，也能促进个体的成长。可见，团队合作是研究人员走向成功的“快速公路”，团队成员的合作意识是取得成功的动力源泉。

自古至今，团队合作观念与合作能力都是科技工作者必备的素质和能力。目前，很多学生都会直接参与老师的科研项目，成为团队的一员，学生的团队合作意识是良好科研团队形成的前提，合作能力是团队创新的重要保障。教师在科研过程中要加强对学生团队精神的引导和培育，重视培养学生真诚合作的团队意识和相互帮助的合作能力。教师要通过科研分工的形式，引导学生积极参与创新团队，并在团队中相互借鉴、取长补短，不断提升科研效能。同时，要使学生在团队中学会分享、学会包容、互相鼓励，增强学生探索未知和破解困惑的勇气、动力和信心，从而增强学生的团队荣誉感，培育他们积极参与合作的集体主义精神。

七、严谨求实、诚实守信的优良学风

严谨求实、诚实守信的优良学风是科技人员从事科研工作的基本准则。培养学生追求真理、严谨治学的求实精神，诚实守信、严于律己的优良学风，是科研育人的重要内容。

科学是求真求实的学问。1916 年，中国科学社社长任鸿隽指出：“科学精神者何，求真理是已。”[②]求真，获得真理，即获得对对象世界的正确认识，这是科

---

① 白春礼. 世界主要国立科研机构概况[M]. 北京：科学出版社，2013：40.

② 转引自：张相林. 我国青年科技人才科学精神与创新行为关系研究[J]. 中国软科学，2011（9）：100-107.

学活动的本质。然而，追求真理必须要有科学的态度和方法，以及严谨求实的工作作风。没有严谨求实的工作作风，科学研究者就失去了“求真”的方法论和精神动力。

在科研过程中，只有秉持严谨的态度，树立求实的学风，认真细致、一丝不苟地对待每一个数据和每一个现象，才能发现真知、认清事实。实践是检验科学研究成果的唯一标准，马克思在他的科学研究中“所引证的任何一件事实或任何一个数字都是得到最有威信的权威人士的证实的。他从不满足于第二手的材料，总要找原著核对，不管这样做有多麻烦。即令是为了证实一个不重要的事实，他也要特意到英国博物馆去查阅书籍”①。任何浮夸浮躁、投机取巧的行为都是无法探寻真理的。正如毛泽东所说：“知识的问题是一个科学问题，来不得半点的虚伪和骄傲，决定地需要的倒是其反面——诚实和谦逊的态度。”②

诚实守信是一个学者职业操守的试金石，是科学研究最基本的底线，是科技创新的基石，科学探索中不允许有任何弄虚作假行为早已成为全世界科学界的基本共识。美国著名生物学家莱夫科维茨（R. J. Lefkowitz）把诚信列为除激情和创造性之外的科学精神的三个方面之一。③国际科学协会联合理事会于 1949 年制定了《科学家宪章》，第一条“科学家的义务与责任”的第一款就是“诚实、高尚、合作”④，可见诚实对于科学研究者而言是多么重要。诚实决定了科研活动的真实性、客观性和公正性，也决定了各层面的具体操作规范、规则和规程。反过来说，一切具体的操作规范、规则和规程最终都指向诚实，目的都是确保科研的真实性、客观性及公正性。⑤

对于一个学者来说，如果丧失了学术诚信，那他就滑到了学术生命线之下，也就失去了做一个学人的资格，他的工作不再是创造学术的价值，而是制造危害社会的垃圾。古人治学十分强调“道德文章”，说明治学与道德是紧密联系在一起的，这也是对一个学者最基本的要求。从本质上说，学术诚信是一个人的品行

---

① 中共中央马克思恩格斯列宁斯大林著作编译局，编. 回忆马克思[M]. 北京：人民出版社，2005：196.

② 毛泽东. 毛泽东选集（第一卷）[M]. 北京：人民出版社，1991：287.

③ 阮一帆，徐欢. 高校科研育人探析[J]. 思想理论教育导刊，2019（8）：152-155.

④ 国际科学协会联合理事会. 科学家宪章[A]//徐少锦. 西方科技伦理思想史[C]. 南京：江苏教育出版社，1995：529.

⑤ 周川. 一流大学的一流德行[J]. 高等教育研究，2020（8）：4-12.

修养，是一个诚实的人应遵守的准则。[①]

培养和树立严谨求实、诚实守信的优良学风，对于规范整个科学研究和研究者个体的学术活动及学术行为，确保学术研究质量、促使学术健康发展具有重大意义。不仅如此，从某种意义上而言，作为公共知识分子的科研工作者坚守学术道德准则和诚信意识，对于修复和重建以社会诚信为核心的社会基本道德体系显得尤为重要，其道德操守对整个社会公德的形成有很大影响。[②]

作为一名高校教师，不仅自己要严格遵守科学精神和科学道德规范，而且在科研过程中要注重对学生进行严谨求实、诚实守信的优良学风教育，要求学生弘扬科学精神、遵守学术道德，向学生强调科学精神和科学道德准则及传授严谨求实、诚实守信的学术规范。

八、敢于怀疑、善于批判的问题意识

问题意识和批判精神是科技工作者创新创造的起点。启迪学生具备敢于怀疑的思维、善于批判的勇气、理性争鸣的节度，增强敢于怀疑、善于批判的问题意识，是大学科研育人的必要内容。

科学研究的批判精神就是科学研究者对研究的对象和已有的理论采取的一种态度。如前所述，科学研究是为了求真。前人的理论包含着真理的因素，这是后人所站的“肩膀”；同时，前人的理论也不是绝对的真理，必然包含着片面的因素。科学研究就是要在新的实践基础上，重新检验前人的理论，继承其真理的成分，同时揭示其片面性，从而不断发展真理。

创新的开始是怀疑。怀疑凝聚着猜测、反驳、智慧与勇气等批判性精神，它经常会冲破原有思想体系的羁绊，不断把自己带入新的境界，使思想持续绵延，止于生长之永恒[③]，敢于怀疑是促进科技创新的动力。科技进步是在否定自我的过程中推进的。奥地利哲学家波普尔（K. Popper）说：在探索真理时，从批判我

---

① 刘道玉. 诚信是学术的生命线[J]. 社会科学论坛，2011（5）：94-97.

② 姚申. 关于学术道德与诚信问题的探讨[J]. 新疆师范大学学报（哲学社会科学版），2010（1）：19-21, 32.

③ 唐松林，邓洁隽. 德以载道：教育科学研究的内在精神[J]. 中国地质大学学报（社会科学版），2016（5）：142-146.

们钟爱的信念开始。[①]哥白尼（N. Kopernik）的“日心说”是源于对“地心说”的怀疑；张仲景的《伤寒论》是在瘟疫肆虐的时代对迷信的挑战；爱因斯坦看到牛顿力学的局限后，有了相对论的诞生。美国哲学家马尔库塞（H. Marcuse）提出了“单向度的人”这一概念，认为工业社会压制了人们心中的否定性、批判性、超越性向度，使社会成为单向度社会，生活在其中的人成了单向度的人，这种人丧失了自由和创造力，不再追求与现实生活不同的另一种生活。[②]在我国高等教育发展历程中，由历史惯性形成的固化教育模式使高等教育一度进入集体无意识状态，学生不轻信、不盲从、不唯书、不唯上的实事求是的科学态度和批判精神及怀疑意识式微，产生了一些“单向度的人”。这类群体不断蚕食着民族创造力、国家科技创新力，阻碍了社会发展。可见，培养学生敢于怀疑的批判精神，唤醒“单向度的人”刻不容缓。对学生敢于怀疑、理性争鸣的批判精神的培养，既有利于培养学生的自主理性，摒弃随波逐流、人云亦云的思维，增强创新意识，又有利于激发学生对问题的不懈质询与追问，培养学生理智的好奇心和探索的欲望，提升创新能力；既有利于学生在知识大爆炸时代批判性地吸收知识精华，在学术研究道路上少走弯路，又有利于学生发展独立思考、理性判断的能力，避免学生在价值取向多元化、技术手段多样化、科技社会深度融合的世界中迷失自己，从而成长为一个不依附于群体、不屈服于权威、头脑清晰的人。

同时，我们也要认识到批判性思维是一种有益的思维方式，是建立在理论知识与实践经验积累之上的理性判断。培养学生敢于怀疑的批判精神，既要培养学生独立思考、适当质疑、合理辨析、审慎判断的能力，又要理性争鸣，防止学生“为批判而批判”的倾向。有学者认为怀疑是一把双刃剑，若将理性怀疑变成怀疑一切，便可能丧失立足根基，批判应是有根据、有条理、摆事实、讲道理的批判，反对人身攻击，尊重他人的学术话语权，反对门户偏见。

九、求善求美、有律有度的科技伦理

求善求美、有律有度的科技伦理是科技工作者的道德底线。引导学生树立真

① ［英］卡尔·波普尔. 猜想与反驳[M]. 傅季重等，译. 上海：上海译文出版社，2005：8.

② ［美］赫伯特·马尔库塞. 单向度的人：发达工业社会意识形态研究[M]. 刘继，译. 上海：上海译文出版社，2006：10.

善美统一的价值取向、造福人类的科研理念，教育学生坚守求善求美、有律有度的科技伦理，是大学科研育人不可或缺的内容。

科研活动发源于真善美的人性潜质，这种作为一体而不可分割的真善美的人性根基是科研活动内在的、本来的存在状态。[①]科学研究不仅要求真，更要向善、臻美。真与善、真与美的实质是科技伦理问题，强调科研工作者的社会责任观念和对科研行为的约束。科技伦理最重要的特征，是真与善的价值融合。在科技伦理中，善以真为依托，真以善为归宿。[②]科研是由科研伦理锁住的“潘多拉魔盒”，有些研究虽然是求真，但可能与善和美相冲突，一旦挣脱伦理的“枷锁”，产生的负面影响可能无法估量。只有严格遵守科学的伦理标准和学术道德的底线，才能维护科学家的品格和尊严，促进真正的一流科研成果诞生。[③]目前，在科学研究领域中，仍有学者在利益的驱使下突破科技伦理的边界，为人类社会埋下未知的安全隐患，前有在哈佛大学深造的某博士后因一篇尚未发表的、与生殖细胞基因改造相关的论文，引发了学术界的激烈争论；后有国内某大学教授因促成基因编辑婴儿诞生，将基因领域的科技伦理问题推到了舆论的风口浪尖。这些均充分说明目前部分学者仍缺乏求善求美的科技伦理意识。

康德认为，人是自身的目的，不是工具。[④]研究的终极目的应该是合乎全人类的共同价值追求——造福人类。因而，在科研过程中，教师应时刻提醒学生始终秉持造福人类的科研信仰，用有律有度的理性约束自己的行为而不超出伦理边界，如此他们才能体会到为社会谋福祉的快乐，自己也会因求得至善而得到满足。

科技伦理实质上是科学道德问题。从古至今，无数科研前辈在闪耀着智慧光芒的同时，还展现出高尚的科学道德情操；在促进科技进步与发展的同时，还将科学道德融入科学事业，形成了代代相传的精神传承，使科学研究成为一种理想而又备受尊重的神圣事业。正是在这种崇高的精神力量的影响下，无数才华横溢的人致力于科学研究和技术创新，不懈地探索自然的奥秘，攀登了无数科学的高峰。

---

① 李小平，刘在洲. 大学科研的本质特征及其育人意蕴[J]. 高等教育研究，2019（5）：70-75.

② 吕耀怀. 科技伦理：真与善的价值融合[J]. 道德与文明，2001（1）：31-32.

③ 何鼎鼎. 用科学家精神激发科技创新[N]. 人民日报，2019-06-13（9）.

④ ［德］康德. 实践理性批判[M]. 韩水法，译. 北京：商务印书馆：2003：95.

十、辩证唯物主义的世界观和方法论

正确的世界观和方法论是科研人员的成功之道。指导学生掌握辩证唯物主义的世界观和方法论，是科研育人的根本任务。

科学研究是一种社会实践活动，要想到达胜利的彼岸，世界观和方法论是保障，因此培养学生的正确世界观和方法论非常重要。世界观是人们对整个世界以及人与世界关系的总的看法和根本观点。从宏观层面而言，世界观影响着科技工作者认识科研客体、探究真理、发现未知的立场和观点，影响着科技工作者的方法论。正确的世界观能引导科技工作者走向光明，获得真理；错误的世界观会使科技工作者误入歧途。从微观层面而言，世界观制约着科技人才的科研动机、科研动力、研究方法，关系到科研产出成果的质量，甚至关系到科研工作能否成功。可见，正确的世界观是科技人才科研探索路上的“金钥匙”。方法论与世界观是紧密联系在一起的，有怎样的世界观，就有怎样的方法论。科学技术史表明，自然科学、社会科学的繁荣与方法论的发展和完善密切相关。①

习近平指出，“辩证唯物主义是中国共产党人的世界观和方法论”②。江泽民指出，“如果头脑里没有辩证唯物主义、历史唯物主义的世界观，就不可能以正确的立场和科学的态度来认识纷繁复杂的客观事物，把握事物发展的规律”③。辩证唯物主义理论体系是世界观、认识论、方法论的内在统一。辩证唯物主义的世界观和方法论揭示了自然、社会、人类思维领域的本质和规律，并实现了主观辩证法和客观辩证法的统一，使人们能够认识并把握真理。科研活动是探求真理的研究，要求科研工作者掌握辩证唯物主义的世界观与方法论。辩证唯物主义的世界观表明，世界统一于物质，物质决定意识，物质世界是不依赖于人的主观意志而独立存在的，人的意识是物质长期发展的产物，是人脑的机能，是对物质世界的反映。辩证唯物主义的认识论表明，客观物质世界是可知的。人们不仅能够认识物质世界的现象，而且能够透过现象认识其本质。人类的认识能力是无限的，世界上只有尚未认识的事物，没有不可认识的事物，这要求我们与不可知论

---

① 刘文霞，宋琳. 自然辩证法课程对培养新世纪科技人才的作用和意义[J]. 科技创新导报，2010（22）：146.

② 习近平. 辩证唯物主义是中国共产党人的世界观和方法论[J]. 求是，2019（1）：1-5.

③ 江泽民. 在学习邓小平理论工作会议上的讲话[N]. 人民日报，1998-10-16（1）.

划清界限，把握认识的反复性与无限性、真理的客观性与条件性、科技创新的曲折性与迂回性规律。

辩证唯物主义的方法论告诉我们，实践是检验真理的唯一标准，要求把握物质内部运动联系的普遍性与矛盾性规律，充分认识人的正确思想来自实践，在探寻真理的过程中，“不唯上，不唯书，只唯实”，实事求是，探寻客观规律。对待科学，不得有半点虚假，反对本本主义、主观主义和形而上学。辩证唯物主义的世界观和方法论的精髓有利于我们在孤立的知识之间建立起深层次的联系，加深对自然、社会以及人的思维的本质、特征和发展规律的理解，从而形成对科学研究对象更深层、更全面的认识，进而提高思考问题和分析问题的综合能力。辩证唯物主义的世界观和方法论有利于用正确的自然观和科学技术观指导科技人才的研究理念、研究方向、研究目标，并影响着科技工作者的技术路线的确定、科研方法和手段的选择等一系列的科研环节，助力他们成功攀登高峰。可见，正确的世界观和方法论为未来科技人才的探索和研究奠定了基础。

为此，在实现科技强国战略的进程中，教师在用辩证唯物主义的世界观和方法论“武装”自己的基础上，必须重视对学生进行辩证唯物主义的世界观和方法论教育，这是科研育人必不可少的任务。

第二节　大学科研育人的本质特征

大学科研育人的本质特征是科研育人育什么。大学科研育人从内容上可分为科研理想教育、科学道德教育、科学精神教育、科研方法论教育四个方面。根据骆郁廷、张莉关于思想政治教育分类与各自特殊的领域和属性的分析[①]，本书认为这四个方面的教育分属政治教育、道德教育、思想教育和方法论教育，相应地表现出方向性、规范性、认知性和实践性特征。

---

① 骆郁廷，张莉. 思想教育、政治教育、道德教育的性质与特点辨析[J]. 武汉大学学报（社会科学版），2002（4）：440-447.

一、科研理想引领：政治教育的方向性特征

引领学生树立科学报国、服务人民的崇高理想是高校科研育人的根本①，是科研育人的政治任务。对学生进行科研理想的引领具有政治教育的方向性特征。

政治教育就是教育国民树立政治理想，培养国民的政治信念、政治情感，旨在促使国民对国家、阶级、政党以及政体、国体等制度方面的重大政治问题持有正确的立场与态度、观点与倾向，具有明显的拥护和实现一定阶级经济利益的政治倾向性②，方向性特征显著。

社会主义国家的政治教育具有明确的方向性。习近平总书记在全国高校思想政治工作会上明确了我国高等教育的发展方向，强调要同国家发展方向和目标紧密联系、相向而行，提出了“四服务”要求，即“为人民服务，为中国共产党治国理政服务，为巩固和发展中国特色社会主义制度服务，为改革开放和社会主义现代化建设服务”③。这是我国高等教育要始终遵循的方针，也为高校科研工作指明了方向。

引领学生树立远大的科研理想是大学科研育人的根本。科研育人要求的科研理想，包括对学生科研动机、科研立场、科研目标、科研信仰的培养，是高等教育为谁培养人、怎样培养人的内在要求，是当代中国科技工作者的科研价值观体系的重要组成部分。准确识记并理解这些重要的政治立场、价值观念，把握其内涵的政治性、方向性，就是对科研育人根本的把握。

科研育人追求的科研立场和科研信仰，是在继承中国古代“德政相合”这一传统基础上彰显的当代政治理想。继承中国古代“立德”思想，就是要在掌握道德知识、提升道德水平的基础上，进一步深刻理解并积极追求科研动机、科研目标蕴含的政治理想，为实现个人价值、服务国家而努力奋斗。

在当今世界，科学研究融入的政治元素越来越多。一方面，科学研究及科研成果受政治制约的因素多，科技工作者为谁服务受其政治立场和政治信仰的影

---

① 刘在洲，谭梦媛，曾中良．试论大学科研育人的价值追求[J]．学校党建与思想教育，2020（15）：76-80.

② 骆郁廷，张莉．思想教育、政治教育、道德教育的性质与特点辨析[J]．武汉大学学报（社会科学版），2002（4）：440-447.

③ 习近平：把思想政治工作贯穿教育教学全过程 开创我国高等教育事业发展新局面[EB/OL]. http://cpc.people.com.cn/n1/2016/1209/c64094-28936173.html[2021-06-10].

响；另一方面，受意识形态和国家安全的影响，科学技术在国与国之间时常被封锁。为此，强调发挥科研育人的政治引领作用，把思想价值引领贯穿选题设计、科研立项、项目研究、成果运用的全过程，把思想政治表现作为构建科研团队的基本要求，通过科研育人活动提升学生的政治觉悟与思想水平，从而激励他们为国奉献、为民服务，是当务之急。

可见，科研活动在学生思想政治教育方面的作用越来越大，对于学生明确政治立场、坚定政治信仰起着重要作用。因此，大学科研育人具有政治教育的方向性特征。

二、科学道德修炼：道德教育的规范性特征

勉励学生修炼淡泊名利、甘于奉献、诚实守信、求善求美的科学道德，是大学科研育人的基本任务，旨在规范学生的道德认识、道德情操、道德行为，其教育形式和内容具有规范性教育特征。

道德教育通过有计划、有组织地对受教育者施以道德影响，旨在提高人们的道德认知水平，陶冶人们的道德情操，接受和遵循一定的道德规范体系，并按其要求为人处世，从而养成一定的道德行为、道德习惯等。由于它以传输道德规范和道德信条为主，其规范性教育特征突出。①

科学道德教育是道德教育的一个重要方面。科研育人过程中要求培养的科学道德，包括体现时代性的科研行为，以及体现准则的道德认识、道德情操，实质上是一种规范性要求。淡泊名利、甘于奉献是情操规范，诚实守信、从严治学是学术规范，求善求美、有律有度是伦理规范，集智攻关、团结协作是协同规范，尊重师长、奖掖后学是传承规范。面向学生进行这些方面的教育，对学生的道德认识、道德情操、道德行为有着直接或间接的规范性教育作用。

在科研活动中，科技工作者的道德认识、道德情操、道德行为等的规范程度，是其从事科学技术活动时的价值追求和理想人格的体现，反映出了科技工作者正确处理个人与个人、个人与集体、个人与社会之间相互关系的态度。这些科研道德方面的规范，不仅是高校立德树人实践的重要教育内容，而且对高

---

① 骆郁廷，张莉. 思想教育、政治教育、道德教育的性质与特点辨析[J]. 武汉大学学报（社会科学版），2002（4）：440-447.

校的人才培养和科学研究起着基础作用，可见大学科研育人的规范性教育特征明显。

三、科学精神规训：思想教育的认知性特征

规训学生养成追求真理、勇攀高峰、实事求是、严谨治学的科学精神，是科研育人的核心价值。提高学生对科学精神的认识能力和水平是大学科研育人的重中之重，科学精神的培养和教育具有认知性教育特征。

思想教育主要是解决主观与客观是否符合的问题。马克思主义认为，主观认识是客观世界的反映，它曾指出，“观念的东西不外是移入人的头脑并在人的头脑中改造过的物质的东西而已”[①]。主观的思想认识要正确地反映客观世界，不仅要形成反映客观世界的思想观念，而且要提高人们的认知能力。由此可见，就其性质而言，思想教育是提高人们的认知能力和水平的教育[②]，所以说思想教育具有认知性教育特征。这种认知性的思想教育在科研育人中主要体现为提高学生在科研价值、科研信念、科研态度、科研观念等方面的认识能力。

思想教育作为认知性教育，一个重要的特点就是具有鲜明的探索性。思想教育和科学探索一样，也是以求真为目标的，是一个通过探索真理、发现真理、认识真理、检验真理来形成和发展真理性认识的过程。[③]科学精神是科学本身所要求的各种价值观念、意志品质、思维方式，主要表现为求实精神、创新精神、拼搏精神、批判精神，是优秀科技工作者必备的基本素质。科学精神的教育也是着力提高学生探索真理、发现真理、认识真理的本领和检验真理、发展真理的能力的过程，在本质上与认知性教育的探索性是一致的。

实践中，科学精神教育充分体现了认知能力教育的特征。例如，在科研过程中，教师在培养学生的问题意识与批判精神时，提高学生捕捉灵感的能力；在培养学生的拼搏精神和顽强作风时，提高学生承受挫折的能力；在培养学生的坚强

---

① ［德］马克思，［德］恩格斯. 马克思恩格斯选集（第二卷）[M]. 中共中央马克思恩格斯列宁斯大林著作编译局，编. 北京：人民出版社，1995：112.

② 骆郁廷，张莉. 思想教育、政治教育、道德教育的性质与特点辨析[J]. 武汉大学学报（社会科学版），2002（4）：440-447.

③ 骆郁廷，张莉. 思想教育、政治教育、道德教育的性质与特点辨析[J]. 武汉大学学报（社会科学版），2002（4）：440-447.

意志和勤奋作风时，提高学生忍受寂寞的能力；在训练学生严谨求实的科研规范时，培养学生求真的精神；在培养学生勇攀高峰、争创一流的创新精神时，提高学生的科技创新能力。这些科学精神的培养，正是提高学生对科研精神认知能力的教育。可以说，大学科研育人中科学精神的教育具有典型的认知性教育特征。

四、科研方法指导：方法论教育的实践性特征

方法论和方法是帮助人们认识世界和改造世界的思想武器，是人们认识世界和掌握世界发展规律的方法与手段。掌握了科学的方法论及方法，有利于学生实现认识世界和改造世界的目的。高校培养创新型人才必须加强对学生科研方法和方法论的教育与训练。与其他方面的教育不同，科研方法和方法论的教育与训练具有实践性教育特征。

所谓方法论教育，特指在一定方法论指导下的科研方法的训练。研究方法的训练对于培养科研人才具有重要意义。[①]美国学者约翰·W. 克里斯韦（J. W. Creswell）尔认为，掌握研究方法有两种最重要的途径，即在科研实践中通过师徒式手把手的传授和学习借鉴他人成功的经验[②]，这都体现了实践性。英国著名科学社会学家贝尔纳（J. D. Bernal）指出，“青年科研工作者应该从他的科研工作的同事、他的名义上的督促员以及他自己的阅读和实践中学得技术”[③]，他也着重强调了科研方法以及方法论获得的实践性。因此，科研方法指导具有实践性教育特征。

从科研实践来看，人们从事科学探索活动必须要有正确的方法，研究方法的选择取决于方法论的选择。教师对学生进行研究方法的指导时，必须进行方法论的教育。辩证唯物主义的世界观和方法论作为科学的世界观和方法论，不仅能科学地解释世界，还可能建设性地改造世界，成为人们认识世界和改造世界最好的认识工具与思想武器。马克思主义高度重视辩证唯物主义的世界观和方法论的指导作用。恩格斯高度评价了马克思主义唯物辩证法，把马克思主义唯物辩证法形

---

① 刘献君. 教育研究方法高级讲座[M]. 武汉：华中科技大学出版社，2010：1.

② ［美］约翰·W. 克里斯韦尔. 质的研究及其设计：方法与选择[M]. 余东升，译. 青岛：中国海洋大学出版社，2009：32.

③ ［英］J. D. 贝尔纳. 科学的社会功能[M]. 陈体芳，译. 桂林：广西师范大学出版社，2003：98.

象地比喻为“我们最好的工具和最锐利的武器”①。可见，训练和指导学生掌握辩证唯物主义方法论是科研育人不可或缺的重要内容。

培养学生辩证唯物主义的世界观和方法论，促使其掌握科学、合理的科研方法，通过灌输相关知识让学生对科研有一定的认识是其中一个方面，更重要的是要让学生在实践中体验。教师要鼓励学生参与科研实践，科研实践是培养学生正确的世界观和方法论的有效途径。教师要把科研方法和方法论的教育与训练贯穿于凝练科研理念、选择研究方向、确立研究目标、拟定技术路线、选择具体科研方法以及开展科学研究的全过程中，让学生在实践中认识和掌握辩证唯物主义方法论，形成正确的世界观、自然观和科学技术观，从而掌握正确的科研方法，进而取得更加直观的效果。可以说，方法论只有在实践中训练，才能真正被学生掌握。学生只有掌握了这些方法论，才能在科研实践中选择正确的科研方法，攻克科技难关。可见，大学科研育人具有实践性教育特征。

① ［德］马克思，［德］恩格斯. 马克思恩格斯选集（第四卷）［M］. 中共中央马克思恩格斯列宁斯大林著作编译局，编. 北京：人民出版社，1995：243.

第四章

大学科研的育人使命与育人价值

第一节　大学科研的育人使命

一、大学科研的教育属性决定了其必然育人

不是所有的科研活动都具有教育性，但高校科研是具有教育性的①，正如阿什比所言，任何类型的大学都是遗传与环境的产物。②大学科研受特定的、自身携带的“遗传基因”影响，具有天然的育人属性。

从第二章的分析中，我们不难看出，大学科研始于育人，且携带着强大的“育人基因”。正如洪堡指出的，科学是一种心智的、能动的、创造性的探索性活动，具有涵养品质和提高修养的作用。美国生理学家坎农指出，“充满发现的激情，精通揭开自然隐秘的方法，将会唤起年轻人所固有的许多优秀品质”③。诚然，大学科研是追求客观知识的事业，旨在培育一种追求客观和实证知识、克服主观偏见的理性精神，且科研与指向人的“精神与灵魂”以及博雅教育、通识教育、自由教育理念高度契合。正如英国哲学家培根所说，追求真理的科学研究是一种“纯洁的明珠”，是一种“人性中最高品德”的活动，是一种富含着真善美

---

① 刘在洲，张恒波. 促进人才培养：高校科学研究义不容辞的责任[J]. 高等农业教育，2014（7）：3-6.

② ［英］阿什比. 科技发达时代的大学教育[M]. 滕大春，滕大生，译. 北京：人民教育出版社，1983：7.

③ 转引自：［美］巴伯. 科学与社会秩序[M]. 顾昕，译. 北京：生活·读书·新知三联书店，1991：169.

的活动。[①]

由此可见，大学科研携带着育人的基因，彰显着育人的底色，具有鲜明的教育属性，蕴含着丰富的教育资源。在培养人才方面，既可“育智”，又可“育德”。从这个意义上讲，大学科研必然育人。

二、大学科研的生态环境决定了其必须育人

大学科研是大学的科研，大学科研的基础和环境是大学，而育人是大学的基本职能，大学科研的生态环境决定了其必须育人。

人才培养是大学的第一职能，也是永恒职能。以牛津大学、剑桥大学为代表的传统大学以传授古典知识为主要内容，以培养绅士、牧师、官吏、法官和医生为主要目标。这时的大学是一个“教学”的场所，正如纽曼所说，是一个培育“人才”的机构，是一个以培养人的修养为主要内容的机构。1810 年，洪堡创办柏林大学，将科学研究引入大学，虽然他强调大学科研的作用和地位，但也主张“科研与教学相统一”的原则，强调大学科研一方面是为了“发展知识”，另一方面将其当作提升教师水平和获得教学内容与方法的源泉，是育人的重要手段。[②]进入工业社会之后，虽然以约翰·霍普金斯大学为代表的部分大学开始突出科学研究的地位，但大学的根本任务是人才培养这一事实始终没有改变。大学始终把培养具有良好的品德、坚实的基础、过硬的本领、能直接从事社会生产的各类高素质专门人才作为现代大学的主要目标。正如弗莱克斯纳所言：发展知识是大学的重要职能之一，但不能忽视大学的教学职能，大学是特殊的研究组织，是一个复杂的有机体，成功的研究中心都不能代替大学。[③]他主张大学的目的既在发展知识，也在培育人才。知识经济时代，大学逐步走进社会的中心，大学的社会地位越来越高，虽然其强调提供新知识、传播新技术、开创新思维和新方法，但这是以培养创新性人才为前提的，而创新性人才的培养是离不开道德方面的要求的。可见，经过长时间的发展，现代高等学校虽然有了新的职能，承担着人才培

① 周光礼，姜嘉乐，王孙禺等. 高校科研的教育性——科教融合困境与公共政策调整[J]. 高等工程教育研究，2018（1）：88-94.

② 转引自：张建林. 育人属性是高校办学特色的本质属性[J]. 高等教育研究，2012（6）：30-33.

③ Flexner A. Universities: American, English, German[M]. New York: Oxford University Press, 1930: 10-16.

养、科学研究、社会服务、文化传承和促进国际交流与合作等多项职能，但大学的根本任务是人才培养，育人是大学的本质属性。

大学科研的外延是大学，大学是科研的“生态环境”和平台，人才培养是大学的底色，大学科研是大学的科研，不能置身其外。大学所有的人员尤其是教师、所有的部门尤其是院系、所有的事务尤其是学术事务，都要服务于人才培养这一根本任务。科学研究虽然是大学的一项重要职能，有自身的特殊使命和任务，但大学科研与科研院所的科研不是完全相同的，大学科研不仅要出成果，还要出人才，立德树人是大学的核心价值，大学科研必须育人。

三、大学教师的天职使命决定了其理应育人

教师在传授专业知识的同时，还以自身的道德行为和魅力言传身教，培养学生的人生观、世界观、价值观，教导学生如何做人、做事，从而培养学生养成良好的思想品德，形成坚强的意志品质，塑造完美的人格，这是教师的天职。

自人类开展教育活动以来，无论何朝何代，教师的职责就是教书育人，这是几千年来众多教育家和成千上万的教师在教育实践中总结出来的调节师生关系、教与学关系的重要原则和宝贵经验，教师教书育人在人才培养中发挥着不可或缺的重要作用。随着时代的变迁和社会的发展，教与学的方式和方法、师与生的内涵和关系发生了许多变化，出现了许多新情况和新问题，但是教书育人作为一种理念与规范、手段与方法，没有改变；教师的职责与任务更多了，国家和学校对教师的要求更严了，但教师教书育人的职责没有改变，要求也没有降低。

在 2016 年底召开的全国高校思想政治工作会议上，习近平总书记指出，“做好高校思想政治工作，要因事而化、因时而进、因势而新。要遵循思想政治工作规律，遵循教书育人规律，遵循学生成长规律，不断提高工作能力和水平”①。习近平总书记还强调：“教师做的是传播知识、传播思想、传播真理的工作，是塑造灵魂、塑造生命、塑造人的工作。教师不能只做传授书本知识的教书匠，而要成为塑造学生品格、品行、品位的‘大先生’。”②2018 年初，《中共中央 国务

① 习近平：把思想政治工作贯穿教育教学全过程 开创我国高等教育事业发展新局面[EB/OL]. http://cpc.people.com.cn/n1/2016/1209/c64094-28936173.html[2021-06-10].

② 教育部课题组. 深入学习习近平关于教育的重要论述[M]. 北京：人民出版社，2019：56.

院关于全面深化新时代教师队伍建设改革的意见》发布，提出“高等学校高层次人才遴选和培育中要突出教书育人，让科学家同时成为教育家”。2018 年 5 月 2 日，习近平在北京大学师生座谈会上的讲话中，再一次强调要“建设高素质教师队伍……要引导教师把教书育人和自我修养结合起来，做到以德立身、以德立学、以德施教”①。可见，自古以来，教书育人就是教师的天职。

从当下大学师生关系和教与学的关系来看，教师指导学生科研的环节和机会越来越多，科研育人的任务越来越重。在人才培养环节，由于教学过程科研化②发展，学生需要通过科研形式来完成教学任务，如本科生阶段的科学实验、毕业实习、毕业设计、学士论文，研究生阶段的课程论文、硕士论文、博士论文，寒暑假开展的社会调查和其他社会实践等科研活动，而这些环节都离不开教师的指导，教师指导的过程也是离不开育人的。

在学生第二课堂活动中，本科生、研究生开展业余科研活动是比较常见的。他们利用课余时间从事科学研究，开展以科学探索与发现、科技创新与发明、科技推广与应用为目的的各种学术社团活动，参加如“挑战杯”全国大学生系列科学技术竞赛等活动，这些活动也是需要教师指导的，在这个过程中也是可以开展科研育人活动的。

当下，大学对科学研究越来越重视，教师从事科学研究工作的比例越来越高，投入的时间越来越多，科学研究成了教师的一项重要工作，吸收学生参与科研活动成为普遍现象，学生参与科研活动的形式也越来越多样、程度越来越深，特别是研究生在教师科研团队中发挥的作用越来越大，可以说最好的研究者也是最好的老师。③

从教师科研的诸要素来看，其方方面面都可能影响学生。从实践上讲，大学的科研育人是通过规范教师的科学研究活动、调整科研活动中的师生关系来实现教育目标的。大学教师在进行科学研究活动时，学生在参与教师科研时，都应向有利于教育目标的方向前行，尤其是有利于德育目标实现的方向，要使人变得“高尚而不是变坏”④，从而让大学教师的科学研究活动在客观上对学生的身心发

① 习近平. 习近平在北京大学师生座谈会上的讲话[N]. 人民日报，2018-05-09（1）.
② 周川. 从洪堡到博耶：高校科研观的转变[J]. 教育研究，2005（6）：26-30，61.
③ 周川. 从洪堡到博耶：高校科研观的转变[J]. 教育研究，2005（6）：26-30，61.
④ 周川. 论高等学校科学研究的教育性原则[J]. 高等教育研究，2007（3）：9-16，61.

展产生积极的教育效应，对学生道德品质等方面的发展产生正面的、有益的影响，进而促进教育目标的实现。

具体而言，教师正确的科研动机有利于培养学生探求未知、创新科技的价值取向，有利于培养学生科学报国、服务人类的使命担当。教师崇高的科研目标有利于培养学生敢为人先、争创一流的科研理想。教师立学为本的科学道德，有利于培养学生淡泊名利的奉献精神，有利于培养学生不怕苦、不怕累以及勤奋努力、刻苦攻关的拼搏精神，有利于培养学生耐得住寂寞、潜心钻研的平静心态，有利于培养学生经得起挫折的坚强意志和自强不息、百折不挠的执着精神，有利于提高学生攻克难关的综合素质，有利于培养学生宽容失败的宽广胸襟。教师严谨求实的学术诚信，有利于培养学生求真、求实的科技伦理和务实的科研作风，有利于培养学生敢于怀疑的批判精神和严谨治学的科学态度。教师科学的科研方法有利于培养学生严谨治学、实事求是的科学态度，有利于培养学生善于发现问题的精神，培养学生科学分析问题和解决问题的思维方式。良好的团队氛围有利于培养学生分工合作、相互支持的团队精神。教师对待科研成果及成果转化效益的积极态度，有利于培养学生不计名利、大公无私的奉献精神。

可见，学生在校的科研活动非常普遍，包括人才培养、科学研究和社会服务各个环节，这些都离不开教师的指导。同时，教师科研的诸要素都有着丰富的育人意蕴。因此，教师无论是从事教学还是从事科研项目，都要时时育人、处处育人，这是教师的天职使然。

四、科研过程的实践性特征决定了其可以育人

科研本质上是一种实践活动，科研过程的实践性特征决定了大学科研可以育人。

首先，实践是认识的来源。从认识论来看，实践是认识的来源，是人类认识客观规律的源泉，又是人类认识的手段和目的。毛泽东同志说过：“人的正确思想是从哪里来的？是从天上掉下来的吗？不是。是自己头脑里固有的吗？不是。人的正确思想，只能从社会实践中来。”①人类认识的一般规律表明，认识的发展

① 毛泽东. 毛泽东文集（第八卷）[M]. 中共中央文献研究室，编. 北京：人民出版社，1999：320.

过程首先是从生动的直观实践活动开始的。从科研育人视角来看，学生参与科研实践活动不仅能巩固所学知识，而且能有效扩大知识面，有效解决在课堂和教学环节中无法解决的有关学习目的和学习态度等的思想认识问题，促进他们对抽象性关系和联系进行深入思考，从而得出正确的结论。例如，大量创新成果和新发现，能培养学生的好奇心，激发他们探求未知的兴趣。

其次，实践是认识的动力。恩格斯说："社会一旦有技术上的需要，则这种需要就会比十所大学更能把科学推向前进。"[①]一般来说，科学研究的任务也是围绕人类实践的需要这个中心来确定的。学生参加科研实践，能感受到经济社会发展的需求和国家科技创新的需要，从而进一步明确刻苦学习钻研的方向，增强社会责任感和历史使命感。例如，少数学生由于缺乏正确的人生观，不能正确理解人生的价值，因此不思进取，但是当他们在科研实践中看到国家的需求、企业的难题以及感受到老师的拼搏精神后，会有如梦方醒之感，深感身上的担子重大，从而激发其学习、研究的热情和献身祖国科技事业的道德情感，增强他们参与教师科研的动力。

再次，科研实践是促进大学生的知与行相统一的重要手段和有效途径。知与行的统一，即理论与实践的统一，是人们认识世界和改造世界的"法宝"和大学生成长、成熟的重要标志。当学生的行动完全受自己的思想支配，行为完全出于自觉的时候，他们的思想和行为就达到了统一；当学生的思想不能支配自己的行为的时候，其思想与行为就处于对立状态或由对立向统一转化的过程之中。虽然大学生的思想与行为达到统一的途径有很多，但科研实践是其中一个重要途径，它能促使正确的行为产生并巩固使其成为自觉行为，从而达到知与行的统一。例如，大学生都知道团队具有强大的力量，但是否能落实到行动中，则要通过实践的磨炼，而科研实践正是一种有效的手段。当他们看到老师的科研团队人员分工有序、团结合作、互相支持、配合密切，攻克了一个又一个难关时，他们感受到了团队力量的强大。

最后，科研实践是促进学生心理成熟的催化剂。大学生包括部分研究生，正处于从不完全成熟走向成熟的阶段，心理上呈现出一系列矛盾，在理想信念、人生观、价值观以及个人发展目标和追求等方面都有明显表现。例如，一些大学生

① ［德］马克思，［德］恩格斯. 马克思恩格斯选集（第四卷）［M］. 中共中央马克思恩格斯列宁斯大林著作编译局，编. 北京：人民出版社，1972：505.

理想远大，却眼高手低，并不行动或行动迟缓；理念先进却志远识疏，拿不出具体的方案和措施；自我意识强，却与社会脱节，与他人缺乏沟通合作；对什么东西都有兴趣，又不深入研究。之所以存在这些矛盾，一个重要原因就是缺乏实践锻炼，对客观实际了解甚少、经验不丰富。人对客观的认识，首先是感知。感知能使人获得大量信息，接触大量具体生动、看得见摸得着的感性材料，这为学生心理健康发展提供了物质基础，对于提高其心理承受能力、发展与健全其心理品质、促进其心理成熟、克服某些心理障碍大有裨益。引导大学生参加科研实践，让他们在实践中进行体验和感知，对解决这些心理矛盾、促进其心理健康发展无疑是具有重要意义的。

可见，大学科研作为一种实践活动，既可出成果，又可出人才。在培养人才方面，既能培养学生的科研能力，又能在“苦其心智，劳其筋骨”的过程中培养学生的意志品质。

第二节　大学科研的育人价值

一、社会主义办学方向的必然要求

高等教育作为一种社会存在，是直接服务于上层建筑的。社会制度不同决定了不同国家的高等教育目的不同，从而决定了大学办学方向的不同，同时决定了大学举什么旗帜、走什么道路、办什么样的大学。这是高等教育发展的根本性与方向性的问题。习近平总书记指出：“我国高等教育肩负着培养德智体美全面发展的社会主义事业建设者和接班人的重大任务，必须坚持正确政治方向”，“我国高等教育发展方向要同我国发展的现实目标和未来方向紧密联系在一起，为人民服务，为中国共产党治国理政服务，为巩固和发展中国特色社会主义制度服务，为改革开放和社会主义现代化建设服务。”[①]这就是我国高等教育要举的旗、要走

① 习近平：把思想政治工作贯穿教育教学全过程 开创我国高等教育事业发展新局面[EB/OL]. http://cpc.people.com.cn/n1/2016/1209/c64094-28936173.html[2021-06-10].

的路，以及要坚持的办学方向，即社会主义的办学方向。

坚持社会主义办学方向，离不开对青年学生进行思想政治教育。大学思想政治工作，除了专职政工队伍开展的各种教育活动外，也要通过教师的教书育人活动和“课程思政”途径落实到教学活动中，还要通过科研育人落实到科研活动之中。当下，科技对经济社会发展的贡献率越来越高，建设社会主义现代化强国越来越需要依靠科技进步，大学的科研职能越来越凸显，大学科研活动越来越普遍，越来越受到重视。学校和科研教师必须不失时机地挖掘科研环节中蕴含的育人素材，寓思想政治教育于科研过程之中，把科研育人落到实处，开展思想政治工作，培养社会主义事业建设者和接班人，为改革开放和社会主义现代化建设服务。可见，科研育人是坚持社会主义办学方向的必然要求。

二、立德树人的应然所在

大学之道，育人为本；育人之要，以德为先。“高校立身之本在于立德树人。”[①]常言道：“国无德不兴，人无德不立。”因此，“树人”首先要立德。在实践中，科研育人是立德树人的重要途径，立德树人是科研育人的应然所在。大学办学面临着不断变化的国际国内形势、教育对象，多元思想文化的碰撞，各类思想观念交锋的挑战，这既给大学带来了发展机遇，也给大学发展带来了挑战。这就要求高校要紧紧抓住立德树人这个根本，不仅要注重对学生的能力的培养，更要做好学生思想引领和价值观塑造的工作；不仅要把立德树人贯穿到教书育人之中，更要将其贯穿到科研育人的全过程和各环节，形成教书育人、科研育人、实践育人、管理育人、服务育人、文化育人、组织育人的长效机制，在坚定理想信念、厚植家国情怀、加强品德修养、增长知识见识、培养奋斗精神、增强综合素质上下功夫，让教学体系、科研体系、教材体系、管理体系都围绕立德树人这一根本来设计，教师围绕这一根本来教学，学生围绕这一根本来学习，学校围绕这一根本来育人，构建起以德为先、智体美劳全面发展的立德树人教育体系，为社会主义建设者和接班人的培养构筑更加科学的制度基础。

---

① 习近平：把思想政治工作贯穿教育教学全过程 开创我国高等教育事业发展新局面[EB/OL]. http://cpc.people.com.cn/n1/2016/1209/c64094-28936173.html[2021-06-10].

三、“三全育人”的实然路径

2017 年 2 月，中共中央、国务院在《关于加强和改进新形势下高校思想政治工作的意见》提出了“坚持全员全过程全方位育人”的“三全育人”原则，要求高校思想教育工作要在体现时代性、把握规律性和富于创造性上下功夫。从大学科研育人的实践来看，教师“全员”中有科研教师，学生“全过程”中有实验室、实验活动，学校“全方位”中有科研职能和科研工作。可见，“三全育人”中有科研育人的重要任务，科研育人在“三全育人”中占有重要位置。因此，可以说科研育人是落实“三全育人”的主要手段和实然路径。

从科研活动的特点来看，科研活动有着不可替代的德育功能和作用。科研活动是探索性的活动，组织、引导学生参与研究我国现代化建设中的理论和现实问题，通过由表及里、由此及彼、去粗取精、去伪存真的探索研究，可以帮助学生进一步发现和掌握人类社会发展的客观规律，促进感性认识向理性认识的飞跃，有助于学生加深对马克思列宁主义、毛泽东思想、邓小平理论、“三个代表”重要思想、科学发展观和习近平新时代中国特色社会主义思想的科学理解，澄清一些深层次的认识问题，树立正确的世界观、人生观和价值观。科研是创新性的活动，组织、引导学生参与科学研究活动，让学生了解世界科学前沿，以及国家战略需求和重要国计民生信息，通过提出问题、猜想与假设进行实验，收集数据、得出结论以及进行反思与评价，可以在人类已有的认识成果的基础上探索未知、发现新知，为国家和人类的科技创新做出贡献。同时，学生通过参与科研活动，能够深切感受到科学技术在现代化建设和国际经济竞争中的地位和作用，从而增强参与意识、竞争意识和主人翁意识，提高学习科学理论和研究现代科技的兴趣，增强为国家富强和人民富裕而刻苦钻研、发展现代科学技术的内在动力，培养理论联系实际的学风和解放思想、实事求是、勇于创新的精神，提高自我钻研、自我教育的意识和能力，增强历史使命感与社会责任感。

四、科技创新的动力使然

习近平总书记指出：“中国要强盛、要复兴，就一定要大力发展科学技术，努力成为世界主要科学中心和创新高地。”[①]要实现这一宏伟目标，就需要培养一大批高级专门人才。这些高级专门人才要有过硬的知识本领、高超的能力水平；要有科学报国、服务人类的理想追求和勇于创新、敢为人先的科研目标；要有淡泊名利的奉献精神、潜心钻研的拼搏精神、善于合作的团队精神、耐得住寂寞的平静心态，能承受挫折的坚强意志，宽容失败的宽广胸襟；要有求真的科学态度、严谨求实的学术诚信和科技伦理、敢于怀疑的批判精神；要有科学合理的研究方法、唯物辩证分析问题的方法、科学合理解决问题的路径。一方面，这些素质需要在科研实践中学习感知、熏陶磨炼，通过科研育人获得；另一方面，学生一旦具备了这些素质，必将促进他们树立正确的科研价值取向，极大地激发他们的科研热情和信念，促进国家科技创新持续高质量发展。可见，科研育人是国家科技创新的强大动力。

---

① 习近平. 努力成为世界主要科学中心和创新高地[N]. 求是，2021（6）：4-11.

第五章

大学科研的本质属性与育人本源

教育的根本目的在于“人的生成”，即促进人的解放并实现人的全面发展，使人克服现实中的束缚和异化，更加全面、充分地把握和展现自己。美国高等教育学家伯顿·克拉克认为，在高等教育这个学术系统中，知识是人们开展工作赖以需要的基本材料，教学和研究是制作和操作这种材料的基本活动与主要技术。[①]从这个意义上说，教学与科研尽管有所差异，但不过是育人的两种形态，而科研育人具有其自身的特性和育人机理。

将劳动视为人的本质，是马克思主义关于人的本质理论的一个基本观点。科研活动从本质上而言是一种特殊的人类劳动，必然是人的本性的外在化、现实化。不仅如此，科研不同于一般的人类劳动，它具有创造性，更能体现人的“自由自觉”本性，是更加“人化”的劳动。大学科研（尤其是自然科学与技术研究）虽然以物质化、实证化、客观化的外在形式进行，但其发生源头由人的探究与发展的本性驱动，蕴含着丰富的人性意义和真善美的人性品质。因此，大学科研活动必然具有内在的、先天的教育意蕴。大学师生在从事科研活动的过程中，只要不偏离这一人性本质，就必然能发挥育人作用。大学科研的这一本质特征及其育人意蕴是大学科研育人的逻辑根基，大学要实现科研育人的目的，就必须坚守这一逻辑根基。

---

① ［美］伯顿·R. 克拉克. 高等教育系统——学术组织的跨国研究[M]. 王承绪，徐辉，殷企平等，译. 杭州：杭州大学出版社，1994：12，25.

第一节　大学科研的整体性与大学生的人性完善

大学科研是一个融物质和精神、主观和客观、认知和意义等于一体的整体性活动，是整体人性的现实体现。大学科研的这种整体性活动，是促进大学生人性完善的实践载体。

一、大学科研的整体性

马克思认为，“人不仅通过思维，而且以全部感觉在对象世界中肯定自己”[①]，人在对象世界中的科研活动如果是“人化”的、以人为目的的，则必须是人的本质力量的对象化，必须是人对于自身的肯定。在这种自我肯定的追求中，既有求真的、思维的需要，也有道德的、意志的、审美的需要。从哲学意义上分析，科研活动作为人类劳动的高级形态，其核心是对世界和自身未知的探究，具有人类劳动的内外双重属性，即通过改造和超越外部的困境，最终实现自身生命的完善。其中，求真、向善、臻美是这种人类劳动最一般的属性，也是人的本质规定性的最重要东西。因此，科研不仅具有“求真”的属性，同时具有“向善”“臻美”的属性。

其一，科研作为一种对自然世界的探索创新活动，不是封闭的个体活动，而是社会性的交往活动，必然包括社会性活动与行为的规则构建，这种规则构建必然要求超越无序、冲突的群体生活而创造有序与和谐的社会关系，这种社会关系以人类的善性为准则和核心，旨在使人的善性和道德智慧受到珍视和张扬。

其二，作为人类劳动的科研还具有寻求审美的倾向。马克思所说的人“按照美的规律来建造”，就反映出了人类劳动的审美特征。人的科研创造行为体现为一种自我实现的冲动，即一种创造欲，这种创造欲就是一种“创造的愉快”、一

---

① ［德］马克思，［德］恩格斯. 马克思恩格斯全集（第四十二卷）［M］. 中共中央马克思恩格斯列宁斯大林著作编译局，译. 北京：人民出版社，1979：125.

种新颖的审美感，没有这种审美的体验，便不能真正算是人的创造活动。科研实践中的审美需要和追求创造了美感，并使人的臻美能力和审美体验不断提升和丰富，因而科研活动中的真善美相互渗透，共同构建成了一种整体品性。

大学科研作为教育领域的育人活动，其整体性更为突出。19世纪初，德国新人文主义代表洪堡最早明确提出了大学的科研职能，并认为大学培养人才应该是“由科学而达至修养”。洪堡将大学科研视为培养人的典型活动，认为科学是一个整体，能够支撑整体人性的发展。正是由于科学是这样一个体现丰富人性的整体，所以大学任何专业的学习都必须建立在对世界和生命的基本原则及意义的认识基础之上，脱离整体，知识就只能是匠人的知识，是片面的和低级的。①

科学发展的历史表明，凡是科学技术的深入发展，都必然促使精神文化领域发生改变，以至于不同程度地带来社会政治、经济、文化的变革，因此科学研究绝不是单纯的物质性活动，其社会与文化意义和客观探究是相伴并存的，科学研究活动是物质活动与精神文化活动的统一，是体现真善美的整体性活动。对于大学生个体而言，参与大学科研不仅是参加一项求真的客观性物质活动，同时也是参加一项健全人格、发展社会性品质的整体性活动，为其创新精神、健全人格、科学态度、坚韧意志、丰富情感和综合能力等方面的有机结合和全面发展提供了良好的实践平台。

二、大学科研整体性的片面化

值得关注的是，科研活动的“应然”功能和“实然”效应在现实中往往是脱离甚至相悖的。从近代人类科技与社会发展的历史看，随着科学技术的深化，科研活动一方面不断发现和揭示事物的内在关系，尤其是物理和数学关系，另一方面又不断掩盖事物的思想和价值等内在意义。这种科学技术的片面化，特别是科学因走向片面实证化而带来的人文意义与价值的削弱，必然会导致科学的危机乃至社会的危机。奥地利现象学创始人胡塞尔（E. G. A. Husserl）认为，在实证主义的支配下，在实际的科学研究中，真正地使这一过程具有意义和使研究结果具有真理性的思想被排挤出去了。②意义与真理从科学中被排挤出去的后果，就是

① 陈洪捷. 德国古典大学观及其对中国大学的影响[M]. 北京：北京大学出版社，2015：72.

② ［德］胡塞尔. 欧洲科学危机和超验现象学[M]. 张庆熊，译. 上海：上海译文出版社，2005：55.

科学技术的各种负面效应和人性的单向度化，从而导致整体性的教育危机、人性危机和社会危机。

在现实的大学教育中，由于科学主义和实证主义思潮的影响，科研中“重物轻人、重功利轻价值”的现象普遍存在。科学主义的教育观念从实证的视角深入揭示了科研活动思维和行为的某些心理机制，但不能全面揭示科研活动的丰富内涵，尤其是理性以外的成分。如果完全以科学主义教育观来看待人的科研活动及其发展，则势必造成科研活动中人的“物性化”。因此，建立在实证方法论基础上的科研活动的科学技术意蕴不能为我们在科研活动中促进人性完善、实现教育目标提供全面的价值导向。教育在充分吸收科学主义教育和心理理论的同时，必须以全面人性为根基，探究科研活动的教育意蕴，建立自身有价值取向的科研活动理论，以适应教育“成人”的需要。

三、科研的整体性与大学生的人性完善

科学研究整体性的丧失具有一定的客观性，因为“科学要进展就必须把现象分析成简单、一致性的元素来着手，而不是迷失在复杂缤纷的真实里”[①]，在某种程度上，只有科学化的描述才能使观察具有解释力，才能对某种现象做出预测。[②]这种对复杂性的简化本来只是科研活动的一个过渡性环节，需要在整体过程中还原人性的丰富性。然而，在科研发展的现实中，这种将整体事物变为“简单、一致性的元素”的科学化往往演变成了“片面技术化”“纯智力化”，并成为科研的主导范式，使得整个科研过程变为一个纯技术过程，将蕴含其中的人性元素罢黜了，进而教育的意义也大打折扣。作为具有教育职能的大学科研活动，必须克服这种“为科研而科研”的片面思想，将科研既作为探究未知的技术，又作为人性发展和教育实施的手段，在客观化的科研进程中及时还原其主观性因素和整体的育人成分，这是作为大学的科研，也就是具有教育意义的科研必须具备的前提条件。

---

① ［法］杰柯·梅勒，［法］伊曼纽·都彭. 天生婴才：重新发现婴儿的认知世界[M]. 洪兰，译. 北京：九州图书出版社，1999：251.

② ［法］杰柯·梅勒，［法］伊曼纽·都彭. 天生婴才：重新发现婴儿的认知世界[M]. 洪兰，译. 北京：九州图书出版社，1999：253.

马克思在批判劳动的异化时指出，劳动是“人的本质力量的对象化”，这样的劳动必然是“自己的”而不是别人的，是“肯定自己”“感到幸福”的活动。① 因此，劳动作为人的活动就不应该仅仅是物质化、产品化和工具性的外在活动，而应该是具有全身心体验的、物质与精神相统一的发展性活动。大学科研如果仅仅停留于项目的客观指标、外在的创新产品上，就不能体现人的本质和人性的丰富性、全面性，就不能体现教育的目标追求。因此，要使大学科研成为一种育人活动，就必须对科学主义哲学思潮和科学心理学的“客观化”“物性化”倾向加以辩证吸收与批判，在物质探索中强化精神体验，充分体验科研过程中的探索、超越、坚韧、合作、审美等。

第二节　大学科研的超越性与大学生的个性解放

教育的根本目标是实现人的全面发展，而人的个性解放是实现人的全面发展的前提。马克思主义哲学认为，实现人的解放就是让人摆脱自然、社会和人自身的束缚。这种摆脱束缚的过程，实质上是一种超越的过程。② “超越性”是人的能动性的最高体现，是人摆脱束缚占有“自由自觉”本性的基本途径。大学科研活动与一般教育活动的最大区别就在于其具有探索的超越性，这种超越性的活动过程，对于促进大学生的个性解放具有特殊的意义。

一、科研活动的双重超越性

科研的基本特征就是探究未知、掌握规律、发现真理，是从“未知”向“已知”的跨越，是从“不确定”到“确定”、“不可能”到“可能”的转换。因此，

---

① ［德］马克思，［德］恩格斯. 马克思恩格斯全集（第四十二卷）［M］. 中共中央马克思恩格斯列宁斯大林著作编译局，译. 北京：人民出版社，1979：89.

② 转引自：陈婷. 理解马克思主义人的解放理论的四个层次——基于对《德意志意识形态》“现实的个人”的分析［J］. 理论导刊，2020（7）：102-106.

“超越常态”是科研活动的核心意蕴，是大学科研的本质追求。人在科研创新实践中的超越是以真善美的总体追求为起点和动力的，科研中创造能力的运用和创新产品的产生过程都是“内生而外发”的，是人的本质力量的对象化。超越常态、创新求异不仅包括打破物质世界对人的物质追求的束缚，同时也包括人解除自身的精神困惑。因为在物质探究中实现超越，必然带来理念、思想、精神领域的同步超越。

这种以物质探究活动为载体而带来的心理和精神的超越，是人实现个性解放、人格完善的独有方式。“在良好的健康状况下，不仅我们的躯体能够平衡而和谐地发挥其功能，而且我们的头脑和意志力量，包括理解（知识）、体验（爱）和选择（意志）能力也会根据团结的法则而得到发挥。由此可见，内心的和谐与宁静是创造出来的，真正的幸福是体验出来的。”①人在超越物质世界时，其实也伴随着自身的精神超越，伴随着内心对宁静的追寻和对幸福的体验。用黑格尔的话说，人有一种在外在事物上面刻下他自己内心生活的烙印，实现他自己的冲动。②

科研活动中的创新超越必然是“人性”与“人力”、“成物”与“成人”的双重超越，否则就是科研活动的异化。关于这一点，美国人本主义心理学家弗洛姆明确指出：“虽然人的创造性确能创造出属于物质上的东西、艺术作品及思想体系，但最重要的创造对象是人自己。”③

二、科研中的超越过程是人的真善美品质融合发展的过程

人的超越性活动的起点是人内在的、精神上的冲动和需要，而这种本能的天生冲动和需要不仅包含着物质的、肉体的需要，更包含着精神的需要，体现为对真善美的全面人性的需要。因此，科研探索活动是外显的“求真”与内隐的“向善”“臻美”活动的融合。

对自然世界的探索创新必然包括社会性活动与行为的规则构建，这种规则构建以人类的善性为准则和核心。求真、求知体现了人类思维合价值性的一面，而

① ［瑞士］H. B. 丹尼什. 精神心理学[M]. 陈一筠，译. 北京：社会科学文献出版社，1998：205.
② ［德］黑格尔. 美学（第一卷）[M]. 朱光潜，译. 北京：商务印书馆，1979：39.
③ ［美］E. 弗洛姆. 追寻自我[M]. 苏娜，安定，译. 延边：延边大学出版社，1987：108.

求善、求价值则体现了人类思维合目的性的一面。除此之外，不同于动物或机器，人的活动充满着情感的体验，审美作为人类情感的最高境界，始终引导着人的一切活动。美“不是物理的事实，它不属于事物，而属于人的活动，属于心灵的力量”①。因而，“臻美”是人的本质力量的外化。求美是合规律性与合目的性的统一。求美的思维方式侧重于对象与“我”的精神的和谐，使“我”感到愉悦。“美”不是现成的，而是主体将自身的内在尺度不断投射于对象，通过在对象中显现主体的“审美理念”而生成的，因而美是“理念的感性显现”②。可见，善和美不仅是求真的保障和引导，而且与求真相伴共生、融为一体。人在创新活动中需要不断克服精神的困惑，这不仅需要认识、思维的升华，更需要知、情、意的融合，因而创新是“求真”“向善”“臻美”的统一，离开“向善”和“臻美”的创新活动实际上是不存在的。

科学作为人类最重要、最引人注目的求真创新活动，本质上是至善至美的，但现实中科学技术的发展无不带来价值、伦理的冲突。因此，科研不可能是单纯的物质技术创新活动，它必然面临着真与善的现实冲突、真与美的必然追寻，也就是合目的性与合规律性的双重拷问与协调规范。因此，一个完整、和谐的科研活动与创造过程，也就必然是一个真善美统一协调与融合的过程。著名科学家爱因斯坦就是体现科学这种真善美有机一体本性的代表。“爱因斯坦是我们这时代的科学与文化的最主要特征的一个典范。真与善的冲突在爱因斯坦科学创造的心理中是从不存在的。”③爱因斯坦科学创造的实践体现了科学创造活动中真善美的有机一体性，即离开善和美的科学创造是非人化的，善和美与求真是一体的、不可分割的。

三、现实科研中超越性的片面化

作为大学教育重要理论依据的科学心理学，对科研活动的研究重在对外在要素、智力过程和认知行为等客观规律的揭示，促进了科研能力研究的精确化、科学化，这无疑是一大进步，显示出了其独特的贡献，但在某种程度上也难免出现

---

① ［意］克罗齐. 美学原理[M]. 朱光潜，译. 北京：商务印书馆，2012：112.

② ［德］黑格尔. 美学（第一卷）[M]. 朱光潜，译. 北京：商务印书馆，1966：142.

③ 董光壁. 真与善的协调：爱因斯坦的榜样[J]. 科学对社会的影响，2002（1）：45-48.

体人性才能得以彰显，这些丰富的人性品质才能真正内化为大学生的感受，科研才能成为大学生发挥主体性的活动。没有体验这一内在心理机制，大学科研就仅仅是认知层面的求知，是无法实现育人目标的。

随着信息技术、互联网的快速发展，知识信息的传递和分享越来越便利，这对大学科研产生的积极作用是不言而喻的。但由于“重功利、重成果、重指标”的功利思想的作祟，科研中“结果的分享”重于“过程的分享”，因此必然带来科研体验的缺失。大学科研中出现的学术作假现象就是这种体验缺失的典型表现。如果科研缺乏体验的成分，科研的整体性品质必然丧失，其中的教育元素也必然“蒸发”。

一、自主的科研体验能提高大学生的能力水平

马克思主义认为，人的能力是表现和确证自己社会本质的内在力量，人的解放首先就是通过劳动能力的全面发展来摆脱自然力的束缚的，进而在此基础上摆脱社会关系与自身的束缚。理想的社会就是要使社会全体成员的才能得到全面发展，成为能够通晓整个生产系统的人。①自主的科研体验是人的自由自觉本性的现实体现，是提升发现问题的能力、探究能力，从而摆脱知识困惑、揭示未知规律的关键。

科研要取得进展、实现创新，研究者就必须自主体验，从而获得新颖独特的发现。大学生要进行自主的科研体验，就必须克服盲目被动的心理状态，摆脱常规的思维惯性、思想枷锁等的束缚，自主地进行探索、学习、自我控制。这种自主体验不仅包括思维上的独立主动，还包括对随波逐流的功利思想的超越，大学生能在这种科研活动中获得智力、情感、道德和审美体验。从心理学的角度看，这种自主的体验能产生创新的内在动机，极大地促进大学生各方面能力的充分发展。

二、深度的科研体验能提升大学科研的精神层次

从物质性活动升华出精神意义，是人的发展的基本途径和全面发展的内在要

① ［德］马克思，［德］恩格斯. 马克思恩格斯选集（第一卷）[M]. 中共中央马克思恩格斯列宁斯大林著作编译局，编译. 北京：人民出版社，2012：308.

求，仅仅停留于物质需求的活动是不能体现人性本质的。对此，马克思指出，“囿于粗陋的实际需要的感觉只具有有限的意义”，“贩卖矿物的商人只看到矿物的商业价值，而看不到矿物的美和特性；他没有矿物学的感觉”[①]。“有限的意义”就是不能体现整体人性的狭隘的意义，“矿物学的感觉”就是超越矿物的物质现象而获得人的精神体验。马克思的这段论述就是说人的发展活动必须超越物质性的追求而深刻体验人性的意义与价值。

在科研活动中，大学生只有在深度体验的基础上，才能够修养身心，在科研的物质活动中达成精神的涵养，真正发挥科研育人的作用。只有在逻辑、认知的基础上深度体验，大学科研才能从一个物质性的操作和逻辑认知活动升华为全方位的丰富人性的活动，大学生才能在外在的科研创新活动中体验内在的丰富人性和精神意义，使科研的物质创新与精神境界的提升相互促动、融为一体。只有在这样的体验中，大学生才能在科研中超越外在科研成果、专利、效益的局限，充分体验科研探索的精神、合作的态度、创新的情感体验和成果的社会意义，实现能力、素养与品质的全面提升。

三、全面的科研体验能丰富大学生的人格内涵

在改造自然中改造自我，或者说在物质创新中实现精神创新，是马克思主义哲学的鲜明观点。科研活动就是一种在改造自然中完善人格的社会性实践活动。美国著名创造学家阿瑞提（S. Arieti）指出：“一种创造活动不能仅从它自身来考虑，还必须要从人的角度来考虑。它在世界与人的存在之间建立了一种附加的联系。这种新的联系随创造领域的不同而不同。”[②]如果大学生要在科研创新的实践活动中提升素养、有所发展，就必须在科研中获取全面的精神和价值内涵、体验全面的主体关系和丰富的自主人格，但是这一步关键的跨越是需要全面的自主体验才能实现的。

在大学科研创新中，大学生与客观对象不仅具有认识层面的关系，而且具有价值体验层面的关系、审美体验层面的关系。经过逻辑认知和观察归纳等一系列

① ［德］马克思，［德］恩格斯. 马克思恩格斯全集（第四十二卷）[M]. 中共中央马克思恩格斯列宁斯大林著作编译局，译. 北京：人民出版社，1979：126.

② ［美］S. 阿瑞提. 创造的秘密[M]. 钱岗南，译. 沈阳：辽宁人民出版社，1987：5.

认识活动，大学生在成为创新成果主体的基础上，还要经过相应的体验，成为创新价值的主体、创新审美的主体，最终实现人格的升华和人性的完善。在物质创新中实现精神创新和人格完善，是一个深度的精神体验、精神创造的过程，因为“真正意义上的创造总是一种纯洁和净化，是精神对心理-肉体本性的摆脱，或者是用精神克服心理-肉体本性”[①]，人“经由精神的创造，他开始意识到他自己的存在”，才能体验价值与意义，才不至于将“本质的人性降格为通常的人性，降格为功能化的肉体存在的生命力”[②]。在科研创新过程中，大学生只有经过认识、意志、情感上的整体体验，才能在促进认识飞跃的同时，实现人格的丰富和人性的升华。

① ［俄］别尔嘉耶夫. 论人的使命：悖论伦理学体验[M]. 张百春，译. 上海：学林出版社，2000：170.

② ［德］卡尔·雅斯贝斯. 时代的精神状况[M]. 王德峰，译. 上海：上海译文出版社，2003：50，93.

第六章

大学科研育人的发生学方法与育人逻辑

从理论上讲，大学科研的本质特征决定了其育人的内在蕴涵。[①]从大学的育人本质、综合职能及其相互关系来看，大学科研不是为科研而科研的，而是以育人为核心的。但是，随着知识创新的加快以及大学在国家科技战略中地位的跃升，大学科研的“科研性”不断彰显，而其“教育性”却不同程度地被淡化。[②]在大学教育的发展历程中，一直存在着为科研而科研的功利主义科研思想和以育人为本的教育思想的冲突与协调。从本质上分析，这是一种大学螺旋式发展的客观运行形态，是大学教育中科研和教学分化与融合的矛盾运动的必然规律。[③]

进入新时代，大学科研育人的现实紧迫性日益凸显。2017 年，教育部出台了《高校思想政治工作质量提升工程实施纲要》，明确要求构建包括科研育人在内的“十大育人体系”，充分反映出科研育人在我国高等教育改革发展中的价值和地位。但是，在科研中育人，具有其自身内在的特点和规律，大学科研育人体系的构建是一项系统的理论和实践工程，需要充分的理论指导和现实条件的支撑。从相关调查研究看，当前部分高校在推进科研育人的实践过程中还不同程度地存在着“环境不优、意识不浓、目标偏低、主动性欠缺”[④]等问题。从表面看，这是实践的偏差；但从深层看，这些问题实际上反映出我们对大学科研育人特点和规律把握得还不够透彻；从根源上讲，当前大学科研育人理论研究的不深入是导致

① 李小平，李忆辛. 论新时代本科教育的融合性——兼论大学教育“分化”与“统一”的内在机理[J]. 高等教育研究学报，2019（3）：5-11，34.

② 刘咸卫. 回归大学育人本真：教学的研究性与科研的教育性[J]. 中国高等教育，2008（21）：29-31.

③ 李小平，刘在洲. 大学科研的本质特征及其育人蕴涵[J]. 高等教育研究，2019（5）：70-75.

④ 刘在洲，谢晨霞，刘香菊等. 大学科研育人现状、问题与对策——基于 H 省 4 所高校的调查[J]. 高等教育研究，2019（6）：79-85.

这些问题的一个重要原因。因此，要真正深入推进科研育人的教育实践，必须进一步深化理论、把握规律，尤其是要深化科研育人内在机理的研究。从发生学的视角进行分析，从大学科研育人的发生源头、过程演进、作用机制等方面把握其内在机理，是加强大学科研育人的理论指导、深化科研育人实践的一条有效途径。

第一节　发生学方法的基本内涵与科研育人发生机理的耦合

目前，关于发生学方法的解释还比较模糊，人文社会科学领域的研究者在运用该方法时往往将其与历史研究方法、自然科学领域的发生学方法相混淆，没有突出特定领域尤其是人文社会科学领域发生学方法的个性特点和独特价值。只有深化对发生学方法内涵的认识，才能更好地揭示大学科研育人的发生学机理。

发生学原本是关于地球历史发展过程中生物种系的发生和发展的学问。种系发生的研究手段通常是化石、形态学和解剖学特征的比较研究，以及现存生物的个体发生研究，如DNA分析等。我们现在所说的发生学方法，都是从这一最初的发生学词义引申而来的。从基本意思上讲，发生学方法是“反映和揭示自然界、人类社会和人类思维形式发展、演化的历史阶段、形态和规律的方法。主要特征是：把研究对象作为发展的过程进行动态的考察；有分析地注重考察历史过程中主要的、本质的、必然的因素”①。这一界定明确了发生学方法的运用对象、针对的重点、突出的特点等，是目前对发生学方法的最基本解释。但是，这是一个对发生学方法的基本理解，在具体领域的实际运用中，还必须进一步明确发生学方法的具体特征和特殊作用。

---

① 冯契. 哲学大辞典（上）[M]. 上海：上海辞书出版社，2001：318.

一、发生学方法是一种移植型的方法，需要改造和完善

发生学方法源于生物学关于胚胎发生、物种起源的探索，最初主要用于生物学领域的研究，尤其是诸如遗传、繁殖等问题的研究，后来逐步被运用到自然科学其他领域，成为一种追根求源的普遍性研究方法。随着科学主义、理性主义、实证主义思潮的兴起和发展，人文社会科学研究大量借鉴自然科学的方法，发生学方法逐步被移植到人文社会科学研究领域。在移植的过程中，由于研究对象的性质发生了根本改变，发生学方法的内涵和形态也随之发生了改变。尤其是当研究对象从“物性”事物转变为“人性”事物时，发生学方法的复杂性、系统性就会更加凸显，必须进行因地制宜的改造，否则就会因机械套用造成物性化偏差。

著名的路径依赖理论就是将发生学方法移植到社会学研究领域的例证。这一理论是 1985 年由美国经济学家大卫（P. A. David）首次提出的，而将这一理论系统化的是另一个美国学者阿瑟（W. B. Arthur）。[①]之后，道格拉斯•C. 诺思（D. C. North）将这一理论扩展到社会制度的变迁领域，形成了制度变迁中的路径依赖理论。这一理论的基本思想是：人类社会学中的技术演进或制度变迁均有类似于物理学中的惯性，即一旦进入某一路径（无论是“好”还是“坏”）就可能对这种路径产生依赖。沿着既定的路径，经济和政治制度的变迁可能进入良性循环的轨道，迅速优化；也可能顺着原来的错误路径往下滑；弄得不好，它还会被锁定在某种无效率的状态之下。一旦进入了锁定状态，要脱身而出就会变得十分困难。[②]

这一理论给我们的方法论启示是，从发生学的角度探讨社会制度变迁问题，即社会制度领域“现在的依赖”是如何发生的、如何强化的，能够使研究更加深入。正是由于借鉴和移植了发生学的方法，该理论揭示了路径依赖的内在机理，即制度与行动者行为的互动关系造成一种自我强化机制：新技术或新制度的发生—产生效益—激励—自我强化—锁定—路径依赖，这就为改变制度提供了新的视角。

---

① 马广奇. 制度变迁理论：评述与启示[J]. 生产力研究，2005（7）：225-227，230-243.

② 张卓元. 政治经济学大辞典[Z]. 北京：经济科学出版社，1998：188-189.

二、发生学方法是一种发展型的方法，需要与时俱进

从历史事实看，发生学方法与生物学研究的历史一样久远。但是，发生学方法在被运用的过程中，随着研究对象、研究目的的需求而一直进行着发展和改进。近代以来，随着理性主义哲学和经验主义哲学的兴起，围绕人类社会的起源和发生发展问题，发生学方法逐步呈现出以观念、精神、理性为核心的思辨发生学和以自然科学为模板的实证发生学两大类型。①这两大类型都使得发生学方法更加具有理论支撑和学理内涵，但各自也存在着缺陷。前者以人的理性为前提，导致人的抽象化；后者则以数理科学模式来推演人类社会历史，导致人的物性化。马克思主义哲学从现实的人出发，从现实的社会实践入手，按照回到历史进程中解释历史、历史与逻辑相统一的方法论原则，以唯物史观和唯物辩证法为指导，完成了对近代发生学方法的超越，形成了历史与逻辑相统一的科学解释人类社会历史进程的理论范式。②可以说，马克思主义哲学从根本上明确了发生学方法的思想基础和科学内涵，为我们研究和分析科学问题提供了基本的方法论遵循。可见，发生学方法是随着科学研究的发展，随着科学研究对研究方法需求的增长而不断发展和完善的。反过来，发生学方法的创新发展也拓展了科学研究的视野，极大地促进了科学研究水平的提升。

三、发生学方法是一种系统性的方法，需要系统实施

发生学方法重点研究的是事物发生的源头和发展的内在机理，其主要特征是从发展的视角对研究对象进行动态性的、系统化的考察。运用发生学方法，就是要系统转变研究范式，从静态的现象描述转变为动态的发展追踪（发生学分析），从注重外在形式、要素的研究转变为注重整体内容与功能的研究，从对主客体相互作用的结果的研究转变为对主客体相互作用的过程的研究，从对事件与现象的历史性研究转变为对观念的逻辑性的研究。发生学研究通常是跨学科的比较研究，广泛涉及心理学、社会学、语言学等学科。20 世纪 80 年代，瑞士心理学家皮亚杰（J. Piaget）的著作《发生认识论原理》问世。他系统地提出了人类

---

① 彭树涛，李建强. 马克思主义发生学方法的超越及意义[J]. 思想战线，2019（1）：143-149.

② 彭树涛，李建强. 马克思主义发生学方法的超越及意义[J]. 思想战线，2019（1）：143-149.

认识、思维的起源和发生发展机理，使得发生学方法更加系统、成熟。可以说，皮亚杰的《发生认识论原理》是发生学方法的一个系统性例证。传统的认识论是从社会的角度研究结成一定社会关系的人的认识特点，也就是群体认识的形成和发展，而皮亚杰的发生认识论是用发展的观点研究个体认识的过程，他指出："发生认识论的目的就在于研究各种认识的起源，从最低级形式的认识开始，并追踪这种认识向以后各个水平的发展情况，一直追踪到科学思维。"[①]也就是说，他动态、系统地研究了个体认知心理的起源和发展历史，这就完善了传统的认识论研究。通过对发生学的分析，皮亚杰将科学和哲学的方法运用于心理学[②]，系统地提出了人的认识的起源、智力的本质、思维的内在机制、思维的发展阶段、思维发展的影响因素等系统性理论。发生认识论的最大特色是从发生学、经验与实证的视角来探知人类认识发生的源头、前提、条件、内在机制等，尤其是通过对逻辑数学结构的个体发生学研究，以及对于个体认识发展和人类科学史发展方向的追踪，皮亚杰确立了思维的符号属性和形式化倾向，拓宽了对理性本质探求的思想之路。[③]可见，发生认识论的方法价值在于，它首次系统性地运用和发展了发生学方法，为人文社会科学领域运用发生学方法提供了系统化的范本和启示，成为学科领域发生学方法趋于系统、成熟的标志。

第二节　运用发生学方法探究大学科研育人机理的逻辑路径

从发生学方法的基本意蕴来看，在大学科研育人领域运用好发生学方法，必须着眼大学科研活动的特点进行本土化改造，必须瞄准大学科研发展态势和大学生思想变化趋势开展与时俱进的创新，必须围绕大学科研育人的系统化环境因素

---

① ［瑞士］皮亚杰. 发生认识论原理[M]. 王宪钿等，译. 北京：商务印书馆，1981：17.

② ［瑞士］皮亚杰. 人文科学认识论[M]. 郑文彬，译. 北京：中央编译出版社，1999：78.

③ 李莉莉. 思维的符号属性与形式化倾向——发生认识论主旨探析[J]. 首都师范大学学报（哲学社会科学版），2010（5）：154-156.

和复杂条件多方位思考。因此，以发生学方法的运用推进大学科研育人理论研究的深入，关键是要全面挖掘和准确把握发生学方法对大学科研育人研究的方法论价值，提高大学科研育人发生学研究的针对性和实效性。

一、从大学科研育人的历史发生提升到逻辑发生

将发生学方法运用于大学科研育人的理论探索，不仅要研究大学科研育人的发展历史，还必须从注重时间、事件的历史发生提升到注重内在机制和作用机理的逻辑发生。其中，最关键的就是要透过外在现象的发生发展来深入洞察和分析其内在的矛盾关系、运动规律，简单地说，就是要从事实研究提升到机理研究。这也正是发生学研究方法区别于历史研究方法和起源学研究方法的关键。

发生学研究方法之所以不能等同于历史研究的方法，也不能等同于起源学研究的方法，关键是它注重内在机理、内在逻辑。无论是历史研究还是起源学研究，都注重对事物的产生、起源等的实证性考察，强调事物的时序顺序和客观形态。例如，历史研究和起源学研究强调历史事件及其产生的时间、空间特征，注重揭示事件的历史源头、发生背景、历史条件、影响因素等，强调历史史实，以史实来论证观点。发生学研究还重视事件发生的内在前提、内在缘由、内在机理，以及事件在逻辑上的发生、发展和演进，强调事物发生和发展中主客观因素的相互作用及其内在的本质与规律。

不同于历史研究和起源学研究，从发生学的角度审视大学科研育人，不是实证性地去研究何时、何地、何事的问题，主要是逻辑性地探究为何、如何的问题，要从机理层面探究大学科研育人为何产生、从何产生、如何演进以及如何形成的问题。我国大学来源于欧洲近代大学，大学科研的基本模式和认识范式也来源于近代科学技术的西学东渐，因此大学科研育人的过程隐含着文化融合、借鉴移植和本土化吸收，这一过程具有很强的融合性、发展性和创新性，无论是它的现状表征还是内部矛盾冲突，都是历史演进、文化交融、发展创新的产物，都不能静态、孤立地分析和判断。为此，我们必须从大学、大学科研以及大学科研育人发生的源头、演进与嬗变过程、相互作用关系、所处的特定时代背景和社会环境条件，以及发展演进的内在逻辑等方面去展开机理性分析。

二、从大学科研育人的因素分析拓展到过程分析

恩格斯指出："世界不是既成事物的集合体，而是过程的集合体。"[①]事物的本质往往蕴含在其动态发展的过程中，而因素仅仅是过程运动的现象和结果。将发生学方法运用于大学科研育人研究的一个突出价值在于，它不仅是探索事物发生起源的溯源研究，还是探索事物内在机理的求本研究，它更多关注的是通过考察大学科研育人的发生而探求其发展的内在机理，从而发现其本质性的、指导性的规律。简单地说，就是要从静态研究拓展到动态研究。因此，运用发生学方法研究大学科研育人的理论问题，不仅要关注其静态的因素分析，更要考察各种因素的关系构成、作用方式及其动态变化的过程。这样的动态研究能使理论在不断"出场"的动态中保持生命力。[②]只有从大学科研育人是如何发生、发展的动态考察中，才能从理论上深入了解大学科研育人的内在规律，在实践中发现现实问题的症结所在，最终才能以科学的方式促进当前高校的科研育人实践。

马克思在分析人的本质时，就是从人脱离动物的历史动态过程出发的。马克思指出："可以根据意识、宗教或随便别的什么来区别人和动物。一当人开始生产自己的生活资料，即迈出由他们的肉体组织所决定的这一步的时候，人本身就开始把自己和动物区别开来。"[③]这实际上从动态的视角说明了人的本质（与动物区分）就是在出现生产生活资料这一行为时体现出来的。生活资料的生产就是人的社会实践，是人的自由自觉的活动。马克思主义哲学关于人的本质的观点告诉我们，人的本质（甚至一切本质问题）不是停留于静态、孤立地揭示人是什么的问题，而是从历史、变化的视角寻找人成其为人的根本。

从发生学角度来研究大学科研育人的起源，就能透过现实问题的表象真正弄清大学科研育人的内在矛盾和内在关系。从发生学研究方法的角度看，大学科研育人的问题、原因分析不仅仅是要静态地考察其现在是什么样子，关键是要动态地考察其为什么会发展成这个样子，从发生到成为这个样子的内在过程、内在逻

① ［德］恩格斯. 路德维希·费尔巴哈和德国古典哲学的终结[M]. 中共中央马克思恩格斯列宁斯大林著作编译局，编译. 北京：人民出版社，2018：40.

② 王维平，韩璐. 马克思"从后思索"哲学方法论语境中的"历史思维"[J]. 山东社会科学，2019（9）：81-87.

③ ［德］马克思，［德］恩格斯. 德意志意识形态（节选本）[M]. 中共中央马克思恩格斯列宁斯大林著作编译局，编译. 北京：人民出版社，2018：11.

辑是什么样的。这一系列问题不能仅仅用现在的状态和因素来解释，一种有效的方法就是看它是如何发生的，又是如何自我强化的，是如何被锁定且形成一种模式或者成为现在的样子的。推进大学科研育人的实践，就是要着眼问题，改变现在的固有模式和弊端，但现在的固有模式和弊端往往不容易轻易改变，必须追溯它的发生和起源，必须洞察其发生发展的全过程。

三、从大学科研育人的前瞻研究延伸到后溯研究

任何科学研究都是探索事物发展的规律、揭示事物发展的趋势的过程，都是具有前瞻性的。发生学方法自然也不例外，它的最终目标是通过构建理论来指导实践向前推进。但是，发生学方法是通过后溯研究的方式来增强研究的前瞻性的，是一种前瞻研究与后溯研究有机结合、内在一致的研究方法。任何事物的发生发展都是一个从无到有、从简单到复杂、从低级到高级的渐进演化过程，为了掌握事物的这种变化规律，前瞻性地把握事物的发展趋势，有时候就是要反其道而行之，从现在的状况回溯到它的源头，进而考察其发生、发展、演进的过程和逻辑主线。发生学研究方法就是这样一种从现在反观过去的后溯研究方法。

马克思指出："对人类生活形式的思索，从而对这些形式的科学分析，总是采取同实际发展相反的道路。这种思索是从事后开始的，就是说，是从发展过程的完成的结果开始的。"[①]从作为高等动物的人的特征后溯地去研究作为低等动物的猴的特征，就是一种后溯研究。马克思多次提到这种研究方法，他运用类比的方式认为，人体结构是猴体解剖的一把"钥匙"，"低等动物身上表露的高等动物的征兆，只有在高等动物本身已被认识之后才能理解"，同样地，资产阶级社会"那些表现它的各种关系的范畴以及对于它的结构的理解，同时也能使我们透视一切已经覆灭的社会形式的结构和生产关系"[②]。因此，运用后溯研究方法的实质就是前瞻性研究的一种迂回，能够更好地揭示事物发展的内在机理。

从近代大学发展的历史看，大学职能经历了教学、科研、直接为社会服务三

---

① ［德］马克思，［德］恩格斯. 马克思恩格斯文集（第五卷）[M]. 中共中央马克思恩格斯列宁斯大林著作编译局，编译. 北京：人民出版社，2009：93.

② ［德］马克思，［德］恩格斯. 马克思恩格斯选集（第二卷）[M]. 中共中央马克思恩格斯列宁斯大林著作编译局，编译. 北京：人民出版社，2012：705.

次历史性演进。从宏观上看，大学育人的发生早于大学科研育人的发生，大学科研育人是大学育人发生发展的后期阶段。但是，在这一历史演进过程中，虽然大学教育思想、大学职能经历了漫长的历史演进过程，但是大学育人的基本精神、核心追求和本质内涵并没有改变。尽管科学主义、功利主义思潮的兴起不同程度地造成了大学科研育人的迷失和淡化，但是大学科研育人始终内在地存在于大学职能中。以后溯的方式反观大学育人的历史演进，追溯不同时期大学发展、大学科研发展、大学育人以及大学科研育人的发展过程，可以使我们更加清晰地理清大学科研育人的内在逻辑，保持大学育人的初心和本性。

第三节　基于发生学方法的大学科研育人的发生机理分析

以发生学的方法来分析大学科研育人，要求探寻其内在的运行方式、作用机制等，在研究起点上向起源延伸，在研究重心上向过程拓展。它的基本分析路径如下：通过历史研究基础上的逻辑分析、前瞻趋势研究基础上的后溯分析、静态因素研究基础上的过程分析来提升研究层次和深度，进而揭示大学科研育人发生的源头、发展的过程与条件、作用的心理机制，以及大学科研育人的内在机理，力求以理论的深入推进实践的深化。

一、大学科研育人形成的生长基因：科研的育人蕴涵

如果大学科研本身具有育人的意蕴，这就意味着它具备了育人的生长基因，使大学科研育人的发生具有了先天的、潜在的可能。大学的科学研究与社会上其他研究机构的科学研究的最大区别或许在于，大学的科学研究不仅担负着传授知识的重要使命，而且在培养人才的过程中也发挥着不可或缺的作用。[①]为了探究

① 胡建华. 大学科学研究与创新型人才培养[J]. 现代大学教育，2009（4）：1-4，112.

大学科研育人的发生源头，我们不妨先梳理其历史源头——大学科研职能的正式确立，透过历史事件考察其内在的逻辑。1810年，德国教育家洪堡提出了“教学与科学研究相统一”的原则，并创立了教学与科研兼重的柏林大学，创立了高等教育的洪堡模式，使得科研成为大学的重要职能之一。但是，在洪堡看来，大学的这种科研是有其内在意蕴的，即大学科研只是育人的方式而已。他认为，大学培养人才应该是“由科学而达至修养”，“惟出乎其心、入乎其内的科学，能改变人的品质”①。可见，并不是所有被称为科研的大学科研都能够育人，只有具备“出乎其心、入乎其内”的大学科研，也就是具有育人内涵的大学科研，才能为大学科研育人提供可能性。

马克思主义关于事物的发生学研究还有一个重要的观点，那就是“不是从观念出发来解释实践，而是从物质实践出发来解释各种观念形态”②。对大学科研育人进行发生学分析，就是要将概念置于现实的、实践的背景中去考察其内涵。大学科研这一概念不是抽象的，而是具体的、现实的。当我们讨论和研究大学科研时，首先要从这种科研的意义源头上来确证，所谓的大学科研是什么，是否具备育人的意蕴，也就是是否具有使大学科研育人发生的“基因”。如果先天基因缺失或者基因变异，则大学科研育人缺乏根基，必然难以发生和发展，即使勉强发生，也难以持久维系。在现实的大学科研中，有些功利性过强的所谓项目，或者以经济利益驱使的一些技术开发，育人意蕴先天不足，自然难以承担起科研育人的职责。

二、大学科研育人发生的逻辑源头：教育的内在需要

大学科研是育人的内在要求，是大学教育的主要技术手段。因此，我们可以说大学教育对育人方式或技术的内在需求是大学科研育人得以发生的源头，它为大学科研育人提供了逻辑起点。

大学教育作为“教授高深学术”“研究学术之蕴奥”③的教育，仅仅依靠一般

---

① 陈洪捷. 德国古典大学观及其对中国大学的影响[M]. 北京：北京大学出版社，2002：73.

② [德] 马克思，[德] 恩格斯. 马克思恩格斯选集（第一卷）[M]. 中共中央马克思恩格斯列宁斯大林著作编译局，编译. 北京：人民出版社，2012：172.

③ 蔡元培. 大学令[A]//杨东平. 大学精神[C]. 沈阳：辽海出版社，2000：407.

的课堂知识教学是不够的。在近代大学发展的第一个历史阶段，也就是大学以教学为其唯一职能的时代，由于科技发展水平的局限，规范化、组织化的大学科研并没有成为大学的专门职能，也不存在有组织的、系统化的大学科研育人。随着科学技术的发展，以柏林大学为标志，科研正式成为大学的职能[①]，大学科研育人成为大学教育的内在需求和基本方式，从而使得大学科研育人的发生发展具备了逻辑上的源头。

三、大学科研育人的驱动条件：科研环境与个体兴趣

大学科研育人从可能变为现实，需要一定的驱动条件和现实支撑，这个驱动条件和现实支撑是多方位、多层次的，按照外部和内部来划分，就是外部的科研环境和内部的个体兴趣。这些驱动条件的相互作用、转化和融合，促使大学科研育人真正实现。因此，可以说外部的科研环境和内部的个体兴趣实际上为大学科研育人的发生和发展提供了现实土壤与推进动力，环境的科学营造和个体科研兴趣、发展动机的有效激发，以及两者的交互作用、转换融合和有机互动，构成了大学科研育人发展和深化的驱动条件、驱动方式。

从大学教育的原理和大学教育的实践看，这里所说的外部的科研环境广义上包括科研课题项目平台、科研育人的观念氛围、大学生参与科研的规范性制度和机制、科研育人的激励政策等。这些环境的合理营造，通过利益激励、观念引导、行政约束、职业牵引等实现大学科研成物的对象性功能与成人的本体性功能的统一[②]，从而可以促进科研育人的形成和发展。内部的个体兴趣则是指与个人价值取向相一致的认知状态，是内在的、积极的，并与特定的主题联系在一起，它以个体的知识、经验及情感为基础。[③]

对大学生而言，参与科研、通过科研发展自我的兴趣往往表现为参与科研活动和研究的内在动机[④]，这种动机是由大学生内在的个体兴趣驱动的，属于一种原发性的动机，具有持续的、内在的驱动性。外在环境因素引起的心理表现往往

---

① 陈洪捷. 德国古典大学观及其对中国大学的影响[M]. 北京：北京大学出版社，2015：72.

② 李小平. 大学生创造性的“本体性功能”与心理健康[J]. 空军雷达学院学报，2004（3）：70-72.

③ Hidis A. The Role of Interest in Learning and Development[M]. Hillsdale: Lawrence Erlbaum, 1992: 215.

④ Amabile T M. Social Psychology Creativity[M]. New York: Springer-Verlag, 1983: 18.

是一种外在动机或者情景兴趣，受偶发的、暂时的外界刺激而形成的不可持续的、随着时间推移而消退的某种状态。但是，按照社会心理学的原理，这种情景兴趣或外在动机在一定条件下经过价值引导、主体的认知加工、价值认同与内化，也能转化为内在动机和个体兴趣。因此，实现大学科研育人，必须营造良好的科研环境，并正确引导、激励和激发大学生参与科研、体验科研、在科研中完善自我、提升境界的热情，不断将外在动机转化为内在动机，将情景兴趣转化为个体的内在兴趣。

我们从对大学科研育人的现场观察和长期调研中发现，大学生参与科研以及大学教师实施科研育人，往往呈现出三个驱动层次：一是外在制约性驱动，如制度规定要求、评价指标规定等，这是必须完成的，尽管这种驱动来自外界，但具有一定的牵引性、激励性和强制性；二是主动性驱动，主要通过环境感染、价值引导、思想工作、利益激励等，促使主体具有主动实施科研育人的动机，虽然不完全是发自内心，但是在行为、理性上认同，愿意积极参与，具有主观的倾向性和自觉性；三是原发性驱动，就是发自内心的兴趣、认同和追求，表现出自发追求、主动参与的热情，尽管这种热情时强时弱，间断性涌现，但具有极强的内在自发性。这三个层次是不断转化和递进的，在实践中往往呈现出以个体兴趣为基础的原发性间断型驱动、以理性认识为基础的自组织持续型驱动、以制度机制为保障的牵引式激励型驱动，以及综合各种驱动、驱动力不断提升的螺旋式升华型驱动等多种动机驱动形态。在推进大学科研育人的实践中，这些不同驱动形态是相互联系、相互转化的。因此，促进大学科研育人发生，就是要不断营造良好的现实条件，遵循科研育人现实条件由外向内不断深化的作用规律，不断促进外在驱动向内在驱动、间断驱动向持续驱动转化。

四、大学科研育人的心理机制：渗透感染与体验强化

大学科研育人是在科研中育人，科研与育人不能“两张皮”，而是必须遵循科研活动的规律、特点，充分吸收生活认识论的思想智慧①，充分挖掘科研活动和知识的人性意蕴②，探寻科研育人的特点、规律和心理机制。从教学和课程理

① 王攀峰. 生活认识论及其对现代教学论研究的启示[J]. 教育理论与实践，2005（17）：50-54.

② 李小平. 知识的人性蕴涵与教学活动的全面构建[J]. 空军雷达学院学报，2005（1）：76-78.

论综合分析，与专门的思想政治教育或者课程思政不同，科研活动作为一种教育资源或者一种潜在的课程，就必然具有自身独特的教育发生形态和教育作用机制，这个作用机制可以概括为渗透感染与体验强化①，这种特殊的作用机制也是大学科研育人发生发展的内在线索。

对这种特殊育人机制的不了解，是大学科研育人开展不顺利的重要原因。无论是从主体、客体还是育人中介来看，大学科研育人与通常的专门思想政治教育都有完全不同的内在机制。教师以及科研管理保障人员作为科研育人的主体，其作用方式往往不是传授、说教，更多的是以身示范、情景暗示、适当引导等；作为育人客体的大学生，其学习方式或受教育方式通常是在行动中自我体验、在参与中自组织实施、在交往交流中洞察体悟、在日常事务中学习模仿等。如果说参与科研是一项教育课程的话，这种课程也是一种沉浸式、泛在化、开放性的活动体验课程，不能以传统的教与学的眼光或标准来评价和组织。

渗透感染与体验强化作为大学科研育人的心理机制，体现了大学科研育人的内在特点和规律，对教育效果有潜在的制约性。大学科研育人的途径方法、制度设计、条件保障等都要按照这一特点来实施，都要通过这一心理机制发生作用、产生效果。如果不遵循这一客观规律，大学科研育人必然走向形式化、外在化，达不到应有的效果。

大学科研育人的发生学分析说明，现实中存在的问题往往有其源头和根基，只有从源头、根基、演进的内在机理进行系统分析，才能真正找到问题的深层原因，推动大学科研育人的实践不断发展。大学科研育人发生学分析的最突出启示就是，实现大学科研育人必须保持“基因的纯正”，即科研要具有丰富的育人内涵，不能物性化、功利化、产业化，不能仅仅具有外在占有的倾向。②大学科研育人必须营造和设计系统、完善的内外部条件，遵循科研育人的特点和规律，在科研活动中渗透，按照大学教育的内在要求，使大学生在科研中树立正确的价值观。

---

① 李丽华，李小平. 论大学科学课程人文性开发的观念前提[J]. 空军雷达学院学报，2005（2）：71-73.

② 李小平. 高等教育发展中的占有与体验——后大众化时代我国高等教育的困境及其超越[J]. 高等教育研究，2017（2）：14-19.

第七章

大学科研育人的构成要素与育人效能

科研育人是一个复杂多元的系统，按照系统论的观点，事物的本质不在于事物本身，而在于人们认识到的构成事物的诸多要素及其关系。[①]本章将对科研育人构成要素及其功能进行定性分析，并通过结构方程模型进行检验，在此基础上探讨诸要素的作用规律与机理。

第一节　大学科研育人的构成要素与育人影响

要素是系统产生、变化、发展的动因，要探讨科研育人机理，必须弄清科研育人的要素和功能；要探讨科研育人要素，必须从思想政治教育的构成要素及其相互关系理论中找到依据和方法。目前，学术界对思想政治教育的构成要素的讨论很多，本节根据张耀灿等提出的“四要素论”（即思想政治教育的主体、客体、介体、环体[②]）和主体间性等理论，结合科研育人的特点，把科研育人分为教育者、教育对象、教育媒介、教育环境 4 个子系统，8 个方面，共 19 个基本要素（图 7-1）。这些子系统中的要素相互影响、相辅相成，共同构建了科研育人系统的良好生态。

① 眭依凡. 论大学问题的“悬置”[J]. 华东师范大学学报（教育科学版），2017（6）：82-94,155-156.

② 张耀灿，郑永廷，吴潜涛等. 现代思想政治教育学[M]. 北京：人民出版社，2006：236-240.

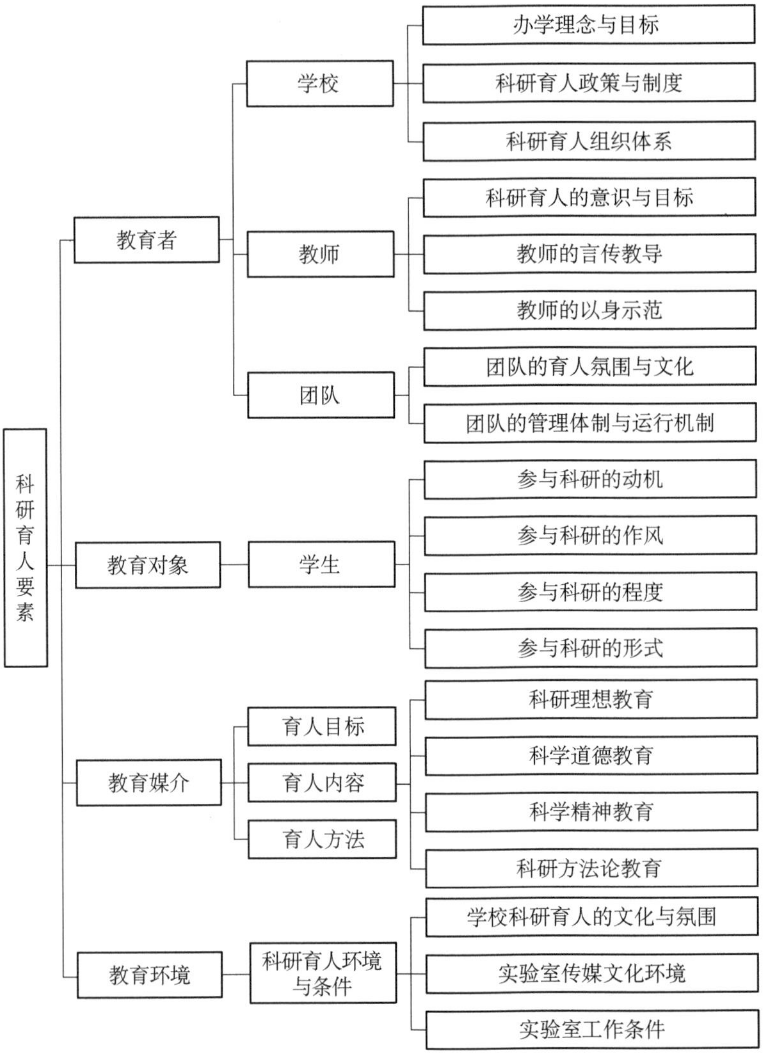

图 7-1　科研育人要素构成

一、教育者

科研育人的教育者是科研育人活动的重要构成部分，是科研育人活动的承担者、发动者和实施者。作为科研育人的主体性要素，教育者把教育对象作为“教”的对象，以教育影响为手段，将引导、促进教育对象身心发展变化作为目的，即促进教育对象身心发生合乎社会的变化。这里的科研育人教育者主要包括学校、教师与团队。

（一）学校

这里的学校是广义的学校，是指学校及可代表学校的各级组织，包括院、系、所、室等。

1）学校的办学理念与目标。学校培养什么样的人、怎样培养人受学校办学理念与目标的支配。一旦学校确立科研育人的办学理念与目标，就会有科研育人的政策、措施和投入。学校的办学理念与目标对学校科研育人的实践起着先导性作用，其中理念的内涵决定着科研育人的方向和力度，目标的高低决定着科研育人的范围和层次。

2）学校的科研政策与育人制度。学校的科研政策与育人制度具有导向性功能。学校的科研政策特别是考核评价政策、科研育人政策与措施是科研活动的风向标与指挥棒，学校可以通过制定和实施考核评价政策与科研育人制度，来引导教师的科研育人态度、目标、方式、投入等，激励与约束教师在科研中育人。

3）学校的科研育人组织体系。广泛开展科研育人实践，促进科研育人取得实效，需要建立由领导负责、部门管理、职工落实的工作体系。这个体系不是要求从学校到科研部门设置专门的机构和配备专门的人员，而是从学校、院系、科室到科研教师，即从上至下有人落实此项工作，辅导员、科研秘书、实验员都要参与进来齐抓共管。这一组织体系是落实科研育人实践、促进科研育人发展的组织基础。

（二）教师

教书育人是教师的天职，循循善诱、诲人不倦、因材施教是教师的职责所在。教师作为育人的主体，是科研育人教育者中的核心要素。

1）教师科研育人的意识与目标。教师的科研育人意识是教师从事科研育人实践的前提。教师科研育人意识的强弱，直接关系到教师科研育人的主动性，会影响教师在科研育人方面的时间与精力的投入，间接影响科研育人效果。教师科研育人目标的高低关系到对学生在科研理想、科学道德、科学精神等方面要求的广度与深度，该目标设置的高低会直接影响科研育人的效能和效果。对学生全面且适当的要求能达到科研育人的最佳效果。但当前教师的科研育人意识总体不强，对学生的要求不严①，不利于高质量人才的培养，这种状况必须改变。

2）教师的言传教导。所谓言传教导是指教师运用口头、书面等显性信息对学生施加的教育影响。在科研活动中，教师通过报告、谈心、文字等途径对学生的科研理想、科学道德、科学精神等进行有意识的灌输和讲解是必需的，身教虽然重要，但言传也是必不可少的。在学生眼里，老师“吐辞为经、举足为法”，一言一行都会对学生产生极大的影响。②

3）教师的以身示范。教师的以身示范是通过教师自身的科研动机和科研作风体现出来的。

其一，教师的科研动机是影响科研育人的重要因素之一。从科研育人目标来看，教师是为“探求知识，破解未知”和“创新技术，服务社会”开展科研的，也是为“完成科研任务，通过考核，晋升职称”和“获得科研业绩，创收赚钱”开展科研的③，但不同的目标对学生的影响是完全不同的。此外，教师科研成果的社会价值和在绩效分配上的态度也会直接影响学生的成就感和名利观。一方面，具有重大社会贡献的科研产出能够为教师带来名与利的双重收获，而教师对待名与利的态度会对学生产生强烈的示范效应，直接影响学生的名利观；另一方面，科研产出若能被应用与推广，造福社会，学生便能体会到参与科研活动的价值和意义，不仅能够增强其成就感，也能为教师继续从事科研活动提供动力。

其二，教师的科研作风不仅决定了自身的科研成败，而且对学生也会产生直接和间接的影响。教师在科研过程中表现出来的拼搏奉献、坚韧顽强、严谨求实、诚实守信等科研态度与作风是科研育人中的缄默知识，是对学生进行教育的最好内容。

教师不畏艰难、越挫越勇的顽强作风是培养学生拼搏精神的生动“教材”。科技攻关无疑是艰难曲折的，加利福尼亚大学伯克利分校教授布鲁斯·艾姆斯

---

① 刘在洲，谢晨霞，刘香菊等. 大学科研育人现状、问题与对策——基于H省4所高校的调查[J]. 高等教育研究，2019（6）：79-85.

② 习近平. 在北京大学师生座谈会上的讲话[M]. 北京：人民出版社，2018：8.

③ 刘在洲，谢晨霞，刘香菊等. 大学科研育人现状、问题与对策——基于H省4所高校的调查[J]. 高等教育研究，2019（6）：79-85.

（B. Ames）认为，真正的研究一定是充满神秘感、深度挫败感和困惑感的。[①]引导学生参与其中并予以示范，让他们感受到科研工作的辛苦，体会到探索真知的艰难，对于培养学生不畏艰难、敢为人先的拼搏精神和不怕失败、越挫越勇的顽强意志有重要作用。

教师潜心钻研、心无旁骛的坚强毅力是培养学生淡泊名利、甘于奉献的道德情操的天然素材。科研历程是一个旷日持久、寂寞枯燥的过程，寂寞是常态，物质回报难以预期。在这一过程中，教师通过自己的行动引导学生感受这一过程，要求学生潜心钻研、耐住寂寞，对于磨炼学生潜心钻研、心无旁骛的坚强毅力，培养学生淡泊名利、甘于奉献的道德情操有重要作用。

教师严谨细致的科研规范是培养学生严谨治学的求实精神、提升学生创新能力的重要手段。科研是追求真理、探求未知的过程，来不得半点虚假，容不得一丝马虎，必须严谨细致。教师通过自己的实践引导学生自觉遵守严谨细致的科研规范，长此以往，对培养学生正确的科研态度、科研作风以及求实精神具有深远影响。

教师诚实守信的科研准则是培养学生的学术道德，保障学生行稳致远、成功成才的必要条件。诚实守信是科技工作者的生命线，是学术道德的重要内容。诚实守信的科研准则要求科技工作者不弄虚作假、不投机取巧、不抄袭、不剽窃、不侵犯或损害他人利益。由此可见，教师通过自己的言行及时对学生进行诚实守信的教育非常重要。

教师科学合理的研究方法对学生的影响也是不可低估的。科研方法是否科学、适切，会影响学生的方法论的形成。研究对象的客观实在性要求科研工作者用辩证唯物的世界观与方法论探求真理。在科研中，教师通过自己的经验指导学生选择适切的研究方法，不仅能加快科研进展，促进科技创新，而且对于锻炼学生的科学思维、确立辩证唯物的世界观与方法论有重要作用。

（三）团队

团队是指以共同的目标为导向，以信念与协作为基础，以科研规范与方法为行为准则，在科研知识或技能上形成的互补的学术共同体。团队是教师指导学生

---

① 转引自： Schwartz M A. The importance of stupidity in scientific research[J]. Journal of Cell Science, 2008, 121 (11): 1771.

和团队成员相互学习以及进行自我教育的群团组织。

1）团队的育人氛围与文化。良好的团队育人氛围与文化能够对学生产生熏陶。由教师与学生组成的科研团队形成的科研育人"小气候"，是教师言传身教和学生自我教育的最佳"课堂"。不同的科研团队有各自独特的科研文化与氛围，团队成员在团队文化的长期熏陶下会对团队产生认同感和归属感，促使自我教育的发生。就像怀特海表述的，大学之所以存在，在于其在"富于想象"地探讨学问的过程中把年轻人和老一辈人联合起来，由积极的想象产生的激动气氛转化为知识。在这种气氛中，一件事实就不再是一件事实，而是被赋予了不可言状的潜力。①团队形成的求真求实的良好学风、相互帮助的协作精神对学生的影响虽然是隐性的，但效果是直接的。

2）团队的管理体制与运行机制。团队的管理体制是指团队的结构化、组织化、制度化形式，是调整团队机构设置、人员架构和权限划分的规则、制度。团队的结构化、组织化、制度化程度，对于形成团队成员之间相互帮助的人际关系、培养团队成员的协作精神作用重大。在一个具有优良管理体制的科研团队里，学生能受到正面、积极的影响，有利于培养协作精神。团队的运行机制决定了团队成员的交流方式，以及合作关系和交流、合作程度，是影响科研目标与科研育人效果的重要因素。团队的运行机制不同，其育人效能也是有明显差异的。南佛罗里达大学教授艾伦·费尔德曼（A. Feldman）等认为，团队的紧密性对团队育人效果会产生影响。其中，紧密型团队定期举行小组会议，其成员间的互动性强，师生间的交流与沟通频繁且顺畅；松散型团队成员间的互动性较弱，不利于团队师生进行深入沟通。②

二、教育对象

在科研育人中，学生是接受教育的对象，也是教育者认识与实施教育的对象。尽管教育活动中的学生相对于教育者而言是受教育者，同时学生也是学习的

① 转引自：[美] 约翰·S. 布鲁贝克. 高等教育哲学[M]. 王承绪，郑继伟，张维平等，译. 杭州：浙江教育出版社，2002：14.

② 转引自：Feldman A, Divoll K A, Roganklyve A. Becoming researchers: The participation of undergraduate and graduate students in scientific research groups[J]. Science Education, 2013, 97 (2): 218-243.

主体，是自身品德价值观的建构者，其主体性不会因其处于客体地位而被泯灭。学生作为科研育人的客体和学习的主体，是“在受动中求能动，在实然中求应然，在适应中求超越，在有限中求自由”①。在科研育人中，学生的科研态度与动机、参与时间与方式都会对学生主体性的发挥产生影响。

（一）学生参与科研的动机

学生的科研动机是学生从事科研工作意欲满足某种需要的特殊心理状态和意愿，也是促进学生从事科研活动，并朝着科研目标前进的内在动力和念头。学生的科研动机是影响科研育人效果的重要因素。探求未知和创新科技的科研动机能激励学生为科技事业献身，而为了挣钱和完成任务的科研动机很可能会把学生引入歧途。因此，教师在指导学生参与或选择科研项目时，首先要让学生端正科研动机。

其一，科研项目的恰当选择。科研立项既是学生进入科研领域必须跨过的“第一道门槛”，也是训练学生的怀疑意识与问题意识、检验学生科研动机、提高学生科研兴趣的重要环节。教师指导学生选择或参与基础性、学生感兴趣的项目，有利于培养学生良好的科研动机与纯正的科研兴趣。如果学生过多参与或选择功利性较强的项目，则其科研动机与科研兴趣受到的影响将是复杂而不可知的。

其二，科研问题的灵感培养。对科研问题意识的培养是学生科研选题立项或参与项目选择的基础，也是学生的问题意识与怀疑意识的体现。科研是发现问题、解决问题的过程，科研问题意识来源于研究者对公理的怀疑或对现状的批判，指导学生从灵感中选择研究问题与项目，鼓励学生真实地表达个人直觉与见解，是培养学生的问题意识与批判精神的重要途径。

其三，研究目标的合理设计。研究目标如何设计，将直接影响学生科研理想的树立与创新精神的培养。教师应引导学生立足创新，立足解决科学或技术问题，而不仅仅是为了完成学位论文。研究目标的设计对于培养学生至诚报国、服务人民的科研理想和勇攀高峰、敢为人先的创新精神有重要作用。

---

① 王道俊，郭文安. 主体教育论[M]. 北京：人民教育出版社，2005：28.

（二）学生参与科研的作风

学生的科研作风主要是指学生在科研过程中表现出来的比较稳定的态度或行为风格，包括学生对科研的投入程度、克服困难和挫折的坚韧强度、对问题思考的深度与广度、对问题处理的细致度和严谨度、对科研方法选择的专业度等。与教师的科研作风一样，学生的科研作风会直接影响自身修炼的成效，科研作风越扎实，受益就越多，反之亦然。

（三）学生参与科研的程度

学生参与科研的程度包括学生参与科研的个人意愿和所承担科研任务的难易程度，如是主动参与还是被动参与科研，科研项目是独立的还是与他人合作的，是项目负责人还是普通参与者，等等。学生参与科研的程度对学生在科研活动中接受的教育和受到的影响成正比。参与程度深，受到的影响则大；参与程度浅，受到的影响则小。

（四）学生参与科研的形式

学生参与科研的形式是指学生从事科研活动的性质是专门的还是业余的，参与科研活动的频率是经常还是偶尔，开展科研活动的形式是独立还是合作，与教师交流的频率是经常接触还是偶尔见面，与团队成员的关系是紧密还是松散，等等。学生参与科研的形式也是影响科研育人效果的因素之一，学生参与科研的时间越长，与教师和团队成员的联系越紧密，受到的影响则越大。

三、教育媒介

教育媒介即科研育人介体，指承载、传导科研育人的要素，能为教育者所运用，且教育者与教育对象可借此相互作用的一种教育活动媒介。科研育人媒介要素主要包括科研育人目标、育人内容、育人方式与方法等。鉴于科研育人方式与方法已在学校、教师和团队等要素中体现并予以论述，这里不再赘述。科研育人目标和育人内容具有一致性，且育人目标在学校、教师等要素中已涉及，下面综合分析科研育人目标与内容要素的内涵及其功能。

（一）科研理想教育

远大的科研理想能激励学生为国家和人类的科技事业献身。科研理想教育主要包括以民族复兴和人民幸福为己任的家国情怀，矢志不渝地为实现中华民族伟大复兴的中国梦勇攀高峰、争创一流的精神。同时，教师还要引导学生在为促进本国科技进步做贡献的基础上，超越民族与国家的范畴，参与全球治理，为服务全人类做贡献，培养学生的全球视野价值取向和人类命运共同体情怀。这是科研育人的首要任务。

（二）科学道德教育

崇高的科学道德能引领学生成功成才。科学道德教育主要包括：勉励学生修养淡泊名利、甘于奉献的高尚情操，规训学生养成诚实守信、严于律己的学术风尚，教育学生坚守求善求美、有律有度的科技伦理，引导学生传承集智攻关、团结协作的协同精神，培养学生尊重师长的虚心态度和奖掖后学的人梯意识。这是大学科研育人的重要内容。

（三）科学精神教育

博大的科学精神能促进学生创新创造。科学精神教育主要包括：训练学生追求真理、严谨治学的求实精神，培养学生敢于怀疑、善于批判的问题意识，磨炼学生不怕失败、越挫越勇的坚强意志，规训学生勤奋刻苦、潜心钻研的拼搏精神，激发学生锐意进取、勇攀高峰的创新精神。这是科研育人的核心价值。

（四）科研方法论教育

正确的世界观和方法论为学生探索真理奠定了基础。科研方法论教育主要包括：培养学生辩证唯物主义的世界观和方法论，指导他们掌握科学、合理的科研方法。这是科研育人的重要内容。

四、教育环境

教育环境和教育者、教育对象、教育媒介一样，是构成思想政治教育活动的有机组成部分[①]，科研育人的环境条件是构成科研育人系统的要素，是科研育人具有先决性、基本性的前提条件和外部条件。科研育人的环境条件主要包括人文环境与物资环境两类，共三个方面。

（一）学校科研育人的文化与氛围

学校科研育人的文化与氛围是一面镜子，对科研育人起着借鉴和引导作用，为教师在科研中育人提供了基础条件，对学生科学道德与科研精神的形成具有感染和熏陶作用。涂又光教授提出的“泡菜理论”认为，校园文化像泡菜汤，影响着浸泡其中的学生的精神风貌和行为风格。[②]科研育人的文化与氛围直接影响着科研育人的效能。

（二）实验室传媒文化环境

实验室传媒文化环境包括实验室内外的文化墙和科研平台机构的网站等传播科研人物、科研项目、科研成果、科研精神的软硬件媒体。这种文化环境既能潜移默化地影响师生的科研行为，反过来又能被师生认识、利用与发展，对科研和科研育人产生的影响和作用不可低估。

（三）实验室工作条件

实验室的场地环境和仪器设备条件既是开展科研活动的物质基础，也是科研育人的重要载体。良好的场地环境和先进的仪器设备，不仅有助于科研成果的产出，而且有助于师生在这一平台上团结协作、拼搏奋斗，能够对学生的科研理想与科研道德产生直接或间接的影响。

同时，学校为科研育人提供的经费、场地、设备、图书等物资条件也能对科研育人起到一定的促进作用，这些条件虽然不是必要的，但它们是科研育人活动深入开展的助推剂。如果有充足的经费，有会议室供大家学习交流，有完善的设备和丰富的图书，科研育人活动便会开展得有声有色，科研育人实践便能顺利推进。

---

① 张耀灿，刘伟. 论教育环境是思想政治教育过程的要素[J]. 江汉论坛，2006（5）：54-57.

② 转引自：刘献君. 大学之思与大学之治[M]. 武汉：华中理工大学出版社，2000：11.

第二节　大学科研育人构成要素影响因素的实证检验

在推进科研育人的实践中，为了精准施策，有必要对科研育人的要素进行深入分析，认清各要素的影响因子。实证研究是教育学走向科学的必要途径[①]，为此本节对大学科研育人的影响因素进行实证研究，以期为大学科研育人实践提供借鉴。

一、文献分析与理论假设

（一）文献分析

关于大学科研育人的研究，国内外早已有之。早在19世纪初，洪堡等就发现“纯科学是用于精神和道德修养……天然合适的材料”[②]。我国高校历来重视科研育人，进入新时代，党和政府非常重视科研育人，强调科研育人是“立德树人”的重要手段。科研育人的途径是多样的，影响科研育人的因素也是多元的，那么影响大学科研育人的主要因素是什么？围绕这一问题，国内外不少学者从不同的视角做过探索。

从学校方面来看，伯顿·克拉克认为，大学及其文化决定了大学的制度，而大学通过制度使教学和科研结合起来，并形成学习模式，从而影响学生的精神风貌和道德修养。[③]从教师方面来看，阮一帆、徐欢认为，教师通过立德树人功能的发挥，促使学生的思想品德在科学研究过程中潜移默化地形成。[④]刘香菊、刘

---

① 袁振国. 实证研究是教育学走向科学的必要途径[J]. 华东师范大学学报（教育科学版），2017，35（3）：4-17，168.

② Wassermann F M, von Humboldt W, Flitner A. Schriften zur Anthropologie und Bildungslehre[M]. Frankfurt am Main: Beck Press, 1984: 82.

③ [美] 伯顿·克拉克. 研究生教育的科学研究基础[M]. 王承绪，译. 杭州：浙江教育出版社，2001：301.

④ 阮一帆，徐欢. 高校科研育人探析[J]. 思想理论教育导刊，2019（8）：152-155.

在洲认为，大学科研活动中教师对学生的指导训练是一个典型的带有“师徒制”色彩的过程，教师通过自己的语言表达和行为示范，对学生起到指引、激励和诱导作用，教师的指导和示范以及学生的模仿和创新是培育与传递科学精神、科学道德的主要方式。①哈里特·朱克曼（H. Zuckerman）认为，老师的声望会影响学生的信心，如果跟随一位杰出的科学家进行学习，那么学生的科研信心会倍增。②罗伯特·卡尼格尔（R. Kanigel）认为，教师和学生在知识和情感的基础上建立起秘密的联结纽带，从而使教师的“科学品位”通过师承链得到传承。③从学生方面来看，班杜拉（A. Bandura）认为，学生的模仿包括观察、学习、领会、体验、判断和认同以及个体知识经验的重构，模仿不是简单地复制、照搬，而是为创新的整合提供要素。④鲁洁、王逢贤认为，科学精神和科学道德不同于一般的、可全盘传授的知识，一个完整的德育过程应该是体验者的认知活动、体验活动与践行活动的结合。⑤刘在洲、李小平认为，渗透感染与体验强化作为大学科研育人的心理机制，体现了大学科研育人的内在特点和规律，对教育效果有潜在的制约性。⑥从科研团队来看，罗伯特·卡尼格尔认为，受导师的影响，团队会形成相似的科研品格和科研风格。⑦鲁比特（R. Lubit）认为，科研团队为学生学习与科学创新密切相关的隐性知识提供了环境和条件，包括难以表达的技能、思维的心智模式和处理问题的方式。⑧从科研环境方面来看，华中科技大学涂又光教授提出了“泡菜的味道主要取决于泡菜水的味道”的“泡菜理论”，他认为任何个人的成长都离不开环境的影响。⑨王荣德认为，在充满创造精神的环境中工作过，常常可作为衡量某人所受的训练和影响的尺度，也是取得成功的最

---

① 刘香菊，刘在洲. 大学科研育人的价值意蕴与作用机理[J]. 高等教育研究，2020（8）：73-81.

② ［美］哈里特·朱克曼. 科学界的精英——美国的诺贝尔奖金获得者[M]. 周叶谦，冯世则，译. 北京：商务印书馆，1982：180.

③ ［美］罗伯特·卡尼格尔. 师从天才：一个科学王朝的崛起[M]. 江载芬，闫鲜宁，张新颖，译. 上海：上海科技教育出版社，2020：225.

④ ［美］A. 班杜拉. 思想和行为的社会基础——社会认知论[M]. 林颖等，译. 上海：华东师范大学出版社，2001：142-143.

⑤ 鲁洁，王逢贤. 德育新论[M]. 南京：江苏教育出版社，2000：93，94，253.

⑥ 刘在洲，李小平. 大学科研育人的发生学分析[J]. 现代大学教育，2020（5）：1-7，110.

⑦ ［美］罗伯特·卡尼格尔. 师从天才：一个科学王朝的崛起[M]. 江载芬，闫鲜宁，张新颖，译. 上海：上海科技教育出版社，2020：60，227.

⑧ Lubit R. The keys to sustainable competitive advantage: Tacit knowledge and knowledge management [J]. Organizational Dynamics, 2001, 29 (3): 164-178.

⑨ 转引自：刘献君. 大学之思与大学之治[M]. 武汉：华中理工大学出版社，2000：11.

佳途径。[①]

上述学者的研究从不同视角、不同侧面及不同节点洞析了大学科研育人的影响因素和影响机理，对于深入研究大学科研育人具有重要的现实意义。但所有的研究都是基于学者的感受、感悟得出结论的，而且每个学者只关注了一个或几个影响因素，并没有把影响学生科研理想、科学道德和科学精神形成的主要因素系统地纳入同一研究框架，作为一个统一的整体进行研究，更没有研究多种因素相互之间的影响。本书研究通过大量的访谈，在获得对科研育人影响因素的感性认识的基础上，制定了问卷调查表，通过大量问卷调查获得了第一手数据，最后应用结构方程模型，实证分析了大学科研育人的影响因素及作用效果。这是本书研究与以往研究的最大区别，也是本书研究对大学科研育人的最大贡献。

（二）理论假设

在大学科研育人活动中，究竟是哪些因素在起作用？除了凭经验进行定性判断外，通过实证研究予以检验也是一种有效的方法。本书研究根据张耀灿先生提出的思想政治教育“四要素论”和主体间性等理论，结合科研育人的特点，把科研育人分为学校、教师、团队、学生、环境、媒介等六大要素。在这六大要素中，就可能直接影响科研育人目标与成效的学校、教师、团队、学生、环境五大要素及其相互之间可能产生的影响提出假设（因科研育人媒介本质上是对上述5个方面产生影响的客体因素，故此处不做假设）。

假设1：学校的引领与管理对科研育人有直接积极影响。

学校的引领与管理主要包括学校科研育人的理念与目标、政策与制度和组织体系等方面。学校科研育人的理念与目标对学校科研育人的实践起着导向作用，其中理念决定了科研育人的方向和力度，目标决定了科研育人的层次和范围。学校的科研育人政策与制度是科研育人的风向标与指挥棒，对科研育人起着激励和约束作用。学校科研育人的组织体系是推动科研育人的组织基础。可见，学校科研育人的理念与目标、政策与制度、组织管理体系对科研育人会产生相应的影响。学校的引领与管理处于顶层设计层面，不仅会对科研育人产生直接影响，还

① 王荣德. 诺贝尔科学奖中的“人才链”及其启示[J]. 科学学研究，2000（2）：70-76，112.

能通过各种方式直接作用于科研育人的其他因素，形成一种综合的影响力，对科研育人产生影响。据此我们假设学校的引领与管理对科研育人有直接积极影响。

假设 2：教师的言传与身教对科研育人有直接积极影响。

教师的言传与身教主要包括教师科研育人的意识和目标、教师有目的的言传、教师在科研过程中的示范等方面。教师科研育人的意识和目标直接关系到教师育人的主动性，影响教师在科研育人方面的时间与精力投入。教师有目的的言传是传递教育内容的主要途径，会对学生科学道德和科学精神的形成产生一定的影响。教师在科研过程中的示范更为重要，可以起到榜样和示范的作用，无论是教师自身的科研作风、科研动机还是科研行为，都会对学生产生潜移默化的影响。这些因素的作用机理非常直接，多个因素交互作用，最终会影响科研育人的效果。已有研究显示，教师在科研活动的实践场域中发挥着重要作用。[①]

据此假设教师的言传与身教对科研育人有直接积极影响。

假设 3：团队的互动与感染对科研育人有直接积极影响。

随着学科的交叉与融合，团队合作已经成为高校科学研究的重要组织形式。团队的互动与感染主要包括科研团队的氛围与文化、科研团队的管理体制与运行机制等方面。团队的氛围与文化会对学生产生熏陶作用，不同的科研团队有自己独特的科研文化与氛围，团队成员在团队文化的长期熏陶下会对团队产生认同感和归属感，能促使团队成员自我教育的发生。已有研究表明，在师生共同参与的科研团队中，在场者不仅能“看到”“体验到”被观察者的行为、态度或情感，并且这种感觉同时唤起了观察者自身关于这些动作、情绪或感受的身体状态的内部表征。[②]

据此假设团队的互动与感染对科研育人有直接积极影响。

假设 4：学生的体验与感悟对科研育人有直接积极影响。

在科研育人中，学生是接受教育的对象，也是自我教育的主体。杨叔子认为，虽然教育可以改变人，但关键在于个人自己。[③]在科研育人中，学生的亲身体验与自我感悟非常重要。学生的体验与感悟主要包括学生参与科研的动机、作风、程度、形式等方面。学生的科研作风会直接影响自我修炼的成效，科研作风

---

① 刘在洲，谭梦媛. 引育科学精神：大学科研育人的使命担当[J]. 中国高校科技，2020（1）：82-84.

② 徐照辉. 中国学人与科学大师的世纪对话[J]. 国际人才交流，2000（5）：5-11.

③ 杨叔子. 实施素质教育 让学生成为他自己[J]. 中国高教研究，2013（4）：1-4，20.

越扎实，学生在其中受益就越多，反之亦然。学生参与科研的程度对其在科研活动中接受教育的程度和受到的影响成正比，参与程度越深，受到的影响越大；参与程度越浅，受到的影响则越小。学生参与科研的形式也是影响科研育人成效的因素之一，学生参与科研的时间越长，与教师和团队成员的联系越紧密，受到的影响就会越大。①

据此假设学生的体验与感悟对科研育人有直接积极影响。

假设 5：环境的熏陶与浸润对科研育人有直接积极影响。

环境的熏陶与浸润主要包括全校的科研育人文化与传统、实验室空间宣传文化氛围、开展科研的实验室硬件条件与开展科研育人活动的工作条件等方面。全校的科研育人文化与传统决定了科研育人的氛围与惯性；实验室空间宣传文化氛围的教育性越强，其产生的正能量越大，对科研参与者的激励作用就越强，科研育人的效果就越好；师生开展科研的实验室硬件条件越好，为科研工作提供的物资设备条件越好，科研育人的效果就应越好。已有研究显示，科研环境对参与科研的学生有着潜移默化的影响，环境场通过环境因素对个体产生外部刺激，并引起个体解决问题的心理冲突，通过个体的内在矛盾运动，促使个体知、情、意、行等要素的不断转化，从而改变人的思想和行为。②

据此假设环境的熏陶与浸润对科研育人有直接积极影响。

假设 6：学校的引领与管理等 5 个内生潜变量相互之间具有促进作用。

系统理论认为，系统是由若干要素以一定结构形式联结构成的具有某种功能的有机整体。系统中的要素并不是孤立存在的，而是处在一定位置并发挥特定作用。③高校正是一个由多因素构成的严密系统，各因素相互影响、相互关联，具有相互促进或相互制约的关系，其中任何一个因素的变化都会影响其他因素。

据此假设学校的引领与管理、教师的言传与身教、团队的互动与感染、学生的体验与感悟、环境的熏陶与浸润之间具有相互积极的促进关系。

① 李小平，刘在洲. 大学科研的本质特征及其育人意蕴[J]. 高等教育研究，2019（5）：70-75.
② 杜兰晓. 论环境育人的内在机理[J]. 思想教育研究，2004（2）：19-21.
③ 曹希敬. 系统论视角下的科研项目管理研究[J]. 科研管理，2020（9）：278-283.

二、研究设计

（一）数据来源

为了准确分析全国不同类型大学的科研育人现状，探究影响大学科研育人效果的因素，课题组在广泛进行访谈的基础上，设计了问卷调查。2020 年 7 月 17 日至 8 月 17 日，课题组发送问卷，由学术微信圈中不同高校的教师分别填写，共回收有效问卷 564 份，来自中国的 19 个省份以及欧美 2 个国家。其中，湖北 432 份、湖南 2 份、广东 6 份、重庆 30 份、新疆 10 份、江苏 8 份、浙江 2 份、安徽 24 份、四川 4 份、辽宁 2 份、山东 6 份、贵州 8 份、河南 8 份、云南 4 份、甘肃 2 份、北京 2 份、福建 2 份、海南 4 份、广西 2 份，国外 6 份。

（二）问卷设计及描述性统计

1. 问卷设计

通过广泛的访谈调查，结合理论分析，课题组把可能直接影响大学科研育人效果的“学校的引领与管理、教师的言传与身教、团队的互动与感染、学生的体验与感悟、环境的熏陶与浸润”五大要素作为 5 个外生潜变量，每个外生潜变量设置 2—4 个具体的观测变量，共设有 15 个观测变量。

同时，鉴于科研育人介体这一要素主要涉及育人目标与育人内容，是上述 5 个外生潜变量可能影响的客体和科研育人追求的目标与要达到的效果，我们以大学科研育人的育人目标与内容作为内生潜变量，下设科研理想、科学道德、科学精神、科研方法 4 个内生潜变量，并设有 10 个具体的观测变量。

2. 描述性统计

采用四级量表法对变量进行描述性统计，包括 5 个外生潜变量、4 个内生潜变量，共 25 个观测变量。其中，观测变量的最小值为 0，最大值为 3，均值为 0.971—1.759，偏度接近于 0，样本数据整体呈正态分布。具体的描述性统计如表 7-1 所示。

表 7-1　描述性统计（N=564）

潜变量		观测变量	标记	均值	标准差	偏度	峰值
外生潜变量	学校的引领与管理	学校科研育人的理念与目标	X1	1.428	0.601	0.380	−0.183
		学校科研育人的政策与制度	X2	1.450	0.666	0.223	−0.139
		学校科研管理的组织体系	X3	1.399	0.638	0.341	−0.017
	教师的言传与身教	教师科研育人的意识与目标	X4	1.414	0.640	0.035	−0.213
		教师科研育人的言传	X5	1.554	0.660	0.103	−0.244
		教师科研育人的示范	X6	1.579	0.725	0.036	−0.292
	团队的互动与感染	科研团队的氛围与文化	X7	1.755	0.809	−0.225	−0.419
		科研团队的管理体制与运行机制	X8	1.759	0.826	−0.262	−0.436
	学生的体验与感悟	学生参与科研的动机	X9	1.381	0.754	0.206	−0.234
		学生参与科研的作风	X10	1.450	0.723	0.177	−0.213
		学生参与科研的形式	X11	1.385	0.635	0.398	0.054
		学生参与科研的程度	X12	1.112	0.694	0.434	0.414
	环境的熏陶与浸润	全校科研育人的文化与传统	X13	1.270	0.733	0.417	0.112
		实验室空间的宣传文化氛围	X14	1.237	0.702	0.139	−0.162
		实验室的科学研究条件	X15	1.306	0.693	0.033	−0.245
内生潜变量	科研理想	科学报国、服务人民的崇高理想	X16	1.266	0.756	0.272	−0.154
		勇攀高峰、争创一流的创新精神	X17	1.245	0.763	0.241	−0.226
	科学道德	淡泊名利、甘于奉献的高尚情操	X18	0.971	0.769	0.577	0.170
		集智攻关、团结协作的协同精神	X19	1.273	0.729	0.202	−0.149
		求善求美、有律有度的科技伦理	X20	1.194	0.725	0.145	−0.267
	科学精神	严谨求实、诚实守信的优良学风	X21	1.331	0.720	0.170	−0.158
		勤奋刻苦、潜心钻研的拼搏精神	X22	1.241	0.733	0.254	−0.098
		不怕失败、越挫越勇的坚强意志	X23	1.173	0.735	0.156	−0.315
	科研方法	敢于怀疑、善于批判的问题意识	X24	1.133	0.741	0.265	−0.181
		科学的世界观和方法论	X25	1.284	0.707	0.396	0.157

（三）模型选择

通过问卷设计、描述性统计可知，本书研究涉及的 5 个外生潜变量，无法用直接测量的方法有效表达各潜变量的情况，普通的回归方法也不适用。结构方程模型可以同时处理测量与分析问题，不仅可以估计观测变量、潜在变量，而且可以估计测量的信度与效度，检验变量之间的假设关系，为此本书研究选择结构方程模型。结构方程模型的具体表达式如下：

$$x = \Lambda_x \xi + \delta$$

$$y = \Lambda_y \eta + \varepsilon$$

$$\eta = B\eta + \Gamma\xi + \zeta$$

其中，δ、ε、ζ 为测量误差项，ξ 和 η 分别表示外生潜变量和内生潜变量，ε 与 η、ξ 与 δ、ξ 与 ζ 之间无相关关系。Λ_x 与 Λ_y 为测量指标的因子负荷量，B 表示内生潜变量 η 之间的影响系数，Γ 表示外生潜变量 ξ 对内生潜变量 η 的影响系数。

三、实证分析

（一）问卷的信度与效度分析

为了保证分析结果的真实性、可靠性和有效性，需要对测量模型进行信度和效度检验，本书研究主要采用 SPSS22.0 和 AMOS24.0 软件进行信度和效度检验，具体的分析结果如下。

1. 信度检验

利用 SPSS22.0 软件对样本数据进行 KMO 和 Bartlett 球形检验，结果显示，KMO 值为 0.950，大于 0.7，Bartlett 球形检验显著性水平为 0.000，小于 0.05，表明数据适合做因子分析。另外，各潜变量对应的 Cronbach's α 全部大于 0.7，表明调查问卷具有良好的信度。具体分析见表 7-2。

表 7-2　问卷的信度检验

变量		测项	Cronbach's α
外生潜变量	学校的引领与管理	X1	0.849
		X2	
		X3	
	教师的言传与身教	X4	0.801
		X5	
		X6	

续表

变量		测项	Cronbach's α
外生潜变量	团队的互动与感染	X7	0.884
		X8	
	学生的体验与感悟	X9	0.879
		X10	
		X11	
		X12	
	环境的熏陶与浸润	X13	0.874
		X14	
		X15	
内生潜变量	科研理想	X16	0.885
		X17	
	科学道德	X18	0.886
		X19	
		X20	
	科学精神	X21	0.883
		X22	
		X23	
	科研方法	X24	0.793
		X25	

2. 效度检验

效度检验主要包括聚敛效度检验和区分效度检验。聚敛效度用来表示同一维度内观测变量能否有效表征某一潜变量，主要用组合信度和平均提取方差（average variance extracted，AVE）进行检验。由表 7-3 可以看到，各潜变量的因子负荷量均大于 0.7，所对应的 AVE 值均大于 0.5，组合信度值均大于 0.7，组合信度和 AVE 值均高于临界值，说明样本数据具有良好的聚敛效度。

表 7-3　聚敛效度检验结果

潜变量		测项	因子负荷量	AVE	组合信度
外生潜变量	学校的引领与管理	X1	0.871	0.682	0.864
		X2	0.717		
		X3	0.879		
	教师的言传与身教	X4	0.765	0.583	0.807
		X5	0.791		
		X6	0.733		

续表

潜变量		测项	因子负荷量	AVE	组合信度
外生潜变量	团队的互动与感染	X7	0.815	0.805	0.891
		X8	0.972		
	学生的体验与感悟	X9	0.796	0.658	0.885
		X10	0.868		
		X11	0.823		
		X12	0.753		
	环境的熏陶与浸润	X13	0.823	0.698	0.874
		X14	0.844		
		X15	0.848		
内生潜变量	科研理想	X16	0.875	0.794	0.885
		X17	0.907		
	科学道德	X18	0.822	0.726	0.888
		X19	0.863		
		X20	0.870		
	科学精神	X21	0.830	0.718	0.884
		X22	0.837		
		X23	0.874		
	科研方法	X24	0.817	0.658	0.794
		X25	0.805		

区分效度检验用来判别潜变量之间是否存在一定的相关性，通常用 AVE 值和皮尔逊相关系数来判断，AVE 的平方根大于皮尔逊相关系数，表明通过区分效度检验。由表 7-4 可以看出，学校的引领与管理、教师的言传与身教、团队的互动与感染、学生的体验与感悟、环境的熏陶与浸润之间均具有显著的相关性（$p<0.001$），另外相关性系数绝对值均小于 0.5，且均小于所对应的 AVE 的平方根，说明各潜变量之间具有一定的相关性，且彼此之间又具有一定的区分度，即样本数据具有良好的区分效度。

表 7-4　区分效度检验结果

潜变量	1	2	3	4	5	6	7	8	9
学校的引领与管理	**0.826**								
教师的言传与身教	0.196***	**0.764**							

续表

潜变量	1	2	3	4	5	6	7	8	9
团队的互动与感染	0.193***	0.199***	**0.897**						
学生的体验与感悟	0.171***	0.204***	0.205***	**0.811**					
环境的熏陶与浸润	0.184***	0.195***	0.235***	0.191***	**0.835**				
科研理想	0.212***	0.227***	0.287***	0.269***	0.269***	**0.891**			
科学道德	0.209***	0.241***	0.253***	0.250***	0.230***	0.361***	**0.852**		
科学精神	0.203***	0.226***	0.248***	0.240***	0.218***	0.352***	0.373***	**0.847**	
科研方法	0.197***	0.235***	0.266***	0.241***	0.217***	0.331***	0.377***	0.350***	**0.811**

注：*、**、***分别表示在 10%、5%、1%水平下显著，下同。对角线加粗数字为对应维度 AVE 的平方根，非对角线数字为维度间相关系数

（二）模型拟合结果

通过 AMOS24.0 软件对结构模型进行拟合，模型拟合指标检验结果如表 7-5 所示。模型的绝对拟合指数（χ^2/df）为 2.254，比较拟合指数（comparative fit index，CFI）为 0.942，增值适配指数（incremental fit index，IFI）为 0.942，相对拟合指数（relative fit index，RFI）为 0.932，简约适配指数（parsimony goodness fit index，PGFI）为 0.677，近似误差均方根（root mean square error approximation，RMSEA）为 0.067，指标基本上均达到推荐标准，表示模型的拟合结果较好。

表 7-5 模型拟合指标检验结果

指标	χ^2/df	CFI	IFI	RFI	PGFI	RMSEA
推荐标准	$p<3$	$p>0.9$	$p>0.10$	$p>0.9$	$p>0.5$	$p<0.08$
测量结果	2.254	0.942	0.942	0.932	0.677	0.067

（三）模型路径分析及检验

1. 模型路径分析

大学科研育人是一个复杂的系统，其影响机理和作用非常复杂，难以简单地对其进行阐述，只能通过对调查数据的处理进行计量分析，从而得出客观结论。根据对已有研究成果的分析，以及对高校相关教师的座谈，本书研究设置了 5 个外生潜变量。这些外生潜变量都会共同影响大学科研育人的效果，只不

过影响的方向和影响系数可能有所不同。同时，这些外生潜变量也会相互作用和影响。最后，这些因素在合力作用下对科研育人产生影响，并表现出最终效果（图 7-2）。

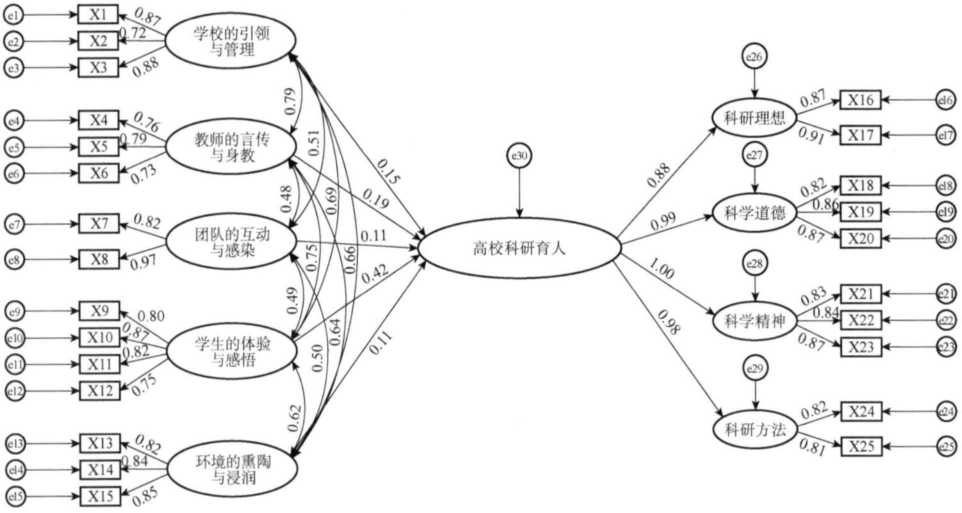

图 7-2　结构方程模型路径图

2. 模型检验结果

对结构模型的路径分析的分析结果如表 7- 6 和图 7-2 所示，具体如下。

学校的引领与管理对大学科研育人影响的 p=0.081，在 10%的显著水平上通过检验，标准化路径系数为 0.149，说明其对大学科研育人具有直接显著的积极影响。同时，该潜变量对其他 4 个外生潜变量的影响都在 99%的置信区间显著，且路径系数均为正，表明学校的引领与管理还可以促进教师的言传与身教、团队的互动与感染、学生的体验与感悟、环境的熏陶与浸润，从而直接综合地积极影响大学科研育人效果。

教师的言传与身教对大学科研育人影响的 p=0.060，对大学科研育人的路径系数在 90%的置信区间显著，且标准化路径系数为 0.188，说明教师的言传与身教对大学科研育人具有直接积极影响。同时，该变量对其他 4 个外生潜变量的影响都在 99%的置信区间显著，且路径系数均为正，表明教师的言传与身教还可以促进学校的引领与管理、团队的互动与感染、学生的体验与感悟、环境的熏陶与浸润，从而直接综合地积极影响大学科研育人效果。

团队的互动与感染对大学科研育人影响的$p=0.024$，在5%的显著水平上通过检验，标准化路径系数为0.110，说明团队的互动与感染对大学科研育人具有直接积极影响。同时，该变量对其他4个外生潜变量的影响都在99%的置信区间显著，且路径系数均为正，表明团队的互动与感染可以促进学校的引领与管理、教师的言传与身教、学生的体验与感悟、环境的熏陶与浸润，从而直接综合地积极影响大学科研育人效果。

学生的体验与感悟对大学科研育人影响的标准化路径系数为0.416，对大学科研育人影响的路径系数在99%的置信区间显著，说明学生的体验与感悟对大学科研育人具有直接积极影响。同时，该变量对其他4个外生潜变量的影响都在99%的置信区间显著，且路径系数均为正，表明学生的体验与感悟还可以促进学校的引领与管理、教师的言传与身教、团队的互动与感染、环境的熏陶与浸润，从而直接综合地积极影响大学科研育人效果。

环境的熏陶与浸润对大学科研育人影响的$p=0.078$，标准化路径系数为0.110，对大学科研育人影响的路径系数在90%的置信区间显著，说明环境的熏陶与浸润对大学科研育人有直接积极影响。同时，该变量对其他4个外生潜变量的影响都在99%的置信区间显著，且路径系数均为正，表明环境的熏陶与浸润还可以促进学校的引领与管理、教师的言传与身教、学生的体验与感悟、团队的互动与感染，从而直接综合地积极影响大学科研育人效果。

上述分析显示，学校的引领与管理、教师的言传与身教、团队的互动与感染、学生的体验与感悟、环境的熏陶与浸润5个外生潜变量对内生潜变量大学科研育人的影响显著，且标准化路径系数全部为正，说明这5个外生潜变量均对大学科研育人有直接的积极影响。这5个外生潜变量相互之间的标准化系数值均为正，且都在99%的置信区间显著，进一步说明这5个外潜变量之间存在相互直接的积极影响关系。

表7-6　路径分析及假设检验结果

变量关系	标准化路径系数	SE	CR	p	假设检验
大学科研育人←学校的引领与管理	0.149	0.104	1.743	0.081*	通过
大学科研育人←教师的言传与身教	0.188	0.112	1.882	0.060*	通过
大学科研育人←团队的互动与感染	0.110	0.035	2.263	0.024**	通过

续表

变量关系	标准化路径系数	SE	CR	p	假设检验
大学科研育人←学生的体验与感悟	0.416	0.087	5.330	***	通过
大学科研育人←环境的熏陶与浸润	0.110	0.062	1.764	0.078*	通过
学校的引领与管理↔团队的互动与感染	0.508	0.030	6.493	***	通过
学校的引领与管理↔学生的体验与感悟	0.687	0.023	7.407	***	通过
学校的引领与管理↔环境的熏陶与浸润	0.657	0.025	7.257	***	通过
学校的引领与管理↔教师的言传与身教	0.793	0.025	7.731	***	通过
团队的互动与感染↔学生的体验与感悟	0.489	0.031	6.594	***	通过
团队的互动与感染↔环境的熏陶与浸润	0.498	0.035	6.692	***	通过
团队的互动与感染↔教师的言传与身教	0.481	0.032	6.241	***	通过
学生的体验与感悟↔环境的熏陶与浸润	0.625	0.026	7.427	***	通过
学生的体验与感悟↔教师的言传与身教	0.752	0.026	7.991	***	通过
环境的熏陶与浸润↔教师的言传与身教	0.642	0.027	7.289	***	通过

注：SE 为标准误，CR 为临界比值

四、结论与建议

（一）研究结论

大学科研育人工作越来越受到公众的关注，科研育人的效果受到多种因素的影响，既受到属于内因的学生参与科研的动机、心态的影响，教师的动机、行为等的影响，又受到属于外因的科研条件和环境的影响。通过构建涉及多种因素相互影响的结构方程模型的检验，可以得出以下基本结论。

1. 学校的引领与管理对大学科研育人有直接积极影响

学校的引领与管理设置了学校科研育人的理念与目标、学校科研育人的政策与制度、学校科研管理的组织体系 3 个观测点。结构方程模型分析结果显示，学校的引领与管理对大学科研育人影响的 p=0.081，在 10%的显著水平上通过显著性检验，且标准化路径系数为正，说明学校的引领与管理对大学科研育人具有直接显著的正向影响，支持了原假设。

2. 教师的言传与身教对大学科研育人有直接显著积极影响

教师的言传与身教设置了教师科研育人的意识与目标、教师科研育人的言传与教师科研育人的身教 3 个观测点。结构方程模型分析结果显示，教师的言传与身教对大学科研育人影响的 p=0.060，在 10%的显著水平上通过显著性检验，且标准化路径系数为正，说明教师的言传与身教对大学科研育人具有直接显著的积极影响，支持了原假设。

3. 团队的互动与感染对大学科研育人有直接积极影响

团队的互动与感染设置了科研团队的氛围与文化、科研团队的管理体制与运行机制 2 个观测点。结构方程模型分析结果显示，团队的互动与感染对大学科研育人影响的 p=0.024，在 5%的显著水平上通过显著性检验，且标准化路径系数为正，说明团队的互动与感染对大学科研育人具有直接积极的显著影响，支持了原假设。

4. 学生的体验与感悟对大学科研育人有直接显著积极影响

学生的体验与感悟设置了学生参与科研的动机、学生参与科研的作风、学生参与科研的形式、学生参与科研的程度 4 个观测点。结构方程模型分析结果显示，学生的体验与感悟对大学科研育人的影响在 1%的水平上通过显著性检验，且标准化路径系数为正，说明学生的体验与感悟对大学科研育人具有直接积极的显著影响，支持了原假设。

5. 环境的熏陶与浸润对大学科研育人有直接显著积极影响

环境的熏陶与浸润设置了全校科研育人的文化与传统、实验室空间宣传文化氛围、实验室科学研究条件 3 个观测点。结构方程模型分析结果显示，环境的熏陶与浸润对大学科研育人影响的 p=0.078，在 10%的显著水平上通过显著性检验，且标准化路径系数为正，说明环境的熏陶与浸润对大学科研育人具有直接显著的积极影响，支持了原假设。

6. 大学科研育人外生潜变量之间有直接积极的相互促进作用

从学校的引领与管理、教师的言传与身教、团队的互动与感染、学生的体验与感悟、环境的熏陶与浸润 5 个科研育人外生潜变量的相互影响来看，结构方程模型分析结果显示，这 5 个外生潜变量相互之间的标准化系数值均为正，且都在 1%的水平上显著，说明这 5 个外生潜变量之间存在直接积极的促进关系。

（二）讨论

科研育人是由多种因素构成的综合场域，在这个场域中，多种因素相互作用和影响，并以螺旋上升的方式推进科研育人。因此，高校应当高度重视科研育人工作，系统设计大学科研育人体系，调整和改善可能影响科研育人效果的因素，保证各因素始终处于协调、统一的良好状况，取得最好的综合效果。在推进多因素协调的过程中，要注意对整个系统发展具有牵引作用的关键因素，通过对关键因素的改革，打破已经形成的平衡，推动整个系统向更高的不平衡发展，从而形成新的平衡，在这种循环往复的过程中，促进整个科研育人系统的发展和演进。

第八章

大学科研育人要素作用的触发模式与育人规律

在一定的教育环境中，大学通过科学研究活动助力学生树立科研理想、规范科学道德、认知科学精神、掌握科研方法，培养他们正确的人生观、价值观和世界观。从表面来看，科研育人的途径是科学研究活动，但是社会活动的本质要素是关系性，关系性界定社会[①]，因此从实质来看，师生之间、同伴之间、校园环境与学生之间、主体和客体之间的关系才是育人的关键。

社会本体论认为，行为体有意义的行为只有在主体间社会语境中才能成为可能，没有身份认同的行为体也就没有利益可言。在科研育人的过程中，社会是第一性的，个体身份首先是个体在社会中的社会身份，这种身份产生于学生与教师、团队、环境在科研中的互动实践，并在这种不间断的实践过程中得以定义和再定义。行为体凭借互动实践中产生的规范和规则来赋予行为意义，以使行为体能够理解世界并使自身的行为能够被其他行为体理解。[②]

在科学研究中，对学生、学校、教师、团队、环境有不同的定义，并通过正式制度或非正式制度规定其关系。关系决定作用方式，如学生与教师之间的关系明显不同于学生与团队之间的关系，这种差别决定了教师对学生和团队对学生发挥作用的方式有所不同。正因为如此，学校、教师、团队、环境、学生自我才能构成一个错落有致、各美其美的系统，共同提高学生的思想水平、政治觉悟、道

① 秦亚青. 关系本位与过程建构：将中国理念植入国际关系理论[J]. 中国社会科学，2009（3）：69-86，205-206.

② 秦亚青. 关系本位与过程建构：将中国理念植入国际关系理论[J]. 中国社会科学，2009（3）：69-86，205-206.

德品质和文化素养。那么，学生与学校、教师、团队、环境、自我之间为什么会形成特定的关系？这种关系通过什么路径发挥育人功能？对这些问题的研究有助于厘清科研育人各要素作用的机理，为科研育人实践提供理论支撑和依据。

第一节　学校主导与管理的育人机理

学校作为科研育人的主体性要素之一，对科研育人起着主导和管理作用。学校的办学理念与目标、学校科研育人的组织体系、学校的科研政策与育人制度都能够对科研育人效果产生影响。学校的规范管理、严格要求与春风化雨、润物无声的教育方式结合起来，对道德涵育有保障功能。

一、学校主导与管理育人的原发动力

1. 大学使命

大学使命是一个古老的命题。大学区别于其他组织的最重要职能是人才培养，而立德树人是大学的根本任务。西班牙著名思想家和社会活动家奥尔特加·加塞特（O. Y. Gasset）在其专著《大学的使命》中指出：社会需要优秀的专业人员，因此大学准备向社会提供专业培训服务。但是在此之前，更重要的是，社会必须保证具备培养另一种专业人才的能力，即执政的人。大多数国家主要由具有专业知识的人员统治，除了具备专业知识之外，这些人对社会有一种影响力，并与时代要求的标准相一致。由此，在大学里建立符合时代要求的核心思想体系是非常必要的。这是大学的基本功能，也是大学凌驾于其他一切之上的基础。[①]正因为如此，大学要开设一些有关培养学生基本道德品质的课程，以把他们培养成为一个整体的、全面发展的人。

大学使命是一个当代的命题。时代的发展促进大学使命的核心思想体系随之

① ［西班牙］奥尔特加·加塞特. 大学的使命[M]. 徐小洲，陈军，译. 杭州：浙江教育出版社，2001：57，58.

发展，相应地，大学使命的具体内涵也会被赋予时代特色。习近平总书记在全国教育大会上明确指出："培养什么人，是教育的首要问题……我国是中国共产党领导的社会主义国家，这就决定了我们的教育必须把培养社会主义建设者和接班人作为根本任务，培养一代又一代拥护中国共产党领导和我国社会主义制度、立志为中国特色社会主义奋斗终身的有用人才。"[①]因此，大学要在厚植爱国主义情怀上下功夫，让爱国主义精神在学生心中牢牢扎根；大学要在提高学生的品德修养上下功夫，教育学生践行社会主义核心价值观，成为有大爱、大德、大情怀的人；大学要在培养学生的奋斗精神上下功夫，教育学生树立高远志向，历练敢于担当、不懈奋斗的精神，做到刚健有力、自强不息。

2. 制度规则

制度是规范人类行为的工具，由被社会习惯和习俗认可的非正式约束、国家法律和法规规定的正式约束以及制度的实施机制组成。[②]大学的科研制度由学校在科研管理过程中缔结的社会关系，以及用于调控这些关系的科研管理体系和规范体系组成，包括各种科研规章制度、科研道德规范、科研行为准则等。它的作用主要体现在三方面：一是促进学术主体树立规则意识，规范学术领域的整体秩序；二是保证学术成果符合统一形式；三是便于学术交流与学术批评的顺利进行。[③]

为了规范科学技术领域的学术风气，国家出台了一系列的政策法规，如中国科学院出台的《中国科学院院士科学道德自律准则》，中国科学技术协会制定的《科技工作者科学道德规范（试行）》，中共中央办公厅、国务院办公厅印发的《关于进一步弘扬科学家精神加强作风和学风建设的意见》《关于深化项目评审、人才评价、机构评估改革的意见》等，为大学科研育人创造了良好的政策环境。特别是为了规范大学师生的科研行为，教育行政管理部门出台了一系列规章，学校制定了一些实施细则，并努力贯彻执行，以充分发挥制度规则的育人作用。例如，2016 年，教育部制定的《高等学校预防与处理学术不端行为办法》明确规定，对在科学研究及相关活动中发生的剽窃、抄袭、侵占他人学术成果等违反公

---

① 教育部课题组. 深入学习习近平关于教育的重要论述[M]. 北京：人民出版社，2019：72-73.

② 黄少安，姜树广. 制度性惩罚与人类合作秩序的维持[J]. 财经问题研究，2013（11）：3-9.

③ 龚向和，魏文松. 学术规范的功能定位、合理限度及其法律制度体系建构[J]. 中国高教研究，2019（11）：69-76.

认的学术准则、违背学术诚信的行为，会做出如下处理：通报批评、终止或撤销相关的科研项目、撤销学术奖励或荣誉称号、暂缓授予学位、不授予学位或者依法撤销学位等。2018 年，为了规范学位论文管理，加强学术诚信建设，教育部办公厅发布了《关于严厉查处高等学校学位论文买卖、代写行为的通知》，规定对参与购买、代写学位论文的学生，给予开除学籍处分；已获得学历证书、学位证书的，依法予以撤销。对于学校而言，希望通过对学生在科研活动中的违规行为施加威慑，来阻止该行为的再次发生；对于学生而言，必须遵守这些制度规定，在科研中不能出现学术不端、学术失范等行为，以避免受到相应的惩罚。

二、学校主导与管理育人的触发模式

1. 统领与践行

学校培养什么样的人、怎么培养人受学校办学理念与目标的支配。学校的办学理念影响学校科研育人的顶层设计，学校重视人才培养，强调立德树人，则在顶层设计中必有相关构建和安排，这将对全校的科研育人工作起到统领作用。学校的科研政策，特别是成果评定、项目评审、人才评价等政策，不仅直接关系到破“五唯”（唯论文、唯帽子、唯职称、唯学历、唯奖项）问题，而且会影响教师科研育人的意识和科研育人精力的投入。学校的科研育人政策和制度强调科研的人才培养功能，特别是强调“以科学达至修养”的作用，将对教师科研育人工作起到导向作用，从而引导教师自觉践行科研育人工作。只有学校重视科研育人，具有完善的科研管理组织和学术组织，科研育人工作才能落到实处。可见，学校确立了科研育人的办学理念与目标，就会有科研育人的政策、措施和投入，就会有相应的科研育人组织体系，这个体系有领导负责，有部门管理，有干部落实，有教师践行。

在科研实践中，一些学校如清华大学从 2014 年起面向学生开设了科研伦理和研究方法论等课程，通过理论联系实际、频繁的互动、结合案例进行分析，强化学生的科研伦理，训练学生的科研规范。在科研立项管理中，学校通过召开申报动员会，邀请经验丰富的专家讲解如何选题、如何破题、如何论题，从而指导教师写出一份选题新颖有价值、视角独特有创新、论证科学有深度的申请书。在项目实施管理中，学校通过组织项目的开题论证和中期检查，由课题负责人向与会专家汇报项目框架、研究内容、预期成果和实施计划，以及项目获批以来开展的一系列研究工作，与会专家则对完善框架设计、突出研究重点和特色、合理实施步骤等提出有针对性的建议。在项目结题管理中，学校要求课题组在规定的时间内上交所需的各种材料等。由此可见，学校的科研教育和管理发挥着重要的育人功能。

从学生方面而言，学生总是在自觉或不自觉地践行着学校科研育人的理念、方针、政策。通过学习科研伦理这门课程，学生在面对科研伦理困境时会做出负责任的价值判断和选择，形成高尚的科研品性；通过学习研究方法论这门课程，学生会对科研怀有炽烈不倦之情怀、敬畏之心、虔诚之爱，树立辩证唯物主义的世界观和方法论。课题申报会激起学生的科研兴趣，促使学生形成问题意识，养成批判精神。课题开题论证和中期检查环节会让学生明白科学研究是一件严肃的事情，必须本着求真、求实的态度，在通晓全局的基础上进行深入探讨。同时，专家对课题高屋建瓴的剖析、既有理论高度又有实践可能性的完善建议，会让学生在心生佩服之情的同时树立崇高的科研理想。严格的科研成果评定，会培养学生“文章不写半句多”的严谨态度，形成公平、公正的价值观。

2. 约束与规范

制度是管理得以实施的媒介和保障，没有制度，就没有现代管理。为了保证知识的客观性，实验室制定了一系列有关知识生产的行为规范，如实验室要求学生的操作必须标准化、程序化，严格遵守相应的规范要求。这种“模式化”能够促使学生养成自动遵循实验活动标准的习惯，从而保证科学知识的原创性、准确性、真实性。当学生在实验台前开始安装设备、采样、记录数据等一系列操作的时候，就进入了实验室对他们“模式化”的规训过程。因此，学生在实验室的工作流程整齐划一，正如人类学家形容的，要让人强烈地感到否定个性的禁欲主义作风。①这种制度规定促使学生尽力客观、严谨、真实地发现知识。

另外，科研制度还规定了学生在科学研究中必须遵守的规则，如《普通高等学校学生管理规定》明确规定：学位论文、公开发表的研究成果存在抄袭、篡改、伪造等学术不端行为，情节严重的，或者代写论文、买卖论文的，学校可以给予开除学籍处分。有的学校会将科研规则悬挂在实验室最显眼的地方，有的学

① 转引自：张奕. 知识形态与大学建筑——教育学视域下的中国大学建筑形态演变之考察[D]. 武汉：华中科技大学，2005：162.

校会将科研规则印制成手册，目的在于时刻提醒学生在科学研究中要求真求实，遵守学术道德，如果出现学术失范、有违学术制度规定的行为，将受到严厉的处罚。这种强制性的制度在规范学生行为的同时，能促使其形成规则意识和法律意识

第二节　教师言传与身教的育人机理

师生关系的形成主要来源于社会对知识的处理制度。为实现知识的文化接力，学校在教育的制度设计上对知识的传递者和接受者这两类人进行了特别的分类和界定[①]，这种制度化的界定给予了教师对学生言传身教的权力。

一、教师言传与身教的原发动力

1. 知识权力

科学本身具有涵养品质和提高修养的作用，科学是借以达到修养目标的媒介。洪堡指出，科学为一个“有待解答的问题”、一个“未被穷尽而且永远无法穷尽”的事物，作为一个整体，任何专业的学习都必须建立在对世界和生命的基本原则及意义的认识基础之上。[②]要使这个认识成为现实，需要建立一个权力结构，赋予某些人传道、授业、解惑的权力，并能使该种基本知识被有效地内化。[③]

法国哲学家、社会思想家米歇尔·福柯（M. Foucault）认为，知识具有权力功能，谁拥有知识，谁就拥有权力。[④]教师在从业之前已经接受了长期的专业训

① 卢德平. 高校研究生教育中的知识与权力——对“研究生李某死于导师工厂”事件的反思[J]. 中国青年社会科学，2016（5）：6-12.

② 转引自：陈洪捷. 德国古典大学观及其对中国的影响[M]. 北京：北京大学出版社，2015：57.

③ 转引自：陈洪捷. 德国古典大学观及其对中国的影响[M]. 北京：北京大学出版社，2015：58.

④ [法] 米歇尔·福柯. 规训与惩罚[M]. 刘北成，杨远婴，译. 北京：生活·读书·新知三联书店，2003：268.

练，掌握了超出一般的、复杂的甚至是神秘的知识，他们因为拥有知识而拥有了学术权力，凡是教师知识所及的地方就是他们学术权力所及的地方；而学生只是具有接受高深知识的能力和潜力，他们还没有掌握关于世界和生命基本原则、意义的知识。教师和学生在知识上的差距致使两者在权力上相差甚远，布鲁贝克明确指出，学术界不是人人平等的，而是受过训练的、有才智的人的一统天下。①康德认为，人只有通过人，通过同样是受过教育的人，才能被教育。②教育的本质不是能否享受平等权利的问题，而是没有受过教育的人只有通过受过教育的人得到教育，最终才能成为人。

这种制度安排在教师和学生之间划了一条明确而较难逾越的界限，师生之间是一种强制度性关系。在实验室里，教师因为拥有高深知识而被制度赋予规训者的身份，学生因为缺少高深知识而被制度赋予被规训者的身份。规训者指导并推动着知识的演绎和发展，展示着事物发展的轨迹和规律，被规训者接受并内化所学知识、操作并掌握实验技能。通过这个依据各种明确的制度训练学生身体和心灵的过程，知识完成了从教师到学生的转移，学生完成了从科学外部人到内部人的转化，成为新的学术“守门人”。通过这种强制度性安排，人类自古以来积累的知识能够在最短的时间内以最低的成本传递给年轻人。

2. 情感纽带

在知识传递的过程中，教师和学生之间还形成了一种没有明确界限的朋友式关系，这种关系对双方没有强制性，约束力较低。之所以存在这种关系，一方面源自教师的权力与学生的崇拜，另一方面源自教师的责任与学生的依赖。

中国传统文化将师生关系界定为“一日为师，终身为父”的拟亲属关系。与血缘关系相比，在科学研究中的互动使得教师和学生之间建立了一种类似父母和子女之间的那种以情感为核心的关系，在这种关系下，教师不仅将学生看作其教育的对象，而且将其视如己出，这种定位让教师拥有更大的责任，不仅负责对学生的科研进行指导，而且关心学生的个人生活，其中尤以对博士生的关心最甚，操心博士生的婚恋、家庭、工作等。学生不仅将教师视为再生父母，而且将其视为崇拜的对象，无论在科研还是在生活上遇到困难，都会向教师寻求帮助和指

① ［美］约翰·S. 布鲁贝克. 高等教育哲学[M]. 王承绪，郑继伟，张维平等，译. 杭州：浙江教育出版社，2002：42.

② ［德］伊曼努尔·康德. 论教育学[M]. 赵鹏，何兆武，译. 上海：上海人民出版社，2015：5.

导。师生间拟亲属关系的确立使得学生在学习教师的文化知识和道德修养的同时，还会学习教师说话的方式和技巧，正所谓“弟子事师，敬同于父，习其道也，学其言语”①。

大学是实施教育的机构，但绝不仅仅是单纯地向学生传授知识的教育机构。大学存在的理由是它把年轻人和老年人联合在一起，帮助他们展开充满想象力的探索，从而在知识和生命热情之间架起桥梁。②霍金斯（Hawkins）认为，18世纪后高等教育领域形成了三种新的教育技术——考试、评分和书写，这三种新的教育技术改变了学生的学习方式和教育者与学生的关系。③在科学研究中，教师本着高度负责的态度、求真务实的精神，指导学生如何选题、如何设计、如何实验、如何撰写报告或论文。学生为了完成科研任务、获得教师的好评，会对教师产生一种依赖，将教师讲授的知识视为标准答案，认真接受、记忆并且消化吸收。完成科学实验、撰写论文并取得较好的成绩不仅成为学生主要的学习动机之一，而且成为将教师与学生连接在一起的情感纽带。在这些活动中，教师与学生在人格上是平等的，教师尊重学生的人格，不因为他们的不成熟或过错而贬低、侮辱甚至摧残他们的人格，而是把他们作为有同等人格尊严的人来对待。④

二、教师言传与身教的触发模式

知识权力和情感需求、教师和学生之间既存在强制度性关系，也存在弱制度性关系，那么在科学研究过程中，这些关系是如何触发教师和学生的活动，并发挥育人功能的呢？

1. 教化与服从

科学研究是生产和创新知识的智力活动，有一套制度化的行为规范——普遍主义、公有主义、无私利性、有秩序的怀疑主义。其中，普遍主义强调科学真理的检验标准一样，只要是科学真理，不论其来源如何，都得服从于不以个人意志

① 转引自：徐岚. 师父、师傅还是老板——从教师角色看研究型大学师生关系[J]. 高校教育管理，2013（3）：33-40.

② ［英］怀特海. 教育的目的[M]. 庄莲平，王立中，译. 上海：文汇出版社，2020：128.

③ 转引自：陈洪捷. 德国古典大学观及其对中国的影响[M]. 北京：北京大学出版社，2015：58.

④ 石中英. 教育中的民主概念：一种批判性考察[J]. 北京大学教育评论，2009（4）：65-77，189.

为转移的普遍标准。公有主义强调科学上的重大发现都是社会合作的产物，应归科学共同体所有。无私利性强调从事科学活动不应通过科学谋私利，科学的唯一目的是发展知识而不是其他。有秩序的怀疑主义强调在神圣的、不可批判的东西同非神圣的、可以进行批判性研究之间不存在绝对固定的界限，所有科学知识都要严格加以检验。[①]这些行为规范需要由教师传授给学生，当学生步入科学研究领域时，教师应通过专题讲解科研的价值何在、科研的规范何为，以让学生对科学研究怀有敬畏感、神圣感、规则感和伦理感。在具体的科研活动中，教师应上好“科研知识”日常课，引导学生发现具有理论价值和实践意义的问题，指导学生阅读的文献必须具有前沿性和国际性，指导学生设计的研究方案必须具有科学性和操作性，辅导学生撰写的论文必须具有创新性和可读性，让学生在掌握科学研究程序和方法的同时，感悟科学研究求真、求善的学术标准和价值取向。除此之外，美国学者克拉克还认为，“导师……必须千方百计去训令学员有勤奋耐劳的态度，令学员准时完成所有必须完成的作业”[②]。

当知识是通过对知识生产者的规范或操控而生产的时候，门徒训练就会产生被普遍接受的科学规训方法和知识。[③]在科学研究中，学生必须接受教师的规训，不仅因为这些规训是科研的基础，不掌握这些规训就无法开展科学研究，而且因为教师是其科研水平的评判者。自从法国科学家蒙热（Monge）把考试审查下的主动学习法带进实验室，他所在的墨西耶（Mezieres）学院便成为迄今所知的第一所规定学生的平常考试通过实验室实验进行的学院。[④]现代大学的学位制度规定学生尤其是博士生必须具备一定的科研能力，完成一定的科研任务，才能获得相应的学位。这种制度设计使得学生必须服从教师的科研规训，并认识到自我规训、自我实现的重要性。[⑤]

2. 示范与模仿

人类最早的教育形式为成人示范-儿童模仿，当学校教育制度建立后，教师成为示范者，学生成为模仿者。在具体的科研训练中，教师的身教重于言传，具

---

① 浦根详. 知识属性、动因及增长方式的演变[J]. 科学学研究，2000（1）：29-34.

② Clark W. On the dialectical origins of the research seminar[J]. History of Science, 1989 (27): 126-129.

③ 王建华. 大学与学科规训——以教育学为例[J]. 南京师大学报（社会科学版），2008（1）：65-72.

④ 陈洪捷. 德国古典大学观及其对中国的影响[M]. 北京：北京大学出版社，2015：58-57.

⑤ [美] 华勒斯坦等. 学科・知识・权力[M]. 刘健芝等，编译. 北京：生活・读书・新知三联书店，1999：79.

体强于抽象。[①]当科研陷入困境时，教师不畏艰难、攻克难关的精神，会让学生明白什么是坚毅；当实验结果与预期不符时，教师坚持查找原因并如实报告的行为，会让学生明白什么是诚信；教师心无旁骛专心科研、淡泊名利不求回报的态度，会让学生明白什么是纯粹；教师对待学术的严格甚至是苛刻，会让学生明白什么是严谨。高等教育学的中国符号——潘懋元先生会让学生将学位论文初稿打印出来，自己用红笔逐字逐句地进行修改，密密麻麻的修改意见往往令学生在羞愧满怀的同时激发奋进的力量。[②]

教育心理学研究表明，教师对学生的影响巨大，学生从幼儿园到大学都有模仿教师行为的倾向。[③]当大学生明白了什么是坚毅时，无论在科研中遇到什么困难，都会勇敢面对，以百折不挠的精神去解决它；当大学生明白了什么是诚信时，即使考核不合格也不会抄袭作假；当大学生明白了什么是纯粹时，浮躁的心会安静下来，“两耳不闻窗外事”地专注于科学研究；当大学生明白了什么是严谨时，会按照研究设计，一步步地实施研究计划，规范地记录研究结果。正所谓“桃李不言，下自成蹊”。潘懋元先生的严谨治学、爱岗敬业感召了学生，他们携带着潘先生播下的火种和爱生育人的精神，耕耘在中国高等教育学科的辽阔沃野上，承前启后，继往开来，书写着高等教育学更加美好的明天。[④]

第三节　团队互动与感染的育人机理

在科研团队中，团队关系是同龄人间在交往过程中建立和发展起来的一种人际关系，这种人际关系是平行的、平等的，不同于个体与老师、家长、其他年长者之间交往的垂直关系。[⑤]

---

① 郭立场. 榜样认同视角下大学生社会主义核心价值观培育问题研究[J]. 思想教育研究，2014（10）：64-67.

② 邬大光. 潘懋元：高等教育学的中国符号[J]. 高等教育研究，2020（7）：1-12.

③ 余文森. 名师的四大教育素养之四——专业人格[J]. 新教师，2013（Z1）：24-25.

④ 邬大光. 潘懋元：高等教育学的中国符号[J]. 高等教育研究，2020（7）：1-12.

⑤ 周宗奎，孙晓军，赵冬梅等. 同伴关系的发展研究[J]. 心理发展与教育，2015（1）：62-70.

一、团队互动与感染的原发动力

个体并非天生的集体动物，而是有着先天的集体意识不足：既无个人意愿，也缺乏血缘之亲，更缺乏理解他人与集体的意识能力。[①]那么，学生为什么会主动与团队建立关系呢？

1. 科研属性

美国管理学大师德鲁克（P. F. Drucker）对知识和知识工作者进行了深入的研究。他认为随着科技的不断发展，现代知识工作更多涉及那些具有不可预知性、模糊性、跨学科性和不可重复性的任务[②]，需要集成、共享和整合各种各样的知识，如事实知识、原理知识、技能知识和人力知识等。属于同一门类的知识通过一个选择和聚合的自组织过程，会形成一条知识链。知识链基于同类知识的内在联系，不仅包含显性技术、知识的综合，而且包含缄默性经验和技能。

每个个体的专业知识是有限的，要完成知识链上的工作，必须参与一种可以有效聚集和利用知识资源、具有充分适应性的知识团队。德鲁克曾指出，知识经济时代，有效的工作单位是团队，而不是个人，应建立一种学习型团队，团队成员之间实现知识互补、能力互补、共同学习、共同担责。当个体在集体中时，比单独思考时具有更大的智慧、更高的悟性和洞察力。[③]团队中的成员是位于知识空间中不同知识链条上的点，其个体知识的性质同链条上群体知识的属性相同，但由于其掌握相关知识的存量和价值不同，不同知识员工具有不同的“能级”，同时由于知识积累的途径不同，个体的知识细节又各有特点。知识链相互并行或者相互交叉，可以跨越部门、组织边界和地理空间，构成一种专业知识的几何体和专业人士的交流空间，在其中不断进行知识的社会化、外部化、组合化和内部化，从而实现知识的流动、扩散和转移。[④]

为了达到学业标准，本科生、硕士研究生和博士研究生在学习期间都要接受严格的科学研究规训，完成一定的科研任务，尤其是博士研究生，无论参与的是教师科研课题，还是本人的毕业设计，都极富创造性，仅靠一个人的知识储备和

---

① 李俊堂. 走向有意义的分工：学校真实集体教育的构建[J]. 教育科学，2014（6）：23-28.

② ［美］彼得·德鲁克. 功能社会：德鲁克自选集[M]. 曾琳，译. 北京：机械工业出版社，2006：45.

③ 林正范. 论生态取向教师学习的校园环境特征[J]. 教育研究，2012（9）：128-132.

④ 孙锐，李海刚. 基于知识创新的知识团队研究[J]. 科研管理，2006（6）：92-96.

努力难以高质量地完成，必须借助知识团队其他成员的互补性知识，形成具有特定结构的知识系统，产生更大的知识协同效应和组合优势。

2. 组织归属

马斯洛（A. H. Maslow）指出，在基本的生理需要和安全需要得到满足后，人就会产生归属需要，渴望成为团队或集体的一部分，被团队或集体成员接纳和认同。同时，个体也会从思想、情感和心理上认同所在组织，在具体的工作中积极地投入时间和精力，愿意承担各项责任，并以主人翁的责任感和事业心努力工作。①

大学生如何在科研过程中实现其归属需要？首先，在意识层面，他们将依据社会结构中的特定位置和角色期待来思考其在团队中扮演的角色。一方面，他们明白社会对他们的期待，如教师希望他们能与其他同学团结、合作，形成良好的人际关系，同时在相互合作中完成科研任务；另一方面，根据学术生产规律——单个人难以产出高质量的科研成果，他们根据自己的优势和劣势、团队中其他成员的特点，决定自己在团队中可以扮演的角色和所在的位置，将自己定位于一定的场域之中。其次，在实践层面，他们主动遵循实验室的行为规范和操作手册的规定，认同其他同学的科研行为，并且通过采取社会化的态度参与到实验活动中，完成自我的社会化。同时，只有成为共同体的一员，个体才能成为自我。换言之，团队成员通过相互之间的交流、理解、合作融入团队中，在与同伴的合作和互动中完成社会化，满足对归属感的需求。

二、团队互动与感染的触发模式

1. 合作与认同

涂尔干认为，一个要在群体中生活的人，仅仅凭借理性认识到社会规范的约束力并自愿地服从它还不够，还需要感受到自己与社会实践之间的多重纽带，并热爱集体的道德理性，甚至愿意为此而做出自我牺牲。②科研团队是一个学术共同体，其核心价值理念是团结协作、聚智攻关。为了完成科研任务、实现科研

① 转引自：刘小平. 企业员工的组织归属感及形成研究[J]. 管理现代化，2002（6）：36-40.

② 陈涛. 自主性的塑造——涂尔干论道德教育[J]. 北京大学教育评论，2016（4）：21-44，185.

目标，同伴之间会主动进行沟通，根据课题的总体设计，反复讨论具体的实验细节，大家既会充分表达自己的观点，又会虚心接受别人的建议，还会在坚持中妥协，在差异性中寻找共同点，本着“和而不同、美美与共”的精神团结协作。

在与同伴一起“摸爬滚打”的过程中，在团队合作方面，学生会投入大量的时间和精力，因此能更容易地感知到同伴在合作中表现出的无私奉献和坚韧不拔以及聪明才智和勤奋刻苦，更容易产生认同感。这种认同感是指个人的自我同一性与他人或群体存在依赖关系，或者说个人在情感上与他人或群体存在密切联系，从而接受某种观念、态度或行为方式。①对于学生而言，认同感是一种很重要的心理资本。首先，学生会因认识到自己属于一个优秀的团队，拥有一批优秀的同伴而感到骄傲和幸福。情感上的愉悦和心理上的满足不仅让他们在科研中有较强的集体主义精神，乐于帮助其他成员，而且科研效率较高。其次，学生与同伴之间会产生一种信任。在科研中，无论遇到什么困难，他们都相信大家会精诚合作、共克难关，愿意付出额外的努力，在研究设计、研究实施、研究结果呈现等方面主动而坦诚地分享和交换自己的看法与意见。最后，学生会拥有包容的胸怀。在科学研究中，团队成员所处的位置不同、追求的目标和利益不同、拥有的知识存量不同，因此对科研任务的解读不同，对具体的研究活动会产生不同的观点、意见和想法，但是学生因对团队有较强的归属感，对同伴有较高的认同感，便会主动倾听同伴的意见，最大限度地理解同伴，积极地寻找解决问题的对策。

2. 榜样与追随

德国著名基督教思想家舍勒（M. Scheler）基于现象学——存在论立场，将榜样理解为一种陌己人格，即一种体现价值状况应然存在要求的、统一的价值人格形式。舍勒定义的榜样并不是一个具体的、经验性的人，而是一种陌己人格形式。范本是体现榜样人格的具体的人，榜样为范本奠基。“我”对应本己人格，“非我”对应陌己人格。每个“我”在人格的形成过程中一定对外界人格应然的价值有自己的判断，那些符合“我”的价值判断的人格就会成为“我”的榜样。团体中的某个人如果正好表现出榜样的行为特质，那么他就是榜样的范本。在科

① 戚万学. 道德学习与道德教育[M]. 济南：山东教育出版社，2006：80.

学研究中，科学报国的理想、勇攀高峰的精神、淡泊名利的情操、越挫越勇的意志、敢于怀疑的精神是学生对科研应然价值的期待，凡是具备这些特质的对象都将成为学生的榜样。当某一个团队具有这些品质时，它就成了榜样的范本，也许某一个同伴只具有其中某些品质，另一个（或另一些）同伴具有其中的另一些品质，这些人也会成为榜样的范本。榜样具有恒久性，而范本具有偶然性。如果某个同伴不再具有榜样人格，他就不再是范本，但这个范本迷失的过程丝毫不会影响榜样的恒久性。①

当大学生看到同伴人格中那种独特的、趋于完美的价值应然状况时，就会倾心所愿地离开原来的自己，改变原来的自己，在不懈追随榜样的过程中，体验榜样之所在，亲历榜样之所是。这种追随不只是简单的意愿、行为模仿，其本真状态是本己人格与榜样的“同思同构”。②相比教室里同学之间的互动和交流，实验室、科研团队里同伴之间的交流和互动更多，彼此之间的了解更全面，当观察到同伴具有甘于奉献的道德情操、潜心钻研的拼搏精神、不怕失败的坚强意志、诚实守信的科研作风时，学生就会自动跟随这位同伴，向其学习，直至自己成为这样的人。

第四节　环境熏陶与浸润的育人机理

学习是学习者与其所在环境之间的一种密切互动，学习永远是在特定的背景中发生的。③无论愿意与否，每个大学生都生活在一定的校园环境中并深受其影响，甚至被打上环境的烙印。

---

① 孙瑞玉. 舍勒价值伦理学中的“榜样追随”及其教育意蕴[J]. 教育研究，2020（5）：39-48.

② 孙瑞玉. 舍勒价值伦理学中的“榜样追随”及其教育意蕴[J]. 教育研究，2020（5）：39-48.

③ ［美］约翰·S. 布鲁贝克. 高等教育哲学[M]. 王承绪，郑继伟，张维平等，译，杭州：浙江教育出版社，2002：106.

一、环境熏陶与浸润的原发动力

此处讨论的科研环境包括科研文化环境和科研物质环境。科研文化环境是指在科学研究中经过长期的发展而形成的独特的精神，如被成员广泛认同的基本价值观和行为传统；科研物质环境包括实验室的空间环境和仪器设备等硬件环境，如实验室的建筑风格、室内装饰、仪器设备等。

1. 环境氛围

我国著名学者涂又光教授提出的“泡菜理论”形象而生动地描述了环境影响学生的情形，他认为泡菜的味道取决于泡菜汤，校园文化好比泡菜汤，它影响和决定了“浸泡”其中的学生的精神风貌和行为风格。①他多次在博士生课堂上对“泡菜理论”的丰富内涵进行解释：一是学校是一个泡菜缸，来自五湖四海、特质各异的学生在这个缸里待 4 年或者更多年后，他们都会形成带有鲜明的学校特征的个人气质。犹如把豆角、胡萝卜和卷心菜放到同一缸泡菜水中，经过一段时间的发酵，最终都会具有相同的理化特性和酸味。二是每所大学有其独特的校园环境和校园文化，如果有一对双胞胎的个性特征、学习习惯非常相似，但选择了文化迥异的两所大学，最后他们会悄然发生变化，表现出一定的差异。就如同一种蔬菜被分别放到不同的泡菜水中，会发酵出不同风味的泡菜一样。②

科研文化环境和物质环境与大学生之间是一种弱制度性关系。宽敞而井然有序、以标志性色调为主色的实验室，功能先进而齐全的仪器设备，便于师生自由思考和交流的专属休息区，实验室的文化墙上展示的学科领域中著名科学家的感人故事和励志名言、优秀师生取得的各类科研荣誉、现有科研团队的研究领域和研究成果，实验室成员积极参加科研活动、踊跃申报科研项目、争相发表科研论文的科研氛围，都以一种自然的、每时每刻发生作用的方式滋养和浸润着学生，经过日复一日的感染和教化，学生会树立远大的科研理想，并为实现这一理想而奋斗。

2. 平台功能

科研文化环境和科研物质环境，特别是科研物质环境是科研育人的舞台。知

① 转引自：刘献君. 论文化育人[J]. 高等教育研究，2013（2）：1-8.

② 张丽，张国栋. 优化高职生绿色素养培育路径实施的策略[A]//中国管理科学研究院教育科学研究所.《教师教育能力建设研究》科研成果汇编（第九卷）[C]. 2018：1916-1920.

识经济时代，知识生产模式正由知识生产模式Ⅰ向知识生产模式Ⅱ及知识生产模式Ⅲ转型。在传统的知识生产模式Ⅰ体系中，大学是人才培养与知识生产唯一的场所，大学培养的人才通过学术研究增进知识生产，“为学术而学术”是知识生产模式Ⅰ的基本逻辑。知识生产模式Ⅱ则强调知识生产的应用价值，大学不再是知识生产的垄断者。知识生产体现出应用情境性、跨学科性、异质性和组织多样性、关注社会责任与反思、质量控制的社会性等基本特征。在这种背景下，人才培养需要在应用情景中进行，与行业企业、社会需求产生实质性联系。知识生产模式Ⅲ强调在学术科研、社会实践之外，社会公益性创新服务是人才培养与知识生产之间的联结机制，其核心组织模式是“知识集群”“创新网络”“分形研究”“教育与创新生态系统”。[①]

知识生产模式的转型推动各类创新平台和实验室成为大学知识生产的新中心，也推动这些创新平台和实验室成为人才培养的新阵地。有研究显示，各类平台如国家工程技术研究中心、教育部人文社会科学重点研究基地等为大学生搭建了丰富的学习和科研网络，并提供了多样化的科技资源，在学生社会资本构建方面有着明显的优势。[②]首先，各平台具有良好的学科基础，如2010年科技部发布的《关于组织申报国家重点实验室的通知》规定，申报国家重点实验室的条件之一为实验室具有良好的学科基础，至少依托1个二级学科建设，具有博士学位授予权。依托高等院校实验室的主体依托学科应为国家重点学科。其次，各平台大多依托2个及以上的学科，具有天然的多学科特质，如清华大学的智能技术与系统国家重点实验室由中心实验室和三个分室组成，分别设立在计算机科学与技术系、自动化和电子工程系，涉及多个学科。再次，各平台均与校外科研机构、企业部门合作，具有多部门联合的性质。最后，各平台聚集了各领域优秀的人才，如北京大学湍流与复杂系统国家重点实验室主任陈十一是国际著名的流体物理和计算流体力学专家，副主任佘振苏是国际著名湍流理论研究者，此外该实验室还拥有李存标、米建春、吴介之等研究骨干和陶建军等优秀的年轻学者。

---

① 马廷奇，李蓉芳. 知识生产模式转型与人才培养模式创新[J]. 高教发展与评估，2019（5）：8-16，113-114.

② 马永红，杨雨萌，高飞. 高端平台培育博士生创新能力的机制及优势——社会资本和知识共享的视角[J]. 中国高教研究，2020（7）：19-25.

二、环境熏陶与浸润的触发模式

1. 熏陶与涵养

作为科学研究主要场所的实验室，其墙壁、天花板可以统一刷成灰色或者白色，家具颜色也可以是冷色系的，因为艳丽的颜色或有变化的图案更易引起人的情绪的波动。另外，实验室是一个与自然相对隔绝、一般感觉不到（或尽量不去感知）风雨雷电和四季变换的地方，是一个使学生一旦进入就变得冷静客观的地方。它是寄寓其中的学生的城堡，在这个城堡里，学生尽力构造着一个客观、公正、中立的“理想国”。①

科研精神是一个比较抽象的词语，但被一位位科研工作者诠释得淋漓尽致和具象。钱学森历经劫波回国以后，以国家需要为志向，把毕生精力贡献给我国航天事业的爱国精神，教育学生要树立科研报国的理想；邓稼先和他的同伴历经一次又一次的失败后最终研制出氢弹的越挫越勇、勤奋刻苦的精神，教育学生要有不怕失败、潜心钻研的意志；王选因坚信新兴学科越不成熟，留给人们的创造空间就越广阔，从而选择计算数学方向并研发出汉字激光照排系统的敢于创新的精神②，教育学生要对科学拥有好奇心和探索欲；被誉为中国“粮心”的袁隆平，每年在水稻抽穗扬花期耐着高温，在田间进行大海捞针式观察的严谨求实的工作作风，教育学生面对科学要有敬畏之心，要求真求实。实验室里教师和团队的争分夺秒，让学生不好意思偷懒；实验室里教师和团队的认真严谨，让学生不敢造假；实验室里教师和团队的团结协作，促使学生自觉合作。

2. 支撑与回报

实验平台如国家实验室、国家重点实验室、省部级重点实验室等首先为大学生提供先进的科技设备支持。在科学研究中，仪器设备是科研创新最坚实的基础，对其重要性怎么强调都不为过。实验室平台还为大学生提供了与平台内专家、教师等优秀人才密切合作的机会。教师在课堂的时间是有限的，但在实验室的时间相对而言是无限的，大学的实验室是学校里第一个开门、最后一个关门的

① 张奕. 知识形态与大学建筑——教育学视域下的中国大学建筑形态演变之考察[D]. 武汉：华中科技大学，2005：162.

② 张方方. 特立独行的“技术控”——“汉字激光照排”创始人、计算数学专家王选[J]. 中国科技奖励，2016（9）：29-35.

地方，教师绝大多数时间“泡”在实验室里。有研究显示，我国大学教师工作日的平均工作时间为 9.43 个小时，其中花费在科研上的时间为 2.79 个小时，超过了花在其他所有学术以及行政琐事上的时间。另外，花费在研究生指导上的时间为 2.01 个小时。①

实验室里的仪器设备虽然不会说话，但“此处无声胜有声”，它们默默地发挥着育人功能。在实验室与教师长时间的零距离接触中，学生有更多的机会感受和学习教师严谨的科研态度、坚强的科研意志、高尚的科研道德、创新的科研方法。在耳濡目染中，学生树立了报国的科研理想，习得了科学的研究方法，形成了刻苦钻研的科研精神。

第五节　学生体验与感悟的育人机理

高校、教师、团队和环境在不同的层面通过各种途径促进学生求真、向善和臻美，但是这四个因素都属于矛盾关系的外因，而外因只是事物发展的条件，需要转化成内因才能真正发挥作用。在科研育人活动中，自我教育是矛盾关系中的内因，教师的言传与身教、团队的互动与感染、环境的熏陶与浸润、学校的引领与管理只有通过学生的体验转化为自我意识、自我思考和自我教育才能真正发挥作用。

一、学生体验与感悟的原发动力

1. 自我意识

身心关系一直是心灵哲学的核心问题。笛卡儿（R. Descartes）的心身平行论把心灵看成是与身体完全不同的另外一种实体，而赖尔（C. Ryle）则认为人的意识活动并不是像幽灵一样存在于身体内部，而是作为性质和倾向存在于身体外的

① 阎光才. 学术职业压力与教师行动取向的制度效应[J]. 高等教育研究，2018（11）：45-55.

可见活动中。[①]人的自我意识是对自我的认识、体验和控制。自我认识是主观自我对客观自我的认识与评价，是对自己身心特征的认识。自我体验是主体由对自身的认识而引发的内心情感体验，是主观的我对客观的我持有的一种态度，如自信、自卑、自尊、自满、内疚、羞耻等。自我控制是对自身行为与思想言语的调节，具体表现为两个方面：一是发动作用；二是制止作用。[②]

当代学生的自我意识较强，不盲从，有主见，对教师的言传与身教、同伴的行为举止和学校的规章制度都有自己的判断。在与教师、团队和环境的互动中，学生在意识到他们的价值的同时，还会意识到自我的知识、能力，尤其是自我的需求。当教师和同伴在科研中表现出高深的学识、刻苦的精神、创新的意识、丰硕的成果，而自我却与之相差甚远时，学生会产生一种焦虑或自卑之感，这种感觉会驱使他们调节自己的行为，从各方面提升自己。自我意识是人类群体社会化的产物，每个人在人类文化实践中的存在本质都是我在，但没有我，所以我生成着。人正是这样一种“是其所是”和“是其所不是”的存在物，所以自我意识伴随着生命的每时每刻。[③]

2. 成就需要

成就需要理论是美国哈佛大学心理学家麦克利兰（D. C. McClelland）于 20 世纪 50 年代提出的。成就需要是指一个人完成自己所设定的目标的需要，是根据适当的标准（所设目标）争取成功的一种内驱力。成就需要较高的人往往具有以下特点：一是对事业的成功怀有强烈的愿望，而且愿意接受挑战，因而往往会给自己确立难度较大但又不是高不可攀的目标；二是敢于承担风险，能以现实的态度对待风险，只接受“可以预测的风险”，而不会以迷信和侥幸心理来对待未来；三是愿意承担责任，希望依靠个人的努力奋斗来取得事业上的成功。[④]

本科生、硕士生尤其是博士生都是在一次次激烈的竞争中脱颖而出的佼佼者，他们成功的秘诀可能各不相同，有的源自对知识的热爱，有的源自较高的智商，有的源自不怕吃苦的精神，有的源自正确的学习方法，但有一点是相同

① 朱耀平. 感受质、意识体验的主体性与自我意识[J]. 浙江大学学报（人文社会科学版），2014（1）：125-133.

② 康翠萍. 培养人的自我意识：新时代高等教育质量观追问[J]. 大学教育科学，2019（5）：18-19.

③ 韩永红. 论自我教育的文化历史意蕴[J]. 当代教育与文化，2016（5）：75-80.

④ 魏海勇，李祖超. 知识型人才激励模型的建立与应用——基于成就需要理论的视角[J]. 科技进步与对策，2008（6）：169-171.

的——具有较高的成就需要。成就需要是一种相对稳定的特质，一旦形成将长久地伴随个体。在科学研究中，学生渴望参加高水平的科研项目、获得创新性的成果、在高级别期刊发表论文，但他们的专业知识有限、科研经验不足，较难达到这样的目标。需要与现实之间的矛盾，会使大学生产生一种强烈的内在动力：面对挑战寻找差距、掌握方法、加倍努力、敢于创新、甘于寂寞。在满足成就需要的过程中，大学生磨砺了毅力、锤炼了意志和品质。

二、学生体验与感悟的触发模式

在具体的科研活动中，当大学生意识到自己的成就需要没有实现时，他们会自觉地分析自我，并在纠错中不断完善自我，在强化中不断升华自我。

1. 感悟与内化

感悟是个体对特定事物或经历产生的体会与感受。在科研过程中，学生每时每刻都能观察到教师和同伴的一言一语、一举一动，外在的行为和语言是内在思想和品德的表现，对这些具体言行细细体会，就会感受到教师淡泊名利、甘于奉献的道德情操，求真求实、诚实守信的工作作风，勇于创新、敢于怀疑的批判精神，同伴报效祖国、服务人民的科研理想，勤奋刻苦、潜心钻研的拼搏精神，虚心学习、互帮互助的合作意识。当学生认识到这些是取得科研成功的关键要素时，他们会将其内化。

有学者将内化定义为一种过程，通过这种过程使外部世界的一些方面以及与外部世界的交互作用被纳入内部组织中，并在其内部结构中被代表，合并、内射和认同是三种主要方式。[①]在科学研究中，首先，学生会将教师、同伴的体验和感受合并到自己已有的内在精神结构中，即将与外部客体的关系转移到其内部世界之中；其次，学生会将教师、同伴的科研精神和品德作为其内在感受和体验的心理对应物，形成一种内射的心理对照物，即对教师和同伴的崇拜与敬佩之情会上升到一种高级形式，这种形式与教师和同伴的原型并非完全一致，而是融入了学生自己的价值判断；最后，学生将会认同教师和同伴的科研品德与科研行为。大学生在科研活动中的内化就如同在日常生活中对时间、空间的内化一般，通过

① ［美］Wallis K C，Poulton J L. 内化：内部现实的起源与构建[M]. 王丽颖，译. 北京：北京大学医学出版社，2008：15.

整个研究过程形成基本的科研印象，这种科研印象指导着他们的科研活动，不需要耗费大量的心理能量去仔细思量、精确计算，已经成为学生自然而然的行为模式。①

2. 强化与升华

在科学研究中，学生自我评价的结果有两个：一是存在不足有待纠错；二是表现不错有待强化。美国心理学家斯金纳（B. F. Skinner）的强化理论指出，人的行为是其所获刺激的函数，如果这种刺激对他有利，则这种行为就会重复出现。当某种行为给学生带来科研上的收获时，学生会不断地继续这种行为，让这些行为成为一种条件反射，成为一种自觉。强化虽贯穿在自我教育的全过程，但它有一个从弱到强的变化，自我强化能力越强，内化程度就越高，学生的政治站位就越高，道德水平就越高，创新能力就越强。②

经过强化，大学生的思想品德得到发展，自我教育目的、作用和效果得到显现，但要真正实现内化于心、外化于行，还需要进一步的升华③，从而形成一种坚定的信念。信念是人类特有的一种精神现象，是人的精神生活的核心，是世界观、人生观和价值观在奋斗目标上的集中体现。坚定的理想信念源自心灵，成于教化，是实现中华民族伟大复兴的精神动力，是中国共产党的政治灵魂与克敌制胜的“法宝”，是个体化解思想困惑、抵御错误思潮、坚守精神家园的秘诀。④在科学研究中，学生首先要坚定科学报国的信念，习近平总书记强调，“进入 21 世纪以来，全球科技创新进入空前密集活跃的时期，新一轮科技革命和产业变革正在重构全球创新版图、重塑全球经济结构……中国要强盛、要复兴，就一定要大力发展科学技术，努力成为世界主要科学中心和创新高地”⑤。其次要坚定求真求实的信念。科研活动来不得半点虚假，必须采取科学的研究方法，一丝不苟、严密谨慎、客观细致、实事求是，在准确、客观的基础上发现新知识。

在科学研究活动中，教师和学生之间、团队成员之间、学生和科研环境之

① 刘娟. 内化视域下大学生思想政治教育的社会心理形式——历史时空感的构建[J]. 中国青年研究，2020（3）：92-97，119.

② ［美］斯金纳. 科学与人类行为[M]. 谭力海，译. 北京：华夏出版社，1989：19-20.

③ 呼和，彭庆红. 个体自我教育机理及其实现：以大学生社会实践为研究视角[J]. 中国青年研究，2017（11）：42-48.

④ 邢晓红，王永贵. 论习近平理想信念思想的学理特征与逻辑理路[J]. 江海学刊，2018（4）：11-18.

⑤ 习近平. 努力成为世界主要科学中心和创新高地[J]. 求是，2021（6）：4-11.

间、学生和学校管理者之间因为各种利益诉求而形成强制度性关系和弱制度性关系，这两类关系推动着不同活动的开展，通过不同的路径（图 8-1）激发学生科研报国的理想、潜心钻研的精神、越挫越勇的意志、严谨求实的作风、向善臻美的道德。当学生把这些素养整合于一身时，学生就是一个德才兼备、全面发展的人。

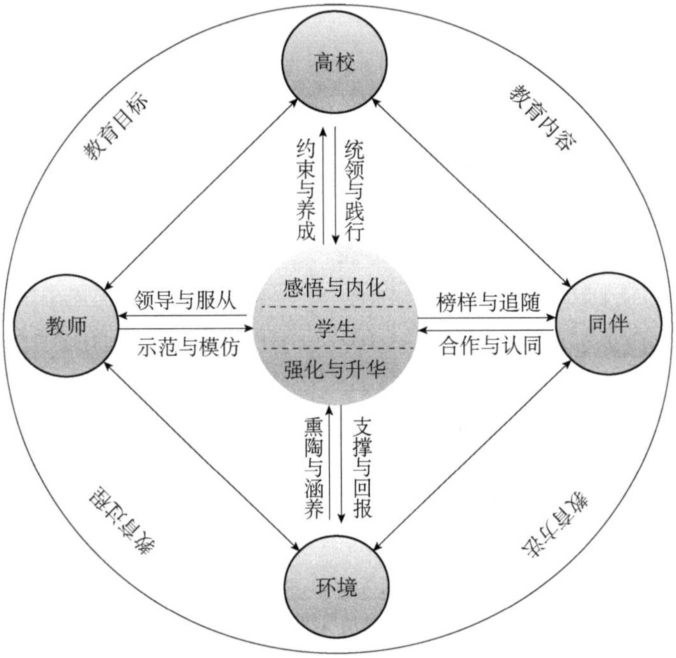

图 8-1　科研育人要素作用机理示意图

需要说明的是，科研介体也是影响科研育人的重要因素，对科研育人效果有直接积极的影响。由于介体具有工具性和平台功能，其科研育人的目标与内容、方法与方式贯穿于上述五个方面之中，此处不再单独分析其作用机理。

第九章 科技界典型案例解析与科学家精神的育人意蕴

第一节 科技界典型案例解析

习近平总书记指出："长期以来，我国科技界涌现出许多受到人民爱戴的科学家，他们代表的是一种时代精神，影响的是一代又一代年轻人。"①在科研育人实践中，充分利用科学家的先进事迹及典型案例对青年学生进行科研理想、科学精神、科学道德等方面的教育非常重要。

前面几章我们从理论上探讨了大学科研育人的基本内涵与时代价值、功能与作用机理等。然而，科研育人是一项实践性很强的活动，不仅需要理论的支撑，更需要在实践中实施。案例分析作为理论和实践紧密结合的一种重要形式，是理论指导实践的中介。案例研究具有小中见大、典型中见普通、现象中见本质、经验中见理论、问题中见方法等特点，备受学界的重视。

本章将从科学报国、服务人民的崇高理想，勇攀高峰、争创一流的创新精神，淡泊名利、甘于奉献的高尚情操，勤奋刻苦、潜心钻研的拼搏精神，不怕失败、越挫越勇的坚强意志，集智攻关、团结协作的协同精神，严谨求实、诚实守信的优良学风，敢于怀疑、善于批判的问题意识，求善求美、有律有度的科技伦理，辩证唯物主义世界观和方法论十个方面进行案例研究，以期通过十个方面的

① 习近平. 在中国科学院第十七次院士大会、中国工程院第十二次院士大会上的讲话[N]. 人民日报，2014-06-10（2）.

典型案例解析，一方面探寻科学家成功的奥妙与规律，总结科学家的精神品格，为当代大学生树立榜样；另一方面解析反面案例，为青年学生提出警示。

一、科学报国、服务人民的崇高理想——中国“两弹一星”功勋钱学森的案例

（一）案例报告

钱学森是著名的系统科学家、空气动力学家，中国载人航天奠基人，中国科学院、中国工程院院士，中国“两弹一星”功勋奖章获得者，被誉为“中国航天之父”“中国导弹之父”“中国自动化控制之父”，为我国科技事业做出了杰出贡献。他早年留学美国，师从冯·卡门（T. von Kármán）教授，专门研究航空理论与火箭工程。中华人民共和国成立后，他毅然决然地回国参加建设祖国的伟大事业。由于钱学森的杰出贡献，我国导弹、原子弹的发射向前推进了至少20年。①这位科学家从上大学选择专业、出国留学，到学成回国、攻克科研难关，都体现了他的科学报国、服务人民的崇高理想。

（二）案例分析

“科学无国界，但科学家有祖国。”②我国科学家钱学森对其做了最经典的诠释，归纳起来有如下几点。

1）以民族复兴和实现人民幸福为已任的家国情怀。上海“一·二八事变”，让正在上大学的钱学森看到了国家空军力量和技术装备的薄弱，决定从铁道机械专业转向飞机设计制造专业；出国留学时，想到我国航空领域是一个短板，毅然决然地选择了当时工业基础更加薄弱的航空专业，放弃了工业基础相对较好、有利于个人发展的飞机制造专业。面对个人前途和国家航空事业的发展困境，钱学森选择为国家的航空事业发展而出国求学。在个人利益与国家利益之间，他毫不犹豫地选择了国家利益，这一举动体现了他崇高的使命感和勇于担当

① 胡修雷. 钱学森——“中国导弹之父”[N]. 人民日报（海外版），2021-09-27（6）.

② 转引自：朱丽兰. 科学无国界科学家有祖国——读《根系中华》[J]. 中国图书评论，1998（5）：36-37.

的责任感。①

2）以国家利益至上和国家安全为重的爱国主义精神。“科学家有祖国”本质上指的是科学家的爱国情怀，体现为热爱祖国、为国奉献、为国尽责。钱学森为了新中国建设和国家的强盛，挺过5年被美国监视和软禁的生活，冒着受到迫害甚至是付出生命的危险，毅然放弃了美国加州理工学院极其优厚的待遇，义无反顾地选择回国。②钱学森把在国外学到的航空专业知识用于报效祖国，表现了他科学报国、服务人民的崇高理想和爱国主义精神，为今天的大学科研育人树立了光辉典范。

3）追求真理和创新科技的初心。中华人民共和国成立初期，在内忧外患、百废待兴的艰难时刻，钱学森回国研发导弹和卫星，在极其艰难的环境条件下，在科技上取得了重大突破。面向世界科技前沿，他抢占科技竞争和未来发展的制高点，突破了受制于人的重大瓶颈问题，为促进中国航空航天事业立足世界之林做出了卓越贡献。正是因为钱学森等科学家的共同努力，我们才得以摆脱西方国家的封锁和威胁，为国家发展争取了几十年的战略机遇期，为实现中华民族伟大复兴奠定了坚实的基础。

二、勇攀高峰、争创一流的创新精神——“杂交水稻之父”袁隆平的案例

（一）案例报告

“人就像种子，要做一粒好种子。”③这是袁隆平院士生前常说的一句话。他也用一生为这句话写下了注脚。袁隆平是我国杂交水稻育种专家，中国工程院院士，中国研究与发展杂交水稻的开创者和领头人，被誉为“世界杂交水稻之父”。他早年发现了“无性杂交”学说的致命漏洞，并发现了雄性不育株。在此基础上，他独辟蹊径，提出了不育系、保持系、恢复系配套培育体系的思想，为

---

① 汪长明. 钱学森：科学最重 名利最轻[EB/OL]. http://www.zuzhirenshi.com/showinfo/3e7ecd91-92d6-495a-85b6-2f9702a0f1eb[2022-07-06].

② 奚启新. 钱学森传[M]. 北京：人民出版社，2014：196-212.

③ 转引自：杜若原，孙超. “杂交水稻之父”袁隆平院士——一稻济世 万家粮足[N]. 联合日报，2021-05-24（2）.

杂交水稻培育开辟了新天地。几十年来，他致力于杂交水稻技术的研究、应用与推广，发明了“三系法”籼型杂交水稻和“两系法”杂交水稻，创建了超级杂交稻技术体系，在杂交水稻培育方面实现了历史性突破，为从根本上解决我国粮食自给难题做出了重大贡献。他还将杂交水稻技术逐步推广到世界各地，帮助养活了全世界。①

（二）案例分析

袁隆平对事业的执着追求，是对勇攀高峰、争创一流的创新精神的最好诠释。他的宝贵精神体现在如下两个方面。

1）敢于提出新理论、开辟新领域、探寻新路径的创新精神。袁隆平不满足已有的对水稻繁殖理论的认知，敢于对20世纪50—60年代水稻繁殖流行理论提出质疑，对公认没有杂交优势的水稻作物实施杂交实验，实现了“从0到1”的原始创新，这是他对人类杂交水稻技术最大的贡献。同时，他敢于将杂交水稻的生长环境向盐碱地进发，开启海水稻的实验，并向全世界推广。袁隆平这种敢于提出新理论、开辟新领域、探寻新路径的创新精神是科研的核心价值。

2）勇于争创一流、敢为人先的攀登精神。袁隆平敢于将杂交水稻的产量作为研发的主攻方向，创新了“从1到N”的科技发展模式，把杂交水稻的产量由1变成2，由2变成3……水稻的产量逐年提高。多年来，他带领团队开展超级杂交稻攻关，接连实现了大面积示范每公顷10.5吨、12吨、13.5吨、15吨的目标。2020年，又实现了周年亩产稻谷3000斤（1斤=500克）的攻关目标。②袁隆平为解决全国人民的“吃饭问题”花了近半个世纪的时间，他不畏艰难，甘于奉献，始终默默耕耘在农业科研第一线。他的研究成果不仅造福了中国，而且影响了世界。他的这种“贪欲”是争创一流、敢为人先和勇攀高峰、敢啃硬骨头的创新精神的最好体现。

袁隆平院士一生致力于实现争创一流、敢为人先的科研目标，创建了超级杂交稻技术体系，充分显示了他的担当作为和创新精神，为青年学生和未来科技工作者树立了榜样。

---

① 庄志霞. 袁隆平传[M]. 上海：上海远东出版社，2008：225-227.

② 转引自：杜若原，孙超. “杂交水稻之父”袁隆平院士——一稻济世 万家粮足[N]. 联合日报，2021-05-24（2）.

三、淡泊名利、甘于奉献的高尚情操——中国首位诺贝尔生理学或医学奖获得者屠呦呦的案例

（一）案例报告

屠呦呦是药学家，中国中医科学院终身研究员兼首席研究员。2015 年 10 月，获得诺贝尔生理学或医学奖。20 世纪六七十年代，在极为艰苦的科研条件下，屠呦呦团队与中国其他机构合作，经过艰苦卓绝的努力并从《肘后备急方》等中医药古典文献中获取灵感，发现了青蒿素，开创了疟疾治疗新方法，全球数亿人因此而受益。目前，以青蒿素为基础的复方药物已经成为疟疾的标准治疗药物，世界卫生组织将青蒿素和相关药剂列入其基本药品目录。[①]

（二）案例分析

在屠呦呦身上，我们能看到许多优秀的品质，特别是默默耕耘、不计名利的奉献精神，她是当代所有科研工作者学习的楷模。

在多年潜心钻研的过程中，她经历过无数次失败，没有气馁，没有叫苦叫累，也很少有人知晓。从发现青蒿素至今，拯救了成千上万条生命的她没有居功自傲。当 80 多岁高龄的屠呦呦获得诺贝尔生理学或医学奖时，作为迄今为止中国唯一一名获得此奖项的她才被更多的人知晓。当国家表彰她时，她说："青蒿素不是我屠呦呦的，是属于国家和人民的。"[②]她不仅将这份莫大的荣誉归于中国科学家群体，还将所获得的大部分奖金都捐献出去。

诺贝尔生理学或医学奖评委在接受《人民日报》的记者采访时说："屠呦呦是第一个证实青蒿素可以在动物体和人体内有效抵抗疟疾的科学家。她的研发对人类的生命健康贡献突出，为科研人员打开了一扇崭新的窗户。屠呦呦既有中医学知识，也了解药理学和化学，她将东西方医学相结合，达到了一加一大于二的效果，屠呦呦的发明是这种结合的完美体现。"[③]作为中国首位诺贝尔生理学或医

---

① 王君平，刘仲华，吴月辉. 屠呦呦：打开一扇崭新的窗户[N]. 人民日报，2015-10-06（1）.

② 白雪原. 屠呦呦：不一样的故事，不平凡的成就——健康巨星再观察[J]. 健康中国观察，2020，（1）：36-40.

③ 刘仲华，商璐. 屠呦呦获 2015 年诺贝尔生理学或医学奖[N]. 人民日报，2015-10-06（1）.

学奖获得者，屠呦呦所获得的荣耀足以让任何人为其骄傲，但是她却并未止步于此，自始至终都以国家利益和集体利益为先，不求个人名利，以广阔的胸怀为国家科学事业默默耕耘，全心全意为人民服务，为全人类服务。屠呦呦曾这样说："作为一名医药科技工作者，就是要为全人类健康服务。"①

老一辈科学家的这种优良品质是一笔宝贵的精神财富，屠呦呦身上这种大公无私、默默耕耘、不计名利的奉献精神令我们敬仰，她的这种数十年如一日为科研献身的工匠精神为许许多多的科技工作者，特别是青年科技工作者树立了学习的榜样。

四、勤奋刻苦、潜心钻研的拼搏精神——"中国核潜艇之父"黄旭华的案例

（一）案例报告

黄旭华是中国船舶重工集团公司第七一九研究所的研究员，中国第一代攻击型核潜艇和战略导弹核潜艇的总设计师，中国工程院院士。早年黄旭华从零开始研究核潜艇，在他的努力下，1970—1981 年，中国陆续实现第一艘核潜艇下水、第一艘核动力潜艇交付海军使用、第一艘导弹核潜艇顺利下水，成为继美国、苏联、英国、法国之后世界上第五个拥有核潜艇的国家。1988 年，中国核潜艇水下发射运载火箭试验成功，又成为世界上第五个拥有第二次核报复力量的国家。2020 年 1 月 10 日，黄旭华获国家最高科学技术奖。因开拓了中国核潜艇的研制领域，他被誉为"中国核潜艇之父"。②

（二）案例分析

黄旭华的事迹展现了老一辈科学家的精神风貌，尤其是他勤奋刻苦、潜心钻研的拼搏精神令人敬佩。

1）勤奋刻苦，全身心投入。黄旭华勤奋刻苦、全身心投入、以身报国的拼

---

① 白雪原. 屠呦呦：不一样的故事，不平凡的成就——健康巨星再观察[J]. 健康中国观察，2020（1）：36-40.

② 田豆豆. 中国核潜艇之父黄旭华：痴心不改强国梦[N]. 人民日报，2017-07-30（8）.

搏精神令人钦佩。几十年来，他全身心投入中国的核潜艇事业，几乎没有一天不在实验室，常常会为了一个数据日夜不停地计算。年近 70 岁时，他亲自在深海做潜艇设计极限的深潜试验，成了世界上核潜艇总设计师亲自下水做深潜试验的第一人。年近 90 岁还退而不休，时刻准备着为年轻的研发团队“撑腰”。黄旭华将他自己的一生都奉献给了祖国的核潜艇事业，他坦言：“我把这一生都奉献给国家、给核潜艇事业，此生无悔。”①

2）静心笃志，潜心钻研。黄旭华隐“功”埋名三十载，隔别家人，静心笃志，潜心钻研核潜艇技术。在 1957— 1986 年这 30 年的时间里，黄旭华的父母、兄弟都不知道他在做什么，也没有见过他，唯一的联系方式是一个信箱号码。父亲去世，他没有回家；二哥去世，他没有回家；家中慈母从 63 岁盼到 93 岁，才终于见到自己的“三儿”。②他埋下头，甘心做沉默的砥柱。他的人生正如深海中的潜艇一般无声，但他用数十载的无声制造了无穷无尽的力量。

3）不吝提携后学，甘当人梯。黄旭华除了潜心于核潜艇研究之外，也不忘为祖国培养人才。几十年来，他言传身教，选拔与培养出了一批又一批技术人才。他常用“三面镜子”来激励年轻人：一是放大镜——跟踪追寻有效线索；二是显微镜——看清内容和实质性；三是照妖镜——去伪存真，为我所用。直到今天，黄旭华仍会准时出现在办公室，为年轻一代答疑解惑、助威鼓劲。③

黄旭华曾说：“研制核潜艇就是我一辈子的事业。搞不出来，我死不瞑目！”④像黄旭华这样一生致力于祖国科学研究事业的老一辈科学家还有很多，他们的一生是拼搏奋斗的一生，他们隐姓埋名、静心笃志、潜心钻研，为国家做出了巨大贡献，却把名与利看得淡如水。他们就是鲁迅先生所讲的“中国的脊梁”，更是科研工作者和青年学生学习的榜样。

① 田豆豆. 中国核潜艇之父黄旭华：痴心不改强国梦[N]. 人民日报，2017-07-30（8）.
② 田豆豆. 中国核潜艇之父黄旭华：痴心不改强国梦[J]. 共产党员（河北），2017（24）：52-53.
③ 夏静. 黄旭华：无怨无悔的核潜艇人生[N]. 光明日报，2017-11-26（1）.
④ 田豆豆. 中国核潜艇之父黄旭华：痴心不改强国梦[J]. 共产党员（河北），2017（24）：52-53.

五、不怕失败、越挫越勇的坚强意志——原子弹研发团队的案例

（一）案例报告

20 世纪 60 年代初，以邓稼先、钱三强、王淦昌等为代表的原子弹研发团队战胜了自然环境恶劣、自然灾害、资源匮乏、资料空缺、设备简陋等多方面的困难，在经历无数次失败后，1964 年 10 月 16 日，中国第一颗原子弹爆炸获得了成功。这粉碎了美国等的核威胁，维护了中国的国家安全，巩固了中国的大国地位，加快了中国国防现代化建设的进程，保卫了世界和平。他们被称为中国不怕失败、越挫越勇的团队。①

（二）案例分析

原子弹研发团队不怕失败、越挫越勇的坚强意志和注重吸取失败的教训的聪明才智是值得科研工作者学习的。

1）要突破、要创新、要成功，就不可避免地会面临失败。在科学研究中，失败不可避免，遭受挫折是常态，科研成果的获得并非一蹴而就，需要不断尝试、反复试错。要想获得成功，科研工作者必须拥有不怕失败、越挫越勇的坚强意志。它是一种能使人克服内外部困难、坚持完成任务的可贵品质。②许多事实证明，一举成功者实在太少，成功的道路上总是伴随着无数次的失败和挫折。原子弹研发团队在研制原子弹的过程中，经历了无数次的失败，承受住了无数次的打击，最后终于取得成功，靠的正是他们不怕失败、越挫越勇的坚强意志。

2）注重从失败中吸取教训，让每一次失败都变得有意义。原子弹研发团队围绕实验目标，正视失败经历，注重吸取失败的教训，努力优化下一次的实验设计，使失败成为成功之母，这也是这个团队获得成功的又一秘诀。在科学研究中，科研工作者既要有不怕失败、越挫越勇的坚强意志，也要有善于吸取失败的教训的智慧。原子弹研发团队一路走来，对失败的教训不断进行反思、归纳与总

---

① 张翔. 50 年前的巨响改变了世界战略格局——在纪念我国第一颗原子弹爆炸成功 50 周年大会上的发言（摘要）[J]. 中国核工业，2014（10）：11-12.

② 李祖超，李蔚然，王天娥. 国家最高科学技术奖获得者非智力因素分析[J]. 教育研究，2015（10）：78-89.

结，使得每一次失败都变得有意义，从而大大缩短了研发进程。

六、集智攻关、团结协作的协同精神——国防科大北斗青年创新团队的案例

（一）案例报告

北斗青年创新团队是一支历经北斗工程研制锻炼、理论基础扎实、工程技术过硬、结构层次合理的军民融合创新团队。2012 年，人员近 240 人，国家级专家 4 人，团队成员平均年龄不到 30 岁。①这一团队围绕强军目标、献身强军实践，积极践行“自主创新、团结协作、攻坚克难、追求卓越”的“北斗”精神，以用科技创新推动北斗成为世界最先进的卫星导航系统为使命，为北斗卫星导航系统研制成功做出了突出贡献。②他们身上有许多可贵的精神，特别是他们集智攻关、团结协作的协同精神表现得尤为突出。

（二）案例分析

北斗青年创新团队的成功靠的是什么？第一位的就是集智攻关、团结协作的协同精神。“两个脑袋总比一个脑袋好”“整体大于各局部总和”的道理在这个团队身上体现得更加直接，“自主创新、团结协作、攻坚克难、追求卓越”的“北斗”精神被这支团队演绎得淋漓尽致。

1）团队成员拥有强烈的合作意识。这个团队依据不同的专业领域以及不同的工作任务被分为不同的小组，为了实现共同的奋斗目标，不同小组秉持着强烈的团队观念和跨界融合的思维，相互交流、相互支持，心往一处想，劲往一处使；团队中各成员分工明确、职责明晰，沟通合作机制畅通，将每个分系统的各项指标制成表格，按表工作，大大提高了工作效率和研发质量。团队成员不仅在学术科研上志趣相投，而且彼此在气质秉性、专业知识和技能上形成了互补，他们的合力产生了“乘数效应”，取得了一定的科研成果。这个团队能从最初的 3

① 陈劲松. 青春星耀“北斗”——记国防科大“北斗”卫星导航系统青年科研团队[N]. 光明日报，2013-06-16（4）.

② 佚名. 北斗青年科研团队[J]. 国防科技，2016，37（4）：117.

人小组发展到300余人，正是得益于其合作观念和集体主义精神。

2）团队成员都有勤学好问、乐于助人以及善于合作的优良品质。团队成员在工作中都能积极履行自身的义务，并且在做好自己分内事情的基础之上，乐意去帮助其他成员。同时，自己遇到难题时能做到不懂就问、虚心请教他人。他们“互相补台，互不拆台”，有了困难共同克服，有了挫折相互鼓励，共同承担责任。团队成员先学带动后学，先进入团队的成员带后进入团队的成员，逐渐成为传统。

3）团队成员团结友爱。团队成员除了在一起工作之外，在闲暇之余也会如同兄弟姐妹般聚集在一起休闲、放松。经常性的团体聚会不仅为他们忙碌、紧张且充满压力的生活带来了快乐，也为他们的工作创造了良好的人际关系。团队成员之间相互关心、相互促进、相得益彰，团队氛围十分融洽。

随着时代的发展，“单打独斗”式的科研模式已经不能适应现代科研活动的发展，科研协作变得越发重要。唯有弘扬协同精神，让不同领域互补成为常态，让携手攻关成为风尚，才能促进科研的不断进步。

七、严谨求实、诚实守信的优良学风——陈景润的案例

（一）案例报告

陈景润是当代数学家，曾任中国科学院数学研究所研究员，中国科学院学部委员。陈景润对于数学尤其是数论的痴迷已经到了忘我的境界。在不到6平方米的房间里，他经常伏在床板上，借着一盏昏暗的煤油灯，用一支笔废寝忘食地进行演算，用了几麻袋的草稿纸，最终攻克了世界著名数学难题“哥德巴赫猜想”中的“1+2”，让人类距离数论皇冠上的明珠“1+1”只有一步之遥。[①]由于对哥德巴赫猜想研究的重大贡献，他荣获华罗庚数学奖、国家自然科学奖一等奖等。

（二）案例分析

陈景润在数论研究中潜心钻研、忘我工作的精神令人敬佩，严谨细致、诚实

① 丁雅诵. 中国科学院数学所原研究员陈景润——力摘数论皇冠上的明珠（最美奋斗者）[N]. 人民日报，2019-09-23（13）.

守信的作风更是令人折服。

1）严谨细致、一丝不苟的过硬作风。陈景润运用“筛法”求证“1+2”这一命题，要求在整个研究过程中严谨细致、一丝不苟，要把这个筛子眼儿的大小计算到极致，否则是无法成功的。他为此进行了细心、周密、全面的数据分析，敢于坚持真理、勇于纠正错误，反反复复计算了无数遍。[①]由此可见，正是他认真细致、一丝不苟地对待每一个数据，不忽略每一个细节，不随意下每一个结论的求真求实的科研作风，最后才使他获得了成功。

2）诚实守信、严于律己的高尚学风。陈景润在与人合作的过程中，始终坚持诚实守信、严于律己的高尚学风。

求真是获得对研究对象正确认识的过程，必须要有科学的态度和方法。严谨求实是前提，诚实守信是保障。没有严谨求实、诚实守信的科研作风，科学研究者就失去了“求真”的方法论和精神动力。因此，严谨求实是科技人员应遵循的基本准则。

八、敢于怀疑、善于批判的问题意识——张仲景的案例

（一）案例报告

张仲景是东汉后期医学家，他从小爱好医学，“博通群书，潜乐道术”[②]。十岁时，他就已读了许多书，特别是有关医学的书。张仲景破除迷信，反对巫术，写成了《伤寒论》，突出成就之一是确立了六经辨证体系。他运用四诊八纲，对伤寒各阶段的辨脉、审证、论治、立方、用药规律等做了较全面的阐述。另外，他在促进中医方剂学的发展方面做出了重大的贡献。书中记载的方剂，大多疗效可靠，切合临床实际，一千多年来经历代医家的反复应用，屡试有效。张仲景博采或个人拟制的方剂，精于选药，讲究配伍，主治明确，效验卓著，后世誉之为“众方之祖”，尊之为“经方”。经过多年的刻苦钻研和临床实践，张仲景成为中国医学史上一位杰出的医学家，成了良医，被称为“医中之圣，方中之祖”。[③]

---

① 春紫. 邓小平关怀陈景润纪事[J]. 党史博采，2014（8）：30-33.

② 梁胜. 试析张仲景的医学观[J]. 河南中医，2011，31（11）：1212-1213.

③ 梁胜. 试析张仲景的医学观[J]. 河南中医，2011，31（11）：1212-1213.

（二）案例分析

我国著名地质学家李四光充分肯定了质疑在科学创新中的重要作用。他曾说："不怀疑不能见真理。所以我很希望大家都取一种怀疑的态度，不要为已成的学说压倒。"[①]对于既有的学说和权威的、流行的解释，不能简单地接受与信奉，而是应该持批判和怀疑的态度，突破传统观念的束缚，大胆创立新说。在这方面，张仲景理性的怀疑与批判精神是一个代表。

1）敢于怀疑，破除封建迷信。古代，在瘟疫流行造成很多人死亡的场景的刺激下，一些人倾向于迷信。"瘟疫来无踪，去无影，有严重的传染性和巨大的杀伤力，对古代社会的人来说，无疑既神秘又可怕。因此，将瘟疫与鬼神相联系，就成了自然而然的事了。"[②]张仲景在当时能够以理性的态度批判社会问题实属难能可贵。

2）勇于批判，反对巫术性的医疗和预防措施。纵观中国医学史可以发现，瘟疫大流行时，一些人倾向于选择非理性的应对方式。古代流传着"信巫不信医"的观念，"地方巫术势力十分强大。因此，普通民众一遇到疫病，首先想到的是巫术，而不是医学"[③]。张仲景勇敢地站出来，反对巫医，为他的医学创新打开了一片天地。

正因为秉持着理性的怀疑与批判精神，张仲景才能够做到不随波逐流，敢于破除封建迷信，反对巫术性的医疗和预防措施，对医学怀有坚定不移的信念，积极献身于医疗实践中，最终创作出了流传千古的《伤寒论》。

九、违反求善求美、有律有度的科技伦理——基因编辑技术应用的伦理危机的案例

（一）案例报告

2018 年 11 月，一对基因编辑婴儿诞生，引起了人们关于科技伦理的讨论。

① 转引自：刘则渊. 科学与人文精神交融的杰出典范 纪念李四光诞辰 130 周年[J]. 科学文化评论，2019（5）：5-21.

② 余新忠. 清代江南的瘟疫与社会：一项医疗社会史的研究[M]. 北京：北京师范大学出版社，2014：106.

③ 韩毅. 宋代瘟疫的流行与防治[M]. 北京：商务印书馆，2015：435.

基因编辑是一把“双刃剑”，既是现代科技的前沿技术，也会给人类社会带来伦理风险和法律风险。一方面，生物技术有可能会使人类失去自身的特性，也就是失去人作为人的本质和基础，侵犯人的主体地位和生命尊严；另一方面，基因编辑技术可能会导致人与人之间的不平等，侵犯人类个体的自我决定权和选择权。①

（二）案例分析

这一案例告诉我们，科学研究不仅要求真，更要向善、臻美。在科学研究领域，强调真与善、真与美的统一，就是要强调科技工作者的价值观念、社会责任和科研行为规范。科技伦理最重要的特征是真与善的融合。在科技伦理中，善以真为依托，真以善为归宿②，只有真与善统一，才能真正促进能增进人类福祉和促进社会进步的科研成果的诞生。

基因编辑技术、人工智能技术、辅助生殖技术等前沿科技在给人类带来福祉的同时，也不断挑战着人类的伦理底线和价值尺度。如何让科学始终向善，是人类亟须解决的问题。加强科技伦理制度化建设，推动科技伦理规范全球治理，已成为全社会共同的呼声。科学研究的终极目的应该是：符合全人类的共同价值取向——造福人类。因而，用理性来约束自己的行为不超出伦理的边界，是每一位科研工作者应铭记于心的。

可见，树立真善美统一的价值取向，坚守求善求美、有律有度的科技伦理，是科技工作者本身要遵循的法则和应该向青年学生传授的知识。

十、违反辩证唯物主义世界观和方法论——历史虚无主义的方法论危害深重的案例

（一）案例报告

历史虚无主义作为一种思潮形成于20世纪后期，其主要表现是对历史客观性的否定和对历史真实性的怀疑，其世界观、方法论是与辩证唯物主义世界观和方法论背道而驰的。

---

① 徐娟. 基因编辑婴儿技术的社会风险及其法律规制[J]. 山东大学学报（哲学社会科学版），2020（2）：98-107.

② 吕耀怀. 科技伦理：真与善的价值融合[J]. 道德与文明，2001（1）：31-32.

从理论根源上来讲，历史虚无主义是个人自由主义与解构性的后现代主义渗入历史观的一个结果。从方法论维度看，历史虚无主义采用形而上学的思维方式，以后现代主义方式解构、重构历史，利用片面的、静止的、孤立的观点分析历史事件和历史人物。在历史虚无主义看来，历史在很大程度上是人们的主观编造，其真实性与客观性都需要质疑。它认为历史是由偶然性事件拼凑而成的，任何随机性的事件都可能决定历史的走向，因而没有所谓的历史客观规律，更无法诠释真实的历史。因其往往是以某种形式的历史梳理为方式，手段隐蔽、形式多样，具有较大的迷惑性和欺骗性。①习近平指出："历史虚无主义的要害，是从根本上否定马克思主义指导地位和中国走向社会主义的历史必然性，否定中国共产党的领导。"②由此可见，历史虚无主义的危害深重。

（二）案例分析

历史虚无主义在哲学层面是与唯物史观相对立的，具体表现如下。

1）历史虚无主义是以某种割裂的、片段化的历史事件去分析历史，其无法看到历史事件之间客观性的联系，更无法总结出历史的发展规律。在否定了历史的客观性之后，历史虚无主义往往看到的是历史事件的堆砌，无法从中找到这些事件的核心以及彼此之间的关联。因此，它总是将某些个别的、偶然的事件作为评价一段历史的核心，呈现的都是碎片化的历史，而且其内部也会陷入"公说公有理，婆说婆有理"的矛盾。

2）由于不是以客观的历史事实为基础，历史虚无主义只能以抽象的价值标准来看待历史。与历史虚无主义相对，辩证唯物主义是关于自然界、人类社会与思维发展的一般规律的科学，是对自然、社会发展规律的概括和总结。辩证唯物主义的世界观和方法论是历史研究的根本原则和根本方法。我们必须用辩证唯物主义的世界观和方法论，用历史分析法、矛盾分析法和阶级分析法来研究历史，并批驳历史虚无主义，这有助于揭示其混淆历史的叙事逻辑，认清其本质和危害，澄清谬误。③

---

① 王志国. 唯物辩证法批驳历史虚无主义的方法论维度[J]. 晋阳学刊，2020（6）：25-30.

② 中共中央党史研究室. 历史是最好的教科书——学习习近平同志关于党的历史的重要论述[N]. 人民日报，2013-07-22（8）.

③ 梁柱. 历史虚无主义是唯心主义的历史观[J]. 思想理论教育导刊，2010（1）：61-66.

第二节　科学家精神的育人意蕴

科学家精神蕴含着丰富的育人价值，加强对大学生的科学家精神的培养，是促使大学生献身科研事业的重要基石。

一、胸怀祖国、心系苍生的爱国精神引领学生立志报国与服务人民

爱国精神是一个民族继往开来的精神支柱。体现在科技方面的爱国精神是引领学生树立科学报国的远大志向和实现服务人民的崇高理想的精神动力。

首先，爱国精神能引领学生树立科学报国的远大志向。决定一个人是否有作为、内心是否强大的并不仅仅是能力，还包括远大的志向。志向如沙漠中的绿洲，又如黑夜里的灯光，总是激励着人们奋斗和奉献。一个人有了远大的志向，就会树立一个奋斗目标，这个志向和目标就会触发自己潜在的能量，拓展自己的思维空间，产生巨大的动力，取得超越预期的成绩。科技工作者有了远大的志向，特别是树立了科学报国、服务人民的理想，就会激励他们对祖国的前途和命运更加关心，把个人的前途和命运与祖国的命运联系在一起，为发展国家的科学事业奋斗。[①]有学者研究了我国25位国家最高科学技术奖获得者成功的秘诀，研究表明，这25位获奖者在他们的奋斗历程中都树立了明确而远大的志向，其志向和目标直接或间接与“科学救国、科学报国、科学强国”相关[②]，钱学森就是一个典型代表。

其次，爱国精神还体现在对祖国和人民有深厚的感情，是促使学生立志服务

① 刘在洲，谭梦媛，曾中良. 试论大学科研育人的价值追求[J]. 学校党建与思想教育，2020（15）：76-80.

② 李祖超，李蔚然，王天娥. 国家最高科学技术奖获得者非智力因素分析[J]. 教育研究，2015（10）：78-89.

人民乃至服务全人类的精神动力。这一点在屠呦呦身上展现得淋漓尽致。50多年前，为了减轻国人的疾苦，有效降低疟疾患者的死亡率，屠呦呦立志攻克疟疾治疗难关，展开了对青蒿素的研究，并获得成功，拯救了成千上万国人的生命并面向全人类广泛应用，为人类健康带来福祉。“如果用拯救生命的多少来衡量伟大程度，那么毫无疑问，屠呦呦在最伟大的科学家之列。”[①]英国广播公司发起的20世纪最伟大人物评选中，屠呦呦是与物理学家玛丽·居里（M. Curie）、爱因斯坦以及数学家艾伦·图灵（A. M. Turing）并列的巨人。[②]屠呦呦用她的行动为我们诠释了科学家有祖国和科学无国界的辩证统一。

二、勇攀高峰、敢为人先的创新精神激励学生勇于担当与敢于创新

创新精神是科技工作者的灵魂，也是作为未来科技人才的大学生应该具备的基本素质。勇攀高峰、敢为人先的创新精神是激励学生担当作为与敢于创新的价值导向。

1）创新精神引领学生的创新行动。面对激烈的全球科技竞争，要想掌握核心技术，不再受制于人，必须敢于创新。敢于创新必须靠创新精神的支持，创新精神在科技工作者的创新行为、创新投入中起着重要作用，没有创新精神的人是很难做出创新行动的，也是很难有创新作为的。

2）创新精神启迪学生的创新思维。创新思维的本质在于超越，如提出与众不同的、有社会意义的问题解决方案。创新的目的在于出新，如取得前所未有的、独到的成果。对学生进行创新精神的教育，有利于锻炼学生的思维，培养学生的创新心智，突破已有范式，提出新思想、新方法。同时，它有利于营造创新的氛围，激发学生的创新激情，培养出富有创新精神和具备创新能力的人才。

3）创新精神的培养有利于学生获得不怕失败、越挫越勇的坚强意志。意志是人自觉地确定目的，并根据目的来调节自己的行动，克服各种困难，从而实现预定目标的心理过程。顽强的意志是一种能使人克服内外部困难，坚持完成任务的

---

① 冯翔慧. 杰出人物篇 喜看稻菽千重浪 遍地英雄下夕烟[J]. 中国科技产业，2019（9）：32-40.

② 白雪原. 屠呦呦：不一样的故事，不平凡的成就——健康巨星再观察[J]. 健康中国观察，2020（1）：36-40.

可贵品质。[①]但坚强意志不是天生的，是在创新实践中磨炼出来的。在科学研究中，遭受挫折是常态，因此每个科技工作者都要具备不怕失败、越挫越勇的坚强意志，只有如此才能披荆斩棘，最终取得成功。

袁隆平敢于提出新理论、开辟新领域、探寻新路径，对传统理论提出质疑和挑战，对公认没有杂交优势的水稻作物实施杂交实验[②]，这种创新精神为其获得成功奠定了基础。

三、追求真理、严谨治学的求实精神规训学生探索未知与正风守规

求实精神的基本内涵是热爱科学、探求真理和严谨治学、诚信为本。弘扬追求真理、严谨治学的求实精神，对于规训学生探索未知与正风守规是不可或缺的。

1）探求真理是科研人员永恒的价值追求。求实精神要求科研工作者“把热爱科学、探求真理作为毕生追求”[③]。在科研实践中，要追求真理必须大胆假设、认真求证，特别是不能迷信学术权威，要敢于质疑、理性地批判，这是科研工作者探索未知的智慧源泉。波普尔说：“批判的目标一定在于必须对现有的有影响的信念进行批判性修正，换句话说，一定是针对教条的信念。”[④]怀疑能倒逼科研工作者创新创造。对学生敢于怀疑的批判精神的培养，既有利于培养学生的自主理性，摒弃随波逐流、人云亦云的思维，增强创新意识，又有利于激发学生对问题不懈的质询与追问，培养学生理智的好奇心和探索的欲望，提升创新能力。

2）诚实守信是科研人员的生命线。求真是获得对研究对象正确认识的过程，必须要有科学的态度和方法，严谨求实是前提，诚实守信是保障。没有严谨

---

① 李祖超，李蔚然，王天娥. 国家最高科学技术奖获得者非智力因素分析[J]. 教育研究，2015（10）：78-89.

② 杜若原，孙超. “杂交水稻之父”袁隆平院士——一稻济世 万家粮足[N]. 联合日报，2021-05-24（2）.

③ 新华社. 中共中央办公厅 国务院办公厅印发《关于进一步弘扬科学家精神加强作风和学风建设的意见》[EB/OL]. http://www.gov.cn/zhengce/2019-06/11/content_5399239.htm[2021-06-09].

④ ［英］卡尔·波普尔. 猜想与反驳：科学知识的增长[M]. 傅季重等，译. 上海：上海译文出版社，2015：72.

求实、诚实守信的科研作风，科学研究者就失去了“求真”的方法论和精神动力，也难以成功地创新创造。从古至今，科研前辈在闪耀着智慧光芒的同时，还展现出了严谨治学、诚实守信的学术道德。严谨治学、诚信为本的科研作风能帮助科研工作者树立求善求美、有律有度的科技伦理观。科技伦理是科技人才成功成才应坚守的底线，“只有严守科研伦理规范，守住学术道德底线，才能守护好科学家的品格和尊严，催生真正一流的科研成果”①。

陈景润追求真理、严谨治学的求实精神令人折服。陈景润在整个研究过程中严谨细致、一丝不苟。正是因为有过硬的学风，最后他才获得了成功。可以说，他的成功离不开诚实守信、严于律己的高尚学风的支撑。

四、淡泊名利、潜心研究的奉献精神鞭策学生修炼情操与勤勉拼搏

淡泊名利、潜心研究的奉献精神是一种爱，是对自己事业的不求回报的爱和全身心的投入。这种奉献精神对于促使学生修炼情操与勤勉拼搏非常关键。

1）奉献精神的基础是淡泊名利，是一种高尚的道德情操。在科学研究中修炼高尚的道德情操，是引领科技人才成功成才的基础。道德情操是人们对道德现象的一种情感与态度，以及由这种道德情感与态度支配和转化的操守行为。高尚的道德情操催人奋进，是人们做出道德行为的动力之源，促使人产生积极的思维和心态，从而做出积极的行动。因此，高尚的道德情操是科研工作者保持饱满热情的动力，能激励科研工作者树立至诚报国、服务人民的崇高理想，弘扬争创一流、敢为人先的创新精神，修炼淡泊名利、甘于奉献的高尚情操，养成不畏艰难、潜心钻研的顽强作风。同时，高尚的道德情操对科研工作者的合作精神、优良学风、科技伦理观的养成起着引领作用。

习近平总书记多次强调了道德在人才成长中的重要作用，他引用史学家司马光的“才者，德之资也；德者，才之帅也”的格言告诫我们：“人才培养一定是育人和育才相统一的过程，而育人是本。人无德不立，育人的根本在于立德。这是人才培养的辩证法。”②在社会活动和社会关系中，道德是构建基本秩序的基础

---

① 何鼎鼎. 用科学家精神激发科技创新[N]. 人民日报，2019-06-13（8）.

② 教育部课题组. 深入学习习近平关于教育的重要论述[M]. 北京：人民出版社，2019：49.

和指南，也是促进人际关系和谐的基本保障，而科学研究活动是人类不断探索真理的过程，科学道德是科学研究的精神支柱，是科研工作者的生命，在维护人们对科学与社会的信任方面发挥着重要作用。①

2）奉献精神的表征是潜心钻研、勤奋拼搏，是科研人员攻克难关、攀登高峰必备的素质。科研人员要想在科技领域攻克难关、实现创新创造，必须付出艰苦的劳动。在科研道路上，学者既要艰苦努力，也要经受住寂寞的煎熬。真正的科学研究是一项崇高的事业，只有少数人愿意甘于寂寞而去选择它。②

多年来，黄旭华全身心投入潜艇研究，拼搏奋斗，为国家做出了巨大贡献，是科技工作者和青年学生学习的楷模。

五、集智攻关、团结协作的协同精神培养学生的融合思维和团队精神

科学研究领域的集智攻关、团结协作的协同精神强调跨界融合思维，倡导团队精神③，这种协同精神对于训练学生的思维方式、培养学生的团队意识非常重要。

跨界融合思维是科技创新的突破口，培养学生的跨界融合思维是培养未来科技人才不可或缺的内容。在科研过程中，要做出有效甚至是颠覆性的创新，研究者往往需要采用某种截然不同的思维、做法，而不是对细枝末节进行修修补补。同时，跨界融合思维及方法对于促进学生成长的作用也是不可估量的。

跨界融合思维不仅强调跨学科思维，而且强调不同学科的学者集智攻关。在科技发展缓慢、基础比较薄弱的时代，学科交叉的深度和广度有限，单一学科可能采取的是“单兵”突破的方式。随着科学事业的发展，特别是随着大数据、信息化时代的到来，学科发展呈现出大综合和大分离并行的局面，学科交叉的深度和广度有了较大发展，对科技创新的高度和精度有了更高的要求，科技创新面对的问题的复杂程度已不是单一学科所能解决的。不同学科背景、研究领域的科研

---

① 叶松庆. 论青年学者的科学道德[J]. 青年研究，2002（8）：1-9.

② ［德］卡尔·雅斯贝尔斯. 什么是教育[M]. 邹进，译. 北京：生活·读书·新知三联书店，1991：141.

③ 新华社. 中共中央办公厅 国务院办公厅印发《关于进一步弘扬科学家精神加强作风和学风建设的意见》[EB/OL]. http://www.gov.cn/zhengce/2019-06/11/content_5399239.htm[2021-06-09].

工作者的“脑力风暴”能够碰撞出智慧的火花，形成强大的合力，为攀登科研高峰、争创一流提供源头活水。

团队精神的基础是团队合作，团队合作是科技创新之必需。对于个体而言，善于合作能少走很多弯路，在加快他人科研进程的同时，也能从他人那里获得回报，促进自己的发展。对于团队而言，团体的力量大于个体的力量，当团队形成良好的合作文化时，个体的合作热情就会被激发出来，通过取长补短，个体的潜力逐渐被挖掘出来，能力得到提升，科研进程加快，团队的力量也会变得日益强大。

北斗青年创新团队“自主创新、团结协作、攻坚克难、追求卓越”的“北斗”精神把集智攻关、团结协作的协同精神演绎得淋漓尽致。这个团队的每个成员都拥有乐于助人的大度、求助于人的谦卑，他们在工作中都能积极地履行团队成员的义务，同时不懂就问，虚心地请教他人，团队成员之间相互关心、共同发展。

六、甘为人梯、奖掖后学的育人精神启迪学生感恩前辈与面向未来

甘为人梯、奖掖后学的育人精神倡导科研工作者要甘做致力于提携后学的“铺路石”和“领路人”，这种育人精神既是自己成功之必需，又是下一代进行科技创新之必要。

科技创新，贵在接力。人类对真理的追求是永恒的，对未知的探索是永无止境的，需要一代接一代地奋斗。一代人有一代人的理想，应有“功成必定有我”的担当，但这离不开先辈的托举；一代人有一代人的责任，应有“功成不必在我”的胸怀，但还需提携后学，培育科研事业的接班人。当下，我国科研工作者正在向前瞻性、前沿性科技领域进军，努力建设创新型国家。要实现这个宏大目标，要靠一代代科技工作者的接续奋斗。高校必须大力弘扬甘为人梯、奖掖后学的育人精神，为培养下一代科技工作者打好基础，只有这样，国家的科技事业才能后继有人，创新发展才能获得源源不断的动力。

对于当代科技工作者而言，只有具备识才的慧眼、聚才的方略、爱才的诚心、用才的勇气、容才的大度等素养，才能培养青年科技人才；在科研实践中，

只有具备敢于放手、支持其在重大科研项目中挑重担的勇气，才能促进优秀青年人才脱颖而出；只有具备“铺路石”的人梯精神和“传帮带”的奉献精神，才能为青年人才施展才干提供更多机会和更大舞台，保障国家的科技创新事业进一步发展。

老一辈科学家为我们做出了表率，钱学森回国后为了培养年轻的科技工作者，开了许多班，直接培养了 100 多名顶尖科技人才。①黄大年最看重的是教师这个身份。②正是因为这些科研工作者以战略视野和高尚人格培养了一批高端人才，我国的科技事业才取得了今天卓越的成就。

甘为人梯、奖掖后学，既需要一批有建树的科学家言传身教，更需要高校从学生抓起。高校教师要在弘扬育人精神上身体力行，积极履行教师的责任，在科研实践中传播爱国、创新、求实、奉献、协同、育人的科学家精神，引领更多大学生投身国家的科技创新事业，为中华民族伟大复兴做出历史性贡献。

---

① 姜玉平. 钱学森创建的“工程控制论”在中国的传播和发展[J]. 西安交通大学学报（社会科学版），2005（4）：61-67.

② 吴晶，陈聪. 心有大我，至诚报国——黄大年[M]. 长春：时代文艺出版社，2017：86.

第十章 美国大学学术道德与科学精神教育的实践经验与育人启示

美国并没有明确提出科研育人的概念，但是美国大学却十分强调通过科研活动促进学生的发展，为社会培养高素质的人才。虽然这里的人才培养指的是如同洪堡所说的“全人教育”，但是特别强调了在科研过程中对学生进行非专业知识和科研技能的传授，着力培养具备学术道德和科学精神的科学技术人才。

第一节 美国大学学术道德与科学精神教育的实践经验

美国大学对学生进行学术道德与科学精神教育的内容和方法有很多，本节选取学术规范与学术诚信教育、求真信念与创新精神教育、问题意识与批判性思维教育、本科生科研与科学精神教育四个方面进行分析。

一、学术规范与学术诚信教育

美国大学的学术规范与学术诚信教育由来已久，可追溯到1817年美国威廉与玛丽学院为训练学生的学术规范，提高学术诚信的自觉性，在考试中试行无人监考制度。回顾美国大学学术规范与学术诚信教育的历程，大致经历了三个阶段——单一的学术规范与学术诚信教育期、广泛的学术规范与学术诚信教育期、成熟的学术规范与学术诚信教育期[①]，20 世纪中后期形成了比较完善的以学术规范与学术诚信教育为主要内容的学术道德教育体系。

（一）科学有效的学术规范与学术诚信教育方法

1）尽早开展诚信教育。美国大学的诚信教育是从本科阶段开始的，一些大学在本科生入学时就要求其签署荣誉承诺或荣誉誓言。学生进入研究生阶段，在进入实验室前，还要签订一系列诚信教育相关合同。

2）将诚信教育融入课程中。美国大学的诚信教育不仅存在于一些特别开设的讲座课程中，而且渗透到了各个学科的课程之中，以丰富多样的形式，全方位、多途径地对学生进行诚信教育。

3）诚信教育内容明确，学术规范要求具体。学校对学生进行诚信教育的具体内容，既包括一些诚信教育公共课程，又包括任课教师对所授课程作业与考试的相关要求，还包括对不诚信行为（如抄袭、剽窃等）的界定。这一点对于刚入学的新生尤为重要，由于他们还没有经过系统的论文写作训练，对于引用与剽窃的界限尚不清楚，所以需要教师明确写作规范与写作诚信。教师在具体的案例中给学生讲解何为抄袭、剽窃以及规范的引用方式，让学生对写作规范和写作诚信有一个基本的认识，通过事先了解写作诚信的规定和明确不诚信行为的界定，从源头上防止学生不诚信行为的发生。

4）将诚信教育贯彻到实践活动之中。美国的大学认为，只有价值观念内化为行为习惯，才能实现最终目的。只有将大学生的学术诚信价值观念内化于心、外化于行，才能实现诚信教育的最终目标。将诚信教育融入实践活动，具体包括以下三种做法。[②]

一是将显性诚信教育活动与隐性诚信教育活动相结合。显性诚信教育活动是指常态化的诚信教育活动，如宾夕法尼亚大学的“学术诚信周”活动。在活动期间，学校会以各种方式对学生的学术诚信观念进行熏陶，包括开展多种形式的诚

---

① 禹旭才，闫峥. 美国大学生学术诚信教育的“三阶段”与“三结合”[J]. 当代世界与社会主义，2014（1）：203-207.

② 江新华. 美国大学防剽窃教育的主要特点及其启示[J]. 比较教育研究，2004（7）：68-72.

信宣传，在校园广泛张贴并散发诚信宣传资料，要求学生签署诚信保证书。隐性诚信教育活动则是通过师生互动、对话等方式将学术诚信观念灌输到学生的头脑中，最典型的如加利福尼亚大学、波士顿大学、麻省理工学院等世界著名大学专门开设的课程“怎样才能成为一个出色的科学家”，诸多大学都开设了类似的课程。美国的一些大学在开设相关课程的基础上，组织广大师生开展科研诚信的讨论及辩论，这些深入探讨使学生在无形之中将学术诚信内化于心。

二是将诚信教育融入学习和生活中。美国大学注重将诚信教育观念渗透到学生的一切日常学习与生活之中，包括课堂讨论、课后练习、学术活动、课程结业考试等，无不强调学术诚信和规范，通过这种“润物细无声”的方式，让学生在实践活动中将诚信观念固化为习惯。

三是营造良好的诚信教育校园文化。美国大学注重培育学术诚信的校园文化，并且在校园文化建设中融入学术诚信的理念和要求。学术诚信作为学术人员的基本道德，在美国大学校园网主页及其专题网站等随处可见。学生置身于充满浓郁学术诚信氛围的环境中，随时可以接受学术诚信的熏陶和感染，实现了校园学术诚信文化的全方位覆盖。

（二）强化教师责任并以身作则

1）明确教师对学生学术诚信教育的职责和任务。在美国大学中，教师有职责教育学生遵守学术诚信规定、遏制学生作弊和剽窃行为、改善学生的学术生态环境。为此，美国许多大学规定大学教师具有以下职责：一是每学期开学，教师要开设诚信教育课程，给学生普及诚信教育知识，帮助学生对学术诚信的相关概念有基本的了解，充分认识到学术不端的后果和相应的惩罚措施；二是教师要对学生个人的学习情况有充分的了解，根据学生的学术水平和知识结构布置难度相符的作业、课题和任务，从源头上减少学生学术不端行为的产生；三是在论文和成果的最终审核阶段，教师的评价要更加倾向于过程评价导向而非结果评价导向。①

2）重视教师在学术活动过程中的示范作用，强调教师以身作则。在美国大学，学术诚信制度对于教师和学生有着同样的约束作用。哥伦比亚大学专门制作

① 驻纽约总领事馆教育组. 美国高校的学术自由与学术诚信[J]. 中国高等教育，2003（18）：46-47.

了教师工作手册，并明确要求教师作为从事学术工作的重要成员，每个人在从事学术研究和参加学术讨论时，必须坚守学术诚信。[①]在以身示范的同时，要做好学术诚信的教育工作。

3）提升教师在维护学术诚信中的判断水平和监督能力。为了提高教师的学术诚信水平和能力，美国大学普遍设有专门的培训机构，负责对在职教师进行培训，培训的内容主要集中在教学方式方法和策略，识别、监督学术不端的策略，以及提升对学生的学术剽窃和抄袭行为的鉴别能力等方面。

（三）建立学生学术诚信自治机制

尽管美国的大学一直主张学生“个性的自我实现”与“教育的个性化”，但美国的大学在学术诚信教育方面建立了学生学术诚信自治机制，注重发挥学生的自治能力，具体体现在以下三个方面。

1）采用学生之间的互相监督规范学术行为。不管是传统荣誉制度的内容和形式，还是新荣誉制度的制定和实施，无不依靠学生的参与和学生之间的互相监督，尽管后期强化了相关机构的管理和干预，但同时仍保留了学生自治这一传统。

2）采用民主的意见征集办法。美国大学在制定学术诚信规范和违反相关规定的惩罚举措时，通常采用民主的意见征集办法，广泛征集民意，除听取学生的意愿和诉求之外，还充分吸纳不同类别的学生代表参与其中，充分听取他们对制度修订的意见。

3）在学术诚信权威评估机构中，吸纳学生代表参加。美国大学设有学术不端处理的专门机构，这些机构中均设有相应的学生代表，确保这些学生代表的权利意义重大。学生代表的存在一方面提高了学生参与违规行为处理的能力，另一方面保护了受惩处的学生的申诉权利。作为学生代表，在处理学术不端行为的同时，很多学术违规行为都能够对其起到警示作用。例如，里昂学院格蕾学术不端案的处理是由 12 名学生代表组成的诚信监督委员会负责的，对举报情况进行了调查。经过调查，证实了格蕾确实违反了相关规定，有作弊行为。结果委员会做出了对格蕾暂时停学的决定，并报学校批准。[②]

---

① 赵奕. 中美大学学术诚信教育比较研究[J]. 图书馆工作与研究，2010（5）：17-20.

② 李奇. 美国大学学术诚信问题的研究报告[J]. 比较教育研究，2006（5）：7-11.

4）制定严厉的失信惩戒措施。美国大学对于学术失信问题的处理相当严厉，这一处理过程具体包括四个阶段——报告、调查、审判与终极审判①，不管学生的学术失信行为是由校方发现的还是被他人检举揭发的，都必须要开展程序化调查，经过一系列的侦查和审定后，最终由荣誉委员会进行裁决。

美国大学在学生入学开始，就要求学生签署荣誉誓言，并开设了专门的诚信教育课程，这一点在前文已有提及。在将诚信教育放到如此重要地位的背景下，美国学生受到的最严厉的惩罚往往不是因为夜不归宿或聚众斗殴，而是被发现存在抄袭、剽窃等学术不端行为。不管是课后作业、课程论文还是结业考试，一旦出现或涉及他人的看法、观点、成果而未标明出处和引用的，都将受到严厉的惩处，严重者甚至会被驱逐出校。②

虽然惩处措施十分严厉，但美国大学保留了被调查学生申诉的权利，如果学生对判决的结果有质疑或拒绝服从，可以在规定的时间内进行申诉。但经过再次鉴定确认后，等待该生的将是更为严厉的处罚。轻者要向任课教师道歉，取消课程成绩，视情节轻重决定是否取消其修习该课程的资格；重者则留校察看、休学甚至开除学籍。最严重的后果是，该生的不诚信记录将会被录入个人信用档案，并伴随其终生。对于美国公民而言，这些失信档案将对其今后的求学、升职、生活消费等方面造成严重阻碍。正因为惩戒力度如此之大，学术失信才成为美国学生不敢触碰的“红线”。合理地应用惩戒手段，是近几年来美国大学学术诚信教育取得良好效果的重要原因。

二、求真信念与创新精神教育

美国大学非常重视对学生进行求真信念与创新精神教育，主要有如下几点。

（一）重视科技史教育

美国的科技史教育有百年的传承历史，而且涵盖了美国的基础教育和高等教育。它将理性精神与人文精神紧密结合，目的是使学生充分理解科技知识、科学探索和科技事业的本质，旨在增强学生的科学精神，提高学生的科技素养，培养

① 孙纪瑶，段妍. 美国高校荣誉准则制度微探[J]. 外国教育研究，2018（11）：58-70.

② 王诺. 读哈佛[J]. 读书，2000（12）：40-44.

学生的求真务实意识和创新精神。

美国大学进行科技史教育的方式多种多样，除通过展览和网站进行专门的宣传教育外，还普遍在综合性大学开设了科技史教育课程，通过制定科技史教育标准，将科技史教育渗透到每一门自然科学学科的教学之中。它们进行科技史教育的方法主要是给学生教授科学的研究方法和灌输务实的科研精神，进而激发学生的创新精神，提高其实践能力。这种敢于突破常规、勇于冒险而又务实求真的自由理性精神，就是美国大学科技史教育一直强调的核心精神。正是因为这样的教学，学生的逻辑思维能力得到了强化，他们可以通过定量分析、数据剖析、测量评估、计算机应用、问题解析和决策决断等方式开展研究，能够打破常规而应用新的方法和计量工具去解决实际问题。①

通过形式多样、内容丰富的科技史教育，美国大学生普遍养成了对无穷真理的追求、对未知世界的好奇等独特品质，为培养一大批杰出的科学家奠定了基础。哈佛大学素以"美国政府的思想库"著称，不仅如此，甚至是辍学的学生都为这所学校增添了荣光，比尔·盖茨（B. Gates）创造了微软公司，马克·艾略特·扎克伯格（M. E. Zuckerberg）是社交网站脸书（Facebook）的创始人，罗伯特·福罗斯特（R. Frost）多次获得了普利策诗歌奖。哈佛大学能取得如此大的成就，与其确立追求"真理"的校训息息相关。该校训传承了几百年，哈佛大学始终坚持开展坚守真理、探索真理的科学精神教育，从这里走出了一批又一批勇于追求真理、勇攀科学巅峰的巨匠，而这些宝贵的科学精神伴随着科技史的教育一代一代传承下来。美国的教育自始至终贯穿着这种科学精神，受教育者无不受之熏陶，正是这种科学精神的不断传承，推动着美国的科学事业不断向前发展。

美国大学以科技史为重点的科研育人教育，不仅培养了学生敢于质疑、善于反思、勇于批判的思维逻辑，而且极大地提升了美国学生的科学素养。萨顿（G. Sarton）认为，"科学史研究的深入，带动了科学精神的广泛传播，促进了新的人文主义的发展。只要客观理性地理解科学发展史，就能增强人们的同情心，开阔人们的眼界，促进智力和道德标准的不断提升，从而促进人们对人与自然关系的

---

① 许志峰，马雪梅. 试析当代美国人的科学观与科学素质观[A]//中国科普研究所. 中国科普理论与实践探索 2009《全民科学素质行动计划纲要》论坛暨第十六届全国科普理论研讨会文集[C]. 北京：科学普及出版社，2010：259-265.

深刻理解”①。

美国科技史教育的传承和科学精神的普及，保证了每一位美国公民都能在学生时期接受科技史的传统教育，从而有力地促进了美国科技事业的繁荣。正是这种教育使美国在科技领域始终保持着旺盛的创造力和强大的竞争力，还塑造了美国公民的科学思维和科学精神。

（二）开设创新课程，培养创新能力

在课程的设置上，美国大学开设了各式各样的创新课程。在这些创新课程中，有的课程与专业相结合，将创新融入专业课中，例如，美国的弗吉尼亚大学工程学院开设的工程类创新创业选修课。这些课程通常由工程学院富有经验的教授或者是行业内的资深专家进行授课，在 18 个学分中占 3 分。有的创新课程侧重于讲授各种创造性方法，重点训练学生的社会实践能力和领导力，由领导力和公共政策学院的教师负责讲授，这样的课程在 18 个学分中也占 3 分。②

在教学方式上，以小班教学为主，采取小组讨论的形式，让教师和学生在交流与讨论中碰撞出思维的火花，不断进行创新。此外，学生还可以在课余时间加入各类协会、兴趣小组、实验室等进行科技创新活动，在活动过程中，教师和高年级学生会对低年级学生进行一定的指导。对于一些创新类的学科竞赛，学校和院系还会给予资金支持。

美国大学的创新课程贯穿于美国的课程体系始终，学生从入学到毕业的全过程都在接受创新教育。入学时，学生可以选取一个有创新性的主题，在后面的学习和活动中以这个主题为核心进行相关的实践，到毕业时提交自己的毕业设计。

（三）营造创新文化与氛围

美国大学十分注重营造师生共同参与创新的文化氛围。美国科学家普遍认为，美国有这么多的诺贝尔奖得主，原因一方面在于联邦政府给大学的科研活动提供了雄厚的经费支持，另一方面就在于美国有鼓励创新的学术氛围。美国物理

---

① Sarton G. The Life of Science: Essays in the History of Civilization[M]. Bloomington: Indiana University Press, 1960: 54.

② 转引自：李洪修，高珊珊. 美国大学创业课程建设的耦合机制分析——基于校企合作的视角[J]. 中国高校科技，2017（8）：86-88.

研究所某研究员认为，美国之所以能够孕育出数量众多的诺贝尔奖获得者，其重要原因就在于美国教育界和学术界敢于挑战权威、鼓励竞争和创新的氛围。他说道：“在许多国家里，学术气氛过于传统，前辈的观点必须被尊重；但美国科学家对老观念不是特别恭维，而是敢于挑战旧学说。”①

（四）强化教师在创新教育中的角色

大学教师在知识的传授和创新变革中发挥着至关重要的作用，因此美国大学十分重视教师在创新教育中扮演的角色，具体体现在政策的引导和教师培养方面。在政策的引导上，特别强调教师要对学生进行创新教育，除了讲授专业知识外，还要承担对学生进行专业教育的职责，采用系统化的方式启发学生的新想法、新创意、新思维。在教师培养上，支持教师自主创新的同时，鼓励教师参与对大学生创新能力的培养。

三、问题意识与批判性思维教育

批判性思维是科研人员必备的品质，是提升科学研究创造力的前提条件。人们对未知世界的认识，正是通过对已有认识的质疑，展开探索，进入更高层次的质疑，进而开展更深层次的探索实现的。这种探索客观真理的模式，促进了人们对客观世界的深入理解。②美国大学非常重视培养学生的批判性思维能力，并且形成了比较成熟的大学生批判性思维教育模式。

（一）培养大学生的批判性思维能力是美国大学人才培养的基本目标

着力于培养学生的批判性思维能力是美国大学的重要特点，在美国大学教育过程中，始终贯穿着对学生批判精神的培养，并将其作为教育的重要目标之一。早在 1980 年，加利福尼亚州就通过行政令的形式，明确规定在校大学生必须修满 1 门批判性思维的课程，并将其作为毕业的前提条件。加利福尼亚州的这一行

① 转引自：吴伟农. 美国成为诺贝尔奖“夺奖大户”[N]. 科技日报，2000-10-15（6）.

② ［美］彼得·费希万，诺琳·费希万，爱格尼丝·蒂瓦里等. 作为普遍人类现象的批判性思维——中国和美国的视角[J]. 北京大学学报（哲学社会科学版），2009，46（1）：55-62.

为开创了美国高等学校批判性思维教育的先河。[①]加利福尼亚州对大学培养学生批判性思维的规定，被推广到全美国，并被明文确立为教育的重要目标。1991年，美国出台了《国家教育目标》(*The National Education Goals Report*)，其中明确提出“大学教育培养出来的学生，必须具有较强的批判性思维能力、能有效地进行交流、会解决实际问题”[②]。20世纪末，美国社会推行教育改革，其中，批判性思维成为进行教育改革和教育调整的根本，并被作为大学毕业生毕业的必备条件。[③]同一时期，许多大学开展了关于批判性思维教育的研究，并纷纷成立专门的研究机构。最早成立专门研究机构的有马萨诸塞大学、蒙特克莱尔州立大学、索诺马州立大学、摩海德州立大学等。自此，美国开始了大学批判性思维教育从实践向专业化研究方向的转变。

（二）建立批判性思维课程体系是美国大学人才培养的基本模式

20世纪初，批判性思维教育在美国大学兴起，并作为一门学科进入大学课堂。最先将批判性思维教育作为一门课程而纳入课堂的当数哈佛大学和哥伦比亚大学。随后，这一做法在许多知名大学陆续被推广开来，并将批判性思维教育上升到了教育目标的高度。批判性思维在文学、历史学、经济学等诸多学科中都得到了广泛的应用，对大学生批判性思维培养的重视了前所未有的程度。

美国大学在培养学生的批判性思维时，探索出了单独开设的侧重于传授批判性思维的原理和方法的“独立型”课程体系，将专业知识的传授和批判性思维的培养结合在一起，并融入专业课程体系中的“融合型”教学体系，以及全面渗透的“综合型”课程体系等不同类型的各具特色的课程设计体系，以提高学生的批判性思维水平。[④]

（三）以学生为主体的多样化教学是美国大学人才培养的基本方法

美国大学针对学生批判性思维的教育能够得到坚持并发展，主要是因为教育

---

① 转引自：于勇，高珊. 美国大学生批判性思维培养模式及启示[J]. 现代大学教育，2017（4）：61-68.

② National Education Goals Panel. The National Education Goals Report[R]. Washington: U.S. Government Printing Office, 1991: 1.

③ 缪四平. 美国批判性思维运动对大学素质教育的启发[J]. 清华大学教育研究，2007（3）：99-105.

④ 陈振华. 批判性思维培养的模式之争及其启示[J]. 高等教育研究，2014（9）：56-63.

理念的转变，即从“以教师为中心”转变为“以学生为中心”。以教师为中心还是以学生为中心，历来是我国高等教育领域争论的问题。在美国大学教育中，坚持“以学生为中心”的课堂教学设计具体如下：教师从实践中挖掘学生感兴趣的主题，引导学生开动脑筋参与课堂讨论，激发学生主动思考和大胆探索的积极性。美国大学探索出了培养学生批判性思维的一些常用教学方法，具体有启发诱导教学法、案例教学法、以项目带动的批判性思维教学法和“切块拼接式”教学法。

1. 启发诱导教学法

启发诱导教学法通常是以学生为主体，以教师为主导，通过一系列的引导让学生提出问题，进而培养学生善于发现问题、分析问题和解决问题的问题意识，提高学生敢于质疑、勤于思考、勇于探究的能力。启发诱导教学法在训练学生的批判性思维方面，采取全流程教学方法，具体分为三个步骤：第一步，由教师陈述客观事实，让学生对现象有基本的了解；第二步，教师启发学生对已有事实进行分析，在分析的过程中，发现可能存在的问题，并进一步质疑；第三步，教师启发学生自己提出解决问题的方法，以及涉及的基本步骤，同时分析该方法的可行性，通过反复研讨和论证进而得出最终方案。这一系列步骤能够帮助学生逐渐提高质疑、提问、分析、推理、创新等批判性思维能力。

2. 案例教学法

案例教学法的特点就是将学科与具体的案例相结合，让学生运用专业知识解决现实生活中的问题，提高学生解决实际问题的能力。基本步骤包括：第一步，教师选择与专业相关的有代表性的案例，将案例背景和具体情况告知学生，让学生作为真实的研究者进行思考和干预；第二步，学生应用所学的专业知识，对案例进行深入分析，采用头脑风暴法提出解决问题的方案；第三步，不同的学习小组各自汇报自己拟定的方案，然后由教师进行点评并提出自己的见解；第四步，根据教师的建议，学生做进一步的讨论，并结合多方讨论和观点碰撞形成最终意见，再次交流各自的主张；第五步，由教师讲解真实案例中研究者的解决方案。这一研究过程使学生完整地体验了科学研究的过程，教师提出案例，学生各自进行分析，提出假设，收集资料，论证假设，听取各方面意见，反复修改和完善，在这种循环中不断提升学生的批判性思维能力。①

---

① Herreid C F. Can case studies be used to teach critical thinking[J]. Journal of College Science Teaching, 2004 (6): 12-14.

3. 以项目带动的批判性思维教学法

该教学法以真实的研究项目为对象，结合项目的具体情景、真实问题或客观事件进行实验设计。一般选择环境保护、政治事件等人们普遍关注的问题作为讨论话题，在项目实验过程中层层递进，全程贯穿了批判性思维教育。具体实施步骤如下：第一步，教师和学生共同讨论，确定研究主题。第二步，在教师的启发下，学生通过查阅相关资料确定研究方法。第三步，从拟定的研究主题中确定具体研究对象，开展真实调研，获取各项研究数据。第四步，应用所学知识和理论，做好项目检验与分析并形成报告。第五步，由学生分别汇报研究成果，教师逐一进行点评。在整个过程中，教师作为项目的设计者和引导者，引导学生对项目进行调查和研究，突破了教材内容的限制。在这一系列项目实验活动中，学生统筹分析问题的能力得到锻炼和提升，发现问题并开展批判性反思的能力得到提高，创新创造的思维得到锻炼。同时，还锻炼了学生勤奋钻研、勇于探索、科学判断、客观评判的批判性思维。①

4. “切块拼接式”教学法

美国社会心理学家阿伦森（E. Aronson）在得克萨斯大学的工作实践中发明了“切块拼接式”教学法。②在不断的实践中，著名教育心理学家斯莱文（R. E. Slavin）结合自己的研究完善了这一学习法。具体步骤如下：首先，教师将要学习的内容分解成不同的小块；其次，将不同的学习内容分别安排给不同的学习小组承担，教师针对各学习小组负责的内容，分别进行讲解和任务布置；最后，当每个学习小组都完成各自的学习内容后，将不同的学习内容重新构建成一个整体。“切块拼接式”教学法的目的就是让学生之间的相互学习取代教师的直接教学。学生不仅仅是学习者，还扮演了教师的角色，将自己学习的部分讲解给其他学生。在这一学习过程中，教师不仅是知识的传授者，还是整个学习过程的控制者和协调者，每一名学生都参与了整体知识的学习和讨论，任何一个小组未完成任务都会影响整体的学习效果，因此需要各个学习小组之间的互相监督、互相帮助，营造出一种你追我赶、竞争与合作相结合的学习氛围，这大大增强了

① Cai W W, Sankaran G. Promoting critical thinking through an interdisciplinary study abroad program[J]. Journal of International Students, 2015 (1): 38-49.

② Slavin R E. Student Team Learning: A Practical Guide to Cooperative Learning[M]. Washington: National Education Association, 1991: 10-11.

学生的参与感和体验感。在讲解和分享知识的过程中，学生又对知识有了进一步的理解和思考，从而能帮助学生对问题进行深入思考，促进批判性思维能力的提升。

四、本科生科研与科学精神教育

美国非常注重本科生科研，1969 年，“本科生研究机会计划”（undergraduate research opportunities program，UROP）在麻省理工学院率先启动。随后，这一教育计划受到了加利福尼亚大学、加利福尼亚大学伯克利分校、明尼苏达大学、西北大学等多所名校的效仿。这一计划效果的显现，引起了博耶委员会的关注。1998 年，该委员会呼吁将科研训练融入普通本科生学习。自此，本科生科研项目逐步在普通学院和大学的本科生教育中风行开来。本科生科研已经成为美国大学教育的一种潮流，几乎普及到所有层次的本科教育。①美国本科生科研的基本做法和经验如下。

（一）本科生科研的任务

美国本科生科研的任务主要体现在五个方面。②

1）科学实践。本科生参与科研活动，主要体现为对科研内容的学习和对科学精神的感知，从而获得对科研全过程的体验。

2）合作精神。合作是本科生科研必不可少的环节，由于本科生的知识和能力尚有欠缺，对合作的重要性认识不到位，对合作技巧掌握不足，在科研过程中需要训练大家合作的能力，学会分工负责、收集资料、分析数据，共同开展研讨和分析，分享研究取得的成果，合力完成科研任务。

3）反复训练。科研能力的提升是反复训练的结果，同时科研结果也需要经过重复的试验和验证，从而保证结论的有效性和可靠性。老师会让学生在实验过程中反复训练，对结论反复斟酌和验证，以提高他们的科研能力，培养他们从事

① Webber K L, Laird T F N, Lorenz A M B. Student and faculty member engagement in undergraduate research[J]. Research in Higher Education, 2013, 54: 227-249.

② Brownell S E, Kloser M J. Toward a conceptual framework for measuring the effectiveness of course-based undergraduate research experiences in undergraduate biology[J]. Studies in Higher Education, 2015, 40 (3): 525-544.

科研的意志品质。

4）发现问题。在科学研究上，发现问题有时比解决问题更重要，学生需要在科研训练中提升发现问题的能力。

5）真实体验。学生科研能力的提升，需要通过真实的项目体验，掌握相应的科研技能。与此同时，学生能够在真实的科研活动中认识到科学研究的重要作用，并树立正确的科研行为规范及准则，确立其未来的科研理想和目标。

（二）本科生科研的运行模式

美国的本科生科研运行模式主要有四种，具体如下。①

1）传统学徒模式。传统学徒模式是指学生跟随某个特定研究领域的教师，围绕某个专项研究承担一些辅助性工作，并掌握科研技能。这个专门的老师像对待学徒一样，直接负责对该学生进行指导和监督。在传统学徒模式中，学生主要采取个人研究的方式，而非小组研究。这一模式普遍见于本科高年级的相关实践中。

2）行业项目模式。在某个专门的行业领域中，学生承担起某一专门问题的研究，应用自身所学知识以及掌握的研究技能，发现行业发展过程中可能出现的问题及提出解决对策。在这种模式中，根据专业方向，学生被分配到不同的研究小组，分别进行不同的项目，采取分组研究、组内合作的研究方式。

3）问题探究模式。在科研训练实践中，教师要以培养学生的问题意识为重要内容，鼓励学生勇于发现并提出各种各样的问题。问题探究模式就是教师针对某些问题，开展有针对性的探究式教学，具体研究什么问题，采取什么方法，学生享有自主选择权，可以自行拟定研究问题，进而对相关概念和理论有更深刻的理解。这种模式的学习通常是在一个导师的监督和带领下，采用小组研究的方式进行。

4）科研方法训练模式。在大学一、二年级等低年级阶段，为了提高学生的研究能力，安排学生加入研究的某一环节，在实践中观察研究中存在的问题，进而提出具有批判性的见解。科研方法训练模式主要以学生对研究方法应用的熟练

---

① Zimbardi K, Myatt P. Embedding undergraduate research experiences within the curriculum: A cross-disciplinary study of the key characteristics guiding implementation[J]. Studies in Higher Education, 2014, 39 (2): 233-250.

程度作为评价依据，并对学生进行考核。

（三）本科生科研训练的制度保障

美国大学还制定了一系列政策和措施来确保本科生科研落到实处、产生实效。

1）创建本科生科研管理组织。在美国，大多数大学都设立了本科生研究项目办公室。早在 1997 年，美国加利福尼亚大学伯克利分校就率先成立了“本科生科研及奖助办公室”（Office of Undergraduate Research and Scholarships，OURS），负责全校本科生科研活动的组织与管理。办公室的具体工作职责涵盖六个方面：一是为本科生和教师提供包括科研项目信息、项目申请管理、资格审核、成果发表等在内的综合服务；二是对学校已有科研项目进行具体安排和推动；三是为本科生开展科研活动筹措必要的项目资源和活动资金；四是负责本科生科研项目的具体管理；五是主办《伯克利科学》（*UC Berkeley Science*）等，负责审查本科生科研成果及其发表；六是指导本科生申请有竞争性的国家奖学金，并在申请过程中为学生提供必要的指导和支持。[①]

2）丰富本科生科研支持项目。面向学生发布科研立项信息是本科生科研及奖助办公室的工作之一。美国的斯蒂文斯理工学院每年为学生设立 60 个科研基金项目，给予每个项目 7000 美元的资助；为研究生设立 30 个科研基金项目，每年给予 6 万美元的资助，共 4 年。[②]这些资助项目将选择的自主权交给学生，能够极大地激发学生的科研热情，有效地帮助学生全身心投入到科研项目中。

加利福尼亚大学伯克利分校的本科生科研项目主要分为四个模块，分别是“本科生科研学徒计划”，组织教师一对一地指导学生；“哈斯学者计划”，是专门为支持优秀留学生而开设的科研项目；“夏季本科生科研计划”，是针对优秀本科生设计的科研项目，安排优秀本科生利用暑假开展科研活动；“朱迪思·李·斯特罗纳克学士奖”，是由设奖人士出资设立的支持本科生开展科研的项目。这四个模块构成了支持本科生开展科研项目的完整体系，每个模块再进一步细分，根

---

① 高桂娟，陈乐. 加州大学伯克利分校如何促进本科生科研[J]. 高教发展与评估，2015（5）：63-71，99-100.

② 李杰，张瑞，张秀丽. 美国高校创新教育的实践及启示[J]. 天津职业技术师范大学学报，2016，26（3）：64-67.

据不同的资助标准分为不同的项目类别，确保全校的各类学生都可以根据自己的需求得到科研机会。学校还设有夏季浸入式科研项目、新生科研研讨项目等，与上述四个类别的项目相融合，构成了本科生科研学习的体系。[①]除了上述研究项目外，还设立有 400 多个由社会上的企业提供资金的科研奖学金项目。

威斯康星大学本科生科研训练做得也非常成功。学校专门设立了“本科生科研和发现奖助金”“董事学者项目”，分别负责给各所大学的本科生进行科研提供奖助学金支持，以及对获得“董事学者”称号的教师给予奖励，每名获得此殊荣的教师可以获得 5 万美元的奖金，教师可以利用获得的奖金指导本科生开展科研活动。这两个项目都支持少数族裔的学生开展科研，鼓励少数非代表性的教师指导本科生的科研活动。[②]

3）完善本科生科研指导教师激励机制。美国公立文理学院委员会（Council of Public Liberal Arts Colleges，COPLAC）对学分课程进行了一系列探索，为了保护教师指导学生科研活动的积极性，提升教师指导本科生科研活动的能力，专门建立了教师指导本科生进行科研的奖励制度。各所大学设立了本科生科研指导委员会，委员会由本科生科研主任、指导教师、分管科研的院长、具体管理学生科研的工作人员等组成。委员会通过制定教师激励机制，对教师指导本科生的科研情况进行确认和奖励。具体举措包括：一是建立一套规范、清晰的程序，对指导本科生科研的教师给予一定的政策倾斜，具体体现在为教师的选聘、晋升等提供相应的支持；二是确定绩效工资考核的评价指标体系，根据教师指导本科生科研的情况，对照标准计入相应的工作量；三是设立多种类型的专门基金，支持教师指导本科生从事科研工作，设置教师指导本科生科研积分的银行系统；四是指导教师将指导本科生科研与相应的课程融合，根据科研项目支持类型对指导教师进行奖励等。[③]

4）搭建本科生科研交流平台。为了激发大学生从事科研的热情，展示大学生研究的成果，加利福尼亚大学伯克利分校创办了十余种学术期刊，专门用于本

① O’Donnell K, Botelho J, Brown J, et al. Undergraduate research and its impaction student success for under-represented students[J]. New Directional For Higher Education, 2015（169）: 27-38.

② Galen D V, Schneider-Rebozo L, Havholm K, et al. Undergraduate research and economic development: A systems approach in wisconsin[J]. New Directional for Higher Education, 2015（169）: 39-49.

③ Free R, Griffith S, Spellman B. Faculty work-load issues connected to undergraduate research[J]. New Directional for Higher Education, 2015（169）: 51-60.

科生发表和展示自己的科研成果，同时还为学生发表论文提供每年 15 000 美元的版面费支持，通过这些平台，确保学生能够充分地展示自己的科研成果。在科研成果的展示中，学生可以就不同的看法和观点进行充分的交流与辩论。同时，学校还明确支持本科生参加各类学术会议，所需经费部分或全部由学校提供。学校也会组织相应的学术讨论会，营造良好的学术氛围，促进大学生进行学术交流。①

5）将本科生科研融入课程中。美国大学虽然积极支持本科生的科研活动，并由学校提供一定数量的科研基金支持，但学生对很多课程之外的本科生科研项目的参与仍然有限。为了提高本科生的科研参与率，确保所有的学生都能参与到基于探究的学习中，必须对本科生的课程体系和课程内容进行改革，在核心课程中增加科研内容。这项改革对于普通学生而言意义非常重大，因为能够得到学校项目和资金支持的学生毕竟是少数，大多数学生参与科研活动的机会要少得多。加州州立大学海峡群岛分校的“跨学科研究与学习阶梯项目”根据课程由低阶到高阶的难度变化，对课程做了以下改革：结合低阶课程的学习，融入一些简单的科学研究方法和分析工具的应用。随着学生进入中阶和高阶课程的学习，课程难度逐渐递增，科研知识和活动的难度也逐步增加。在低阶课程阶段，教师带领学生接触跨学科的研究，能够发展学生认知的深度和广度，激发学生投入科研活动的热情，强化学生的公民责任心，促使其树立清晰的人生目标。学生进入高阶课程学习阶段，教师普遍采取研究式的教学方式授课，从而训练学生应用专业知识分析问题和解决问题，在课程学习中就不知不觉地提升了科学研究的水平。②

通过 UROP，学生能够在教师的指导下较早地展开科研活动，这不仅有助于学生将所学理论应用于实践，还有助于培养学生的科研兴趣，更重要的是学生能够掌握一些科学研究的理论和方法，为以后的科研创新打好基础、做足准备。

总之，美国大学将学术诚信、创新精神、批判性思维的培养作为自己的重要

---

① 高桂娟，陈乐. 加州大学伯克利分校如何促进本科生科研[J]. 高教发展与评估，2015（5）：63-71，99-100.

② O' Donnell K, Botelho J, Brown J et al. Undergraduate research and its impact on student success for underrepresented students[J]. New Directional for Higher Education, 2015 (169): 27-38.

职责和主要任务，明确了教育教学目标、课程设计、科研实践等任务，且从本科阶段开始积累了良好的教育教学方法，这些都对我国大学的学术道德和科学精神教育具有重要的借鉴意义。

第二节　美国大学学术道德与科学精神教育对我国科研育人的启示

一、强化育人理念、转变育人观念是抓好学术道德与科学精神教育的先导

美国大学的学术道德与科学精神教育成果显著，首先应归功于大学求真的育人理念引领和正确的教育观念指导。在我国，要抓好学术道德与科学精神教育，也必须强化育人理念，转变育人观念。

（一）把追求真理与创新创造作为大学的育人理念和办学宗旨

美国大学注重对学生进行求真与创新教育，源于他们的办学理念和办学宗旨，特别是注重通过大学校训来引领学生追求真理、创新创造。有研究表明，美国大学校训的关键词排在最前位的是“真理”，其他依次是“光明”“知识”[①]，如哈佛大学的校训是“真理”，诺克斯学院、毕尔肯大学、普罗维登斯学院等也都把“真理”当作自己的校训。同样，校训中有“真理”内涵的有耶鲁大学、约翰·霍普金斯大学、加州州立大学、印第安纳大学、密西西比学院、路易斯安那大学门罗分校等。

这些饱含真理内涵的校训能启迪学生的智慧，给学生以巨大的精神力量，鼓舞学生向着真理与光明前行。因此，在办学过程中，我国大学要注重将追求真

① 耿富云，赵伶俐，赵涛. 美国大学校训对我国大学制度建设的启示[J]. 高校教育管理，2015（4）：50-55.

理、探求未知作为校训或办学理念写进章程，通过展示校训或办学理念标识，宣传校训或办学理念内涵，践行校训或办学理念精神，创造校训或办学理念文化，使之深深融入师生的血脉之中，引导师生为追求真理、探索未知而奋斗终生。

（二）转变教育观念，强化创新教育，培养学生的创新精神

创新教育是高等教育领域的一场深刻革命。传统的教育注重对已有知识的灌输，在全球竞争越来越激烈的背景下，现代教育的功能已经不仅仅是传授知识，更需要培养具有创新精神、创新能力的创新型人才。创新教育的本质就是要通过创新性理论和实践训练，培养学生的创新理念，启发学生的创新思维模式，营造创新发展的良好氛围，最终激发学生的创新热情，提升学生的创新能力。

创新教育的发展并非一帆风顺，传统的知识灌输教育方式具有一定的顽固性。为了打破传统教育的阻力，需要从观念的转变入手。只有观念彻底转变，才能真正形成鼓励创新、支持创新的良好氛围。创新必须突破已有范式，或提出新观念，或应用新方法，或得出新结论。创新教育的根本目标是培养出具有强烈创新精神，具有高超创新能力的人才。因此，必须彻底打破阻挠创新的传统理念。美国大学在办学实践中十分注重创新教育，特别强调了要转变观念，鼓励学生敢于质疑，大胆提出自己的观点。

美国大学生创新教育的实践证明，大胆质疑是开启创新思维的源泉。培养学生善于观察、勇于质疑的品质是创新教育的本质，只有促使学生对未知世界充满强烈的求知欲望，并愿意去努力探索其中的规律，才能培养出创新性人才。纵观我国大学教育的成就，在世界奥林匹克竞赛中，数学、物理等学科屡屡获得骄人的成绩。然而，在过去的一个多世纪里，我国科学家获得诺贝尔奖的数量较少。究其原因，主要是我国的大学注重对已有知识的灌输，注重培养学生的解题能力，却忽视了对学生的观察和思考能力的培养，导致学生不善于思考假说和猜想，难以获得具有创新性的研究成果。①为此，我国大学创新教育应当从培养学生的质疑精神开始，引导学生敢于理性地挑战权威，善于创新创造。

---

① 李建中. 美国大学的创新教育及启示[J]. 创新与创业教育，2012（4）：103-106.

二、建立育人体制、健全育人制度是抓好学术道德与科学精神教育的前提

学术道德与科学精神教育要行稳致远、收到实效，必须有相应的体制与制度做保障。美国许多大学成立了相应的机构，建立了较为科学的管理体制，健全了学术道德与科学精神教育制度，这是抓好学术道德与科学精神教育的关键所在。

（一）专门的学术道德教育机构和管理体制

在美国，不仅有不同层面的专门的学术道德教育机构，而且形成了从总统专门委员会到学校乃至实验平台的管理系统。20 世纪 70 年代，美国媒体接连披露了医学研究领域几起影响十分恶劣的学术不端事件。1985 年，美国国会通过了《健康研究附加法案》（*Health Research Extension Act*），并于 1989 年成立了专门的学术管理机构，即科学诚信办公室（Office of Scientific Integrity，OSI）和科学诚信审查委员会（Office of Scientific Integrity Review，OSIR），隶属于廉洁与利益总统委员会，开始对学术界严加管制，严惩学术不端者。①

为了加强对大学学术诚信教育的协调与管理，美国成立了学术诚信中心（Center for Academic Integrity）。该中心负责培育学术诚信文化，对大学学术诚信建设进行指导，并定期对成员单位的学术诚信水平开展评估。②凡申请加入学术诚信中心的大学都要接受评估。美国对接收大学成为学术诚信单位有严格的要求，这些大学不仅要有严格的学术诚信制度，还要有落实学术诚信教育的具体措施，只有学术诚信评估合格的单位才能成为中心会员。美国大学非常重视学术诚信评估结果，而且学术诚信水平是大学排名的重要依据之一。截至 2013 年，美国学术诚信中心有 400 余所大学会员，形成了相互监督的机制，使得学术诚信成为大学自觉的行为。③

美国很多大学和实验室也成立了相关的办公机构，如学术诚信委员会（华盛顿大学）、学术道德办公室（马萨诸塞大学）、学术诚信办公室（贝勒大学）

① 赵武，郭淑玲．美国高校学术诚信教育的实施路径及启示[J]．黑龙江教育（高教研究与评估），2014（12）：40-42.

② 张妍，胡剑．美国国际学术诚信中心：历史、功能及启示[J]．高教探索，2016（7）：67-71.

③ 禹旭才，闫峥．美国大学生学术诚信教育的“三阶段”与“三结合”[J]．当代世界与社会主义，2014（1）：203-207.

等。[①]这些学术诚信管理机构基本上都是由学校负责组建，工作职责也基本相同，除负责学术诚信政策的宣传外，也负责校内的诚信教育活动，还负责对师生不诚信的学术行为进行监督、调查和处理。学术诚信监察机构成员由全体师生民主选举产生，是师生的自治管理组织，负责对举报和发现涉嫌不诚信的学术行为进行调查，并按调查结果做出严肃处理。

（二）健全的诚信规则和荣誉制度

为了便于公平公正地处理学术不端行为，美国各大学都制定了详细的学术诚信制度，对剽窃、抄袭、考试作弊等行为进行清晰的界定，并对各种学术失范行为的处罚做出明确的规定。如哈佛大学就明确规定：在学术活动中，所有师生都必须以诚实守信作为第一原则，凡是涉嫌违背学术诚信原则的人，都必须接受调查和处理。对学术诚信问题的处理程序，基本上和法庭开庭类似，遵循起诉—听证—答辩—裁决的程序，并视调查结果做出惩罚。[②]

美国培养创新性人才的成就得到了全世界的公认，究其实质，在于其追求独立思想，可以说独立思想是美国学界的最高价值追求。观察哈佛大学的《哈佛学习生活指南》（*Harvard Study Guide*），“独立思想”处在最显眼的位置。哈特兰社区学院制定的学生手册，明确规定学生行为必须诚信，并且对学生不诚信的表现进行了明确界定，包括伪造数据、篡改学术记录或文件、考试作弊、协助作弊、剽窃、非经授权而入侵计算机学术记录或管理系统等学术不端行为。[③]同时针对每一种学术不诚信的行为，都做出了具体的说明。

美国大学界还成立了荣誉准则委员会（Honor Code Committee），建立了荣誉准则、社区标准、校园契约、学术诚信政策、修订版荣誉准则等制度。荣誉准则由威廉与玛丽学院最先发起，主要内容包括无人监考、签署荣誉誓言、报告失信行为等。随着美国高等教育对诚信的要求越来越高，荣誉准则的内容也随之丰富起来，并不断完善，形成了更加完美的新荣誉准则。新荣誉准则制度除了负责调

---

① 周菲菲，王永春，李朝阳. 美国贝勒大学学生学术诚信的保障体系[J]. 高教发展与评估，2016（3）：73-81，104-105.

② 崔理华，张红伟，孙岳. 世界一流大学科研诚信治理体系的特征及启示——以哈佛大学为例[J]. 科学与社会，2020（2）：111-126.

③ 孙峻. 美国的诚信教育机制对我国高职人才培养的启示[J]. 黑龙江生态工程职业学院学报，2019，32（5）：82-85.

查和处理学术不端行为外，还突出强调了学生的个人学术诚信和参与学术活动的主动性。同时，强调发挥教师和团队的示范作用及相互监督作用，这样就构建起了一个相互学习、相互监督的学术诚信共同体。

由于有了专门的管理机构、科学的管理体制、完善的规章制度，学术道德与科学精神教育和政策的宣传顺利实施，违章处理有章可循，学术道德与科学精神教育效果显著。美国的这些经验和做法值得我国学习和借鉴。

三、创设课程体系、实施“三全”育人是抓好学术道德与科学精神教育的关键

美国对学生进行学术道德与科学精神教育是十分务实的，其通过创设课程体系进课堂，强调师生共同努力全员抓、全教育学段全程抓、贯穿教学科研全方位抓，把学术道德与科学精神教育落到实处。

（一）教育内容课程化，并形成一定的体系

美国的学术道德与科学精神教育很早就进入了课程，无论是以诚信为主的学术道德教育，还是以求真为导向的创新教育和以问题意识为主线的批判性精神培养，学校都设计了专门的课程并建立起了课程体系，以课程体系为载体对学生进行教育。例如，美国的诚信教育和科技史教育既有公共的关于学术诚信教育的课程，又有融合于各学科的课程教育，这些课程既融入了课堂教学，又融入了科研实践训练，成效显著。

（二）学术道德与科学精神贯穿人才培养和科学研究全过程

美国的学术道德与科学精神除了进课堂外，还有一个特点，即全员参与、全过程展开和全方位进行。一是师生共同努力全员抓，既有教师的传授和示范，也有学生的自治与实践；既强调教师的责任和作为，又强调学生的感悟与自律。例如，美国大学除了强调教师的责任和义务外，还注重学生层面的学术诚信自治，重在发挥大学生的自治能力。二是贯穿本科、硕士、博士整个学段。一方面是抓得早，从本科生开始抓；另一方面是从本科阶段、硕士阶段到博士阶段乃至博士后阶段持之以恒。三是研究生阶段重点抓，博士后阶段不放松。四是贯穿教学、

科研全方位和教室、实验室全教育空间。美国对学生进行学术道德与科学精神教育，除了把握科研的各个环节，利用实验室进行外，还注重与教学相结合，把学术道德与科学精神融入教学。此外，通过实践等第二课堂进行学术道德与科学精神教育也是美国学术道德与科学精神教育的一大特色。例如，美国的学术诚信实践活动既强调举办显性的诚信教育活动，又注重开展隐性的诚信教育活动，还要求将学术诚信教育生活化。这些都是值得我国借鉴的。

我国思想政治教育也强调“进教材、进课堂、进头脑”和“全员、全过程、全方位”育人，虽然与美国的学术道德和科学精神教育的内涵有所不同，但其作用机理是相通的。在科研育人实践中，借鉴国外的有益经验，结合科研特点，把“三进”与“三全育人”运行机制植入科研育人实践之中，坚定信心，常抓不懈，将会取得较好的成效。

四、开展本科生科研是抓好学术道德与科学精神教育的基础

我国的本科生参与教师科研活动的机会较少，有限的科研实践大多是在实习和毕业论文撰写阶段开展。美国的本科生科研制度对于培养学生的学术道德与科学精神大有裨益。

（一）本科生科研为培养学生的学术道德与科学精神打下了基础

教师带领本科生进行科研，让学生在科研过程中通过实践、合作、重复、发现、体验，获得知识，了解科研过程，增进合作，验证结论，探索未知以及意识到科学研究的价值，不仅有利于培养学生的科研兴趣、增强学生的动手能力，使其学会基本的科学方法，而且有利于培养学生的学术道德与科学精神。

美国大学组织的本科生科研收到了实效。美国大学和学院联盟（American Association of Colleges and Universities，AAC&U）的研究表明，“本科生科研”是学生成人成才的十项“高影响力”要素之一。吉尔摩尔（Gilmore）等认为，本科生参与并尝试科研，作为一种接近客观真实的教育实践，打破了理论学习的枯燥，激发了学生对科学事业的热爱，对于培养学生的创新精神、提升学生的科研能力具有重要的作用。参与过科研的本科生，其学术水平和能力比没有参与过科

研的本科生显著高出许多。[①]卡特（D. F. Carter）等认为，本科生参与科研能提高学生的合作能力、批判性思维能力、领导力等。[②] 基尔戈（C. A. Kilgo）等的实证研究结果显示，本科生参与科研活动对于培养其探索精神，提升科学诚信道德素养、跨文化研究能力、团队协作领导力，以及提高个人幸福感等具有显著的正向影响。[③]

（二）本科生科研为大多数学生自由探索提供了机会

近年来，我国已逐步意识到了本科生参与科研的重要性，已有一些大学启动了本科生科研实践活动，甚至拨出专款设置科研助手岗位，安排教师指导本科生组建创新创业团队，让学生通过给教师做科研助手或参与数学建模、机器人大赛等活动进入科研实践过程。这些尝试体现了大学对大学生创新教育的大胆改革，但存在两个明显的问题：一是真正参与的人很少，大多数学生都难以有机会参加，而美国 UROP 的指导思想就是让大多数学生能够参与其中。比如，麻省理工学院要求学生都要参与不同类型的科研活动，参与 UROP 的学生达到 80%以上。[④]二是我国的某些大学生参与科研活动流于形式，甚至只是为了获取一点资金补贴，未能真正激发出创新的激情。无论担任科研助手还是参与数学建模大赛等，基本上是老师设计好题目，让学生在课余时间完成一项任务，对学生独立思考、开拓创新、系统全面的思维能力的培养仍然不足。美国的 UROP 活动是教师指导学生根据自己的兴趣在实践中寻找课题，并设计好项目申请书，按照实际情况做好经费预算。这种模式更接近于真实的科研，有利于提升学生的创新能力，培养学生的创新能动性。美国大学本科生科研参与面广，允许学生自由选题，不仅受益面大，而且为他们的自由探索提供了机会，值得我国学习。

总之，经过多年的实践探索，美国大学在大学生学术道德与科学精神教育方

---

① Gilmore J, Vieyra M, Timmerman B, et al. The relationship between undergraduate research participation and subsequent research performance of early career STEM graduate students[J]. The Journal of Higher Education, 2015, 86(6): 834-863.

② Carter D F, Ro H. K, Alcott B, et al. Co-curricular connections: The role of undergraduate research experiences in promoting engineering students' communication, teamwork, and leadership skills[J]. Research in Higher Education, 2016, 57: 363-393.

③ Kilgo C A, Sheets J K E, Pascarella E T. The link between high-impact practices and student learning: Some longitudinal evidence[J]. Higher Education, 2015, 69: 509-525.

④ 徐颖. 国外研究性大学教学与科研互动经验及借鉴[J]. 技术经济与管理研究，2011（6）：52-57.

面已经形成了成熟的教育体系和鲜明的特色，其成效令世界瞩目。尽管美国的现代大学制度、意识形态等与我国存在着根本的区别，但其学术道德与科学精神教育对我国有一定的借鉴意义。美国一直将学术道德与科学精神作为治校育人之本的理念，尤其是注重对学生学术道德的教育和科学精神的培养，并且在实践中不断探索和完善，为我国高等教育改革提供了可资借鉴的经验与启示。

第十一章

大学科研育人的实现机制与育人路径

系统构建大学科研育人的运行机制，协调组织政府及教育行政管理部门、学校、教师、团队、学生等多方育人主体齐抓共管，充分发挥政策、法律、规范等制度的引导作用，综合利用思想教育、行政管理、社会支撑等手段的驱动力量，是开展科研育人的基本要求和有效对策。科研育人的运行机制主要包括引领与协调机制、动员与协同机制、支持与保障机制、监督与激励机制，其对策围绕实现这四个方面的机制展开，共同构建和形成了科研育人的运行机制及实现对策。下面就大学科研育人的机制构建及实现对策进行论述。

第一节　构建引领与协调机制，强化宏观调控与组织领导

大学科研育人的推进必须强化国家及政府政策法规的宏观调控和教育行政管理部门及高校强有力的组织领导，构建有明确的思想引领、完善的政策法规、坚强的组织领导、周密的计划安排的引领与协调机制，是推进大学科研育人的前提，是统领大学科研育人方向和推进科研育人进程的保证，具有方向性、调控性和牵引性作用。引领与协调机制的构建与实现对策主要有如下几个方面。

一、强化立德树人，引领育人方向

贯彻中央精神、引领办学方向、强化立德树人理念，是大学科研育人有效推进的根本。培养未来科技人才是高校义不容辞的责任，未来科技人才不仅需要有扎实的专业知识和较强的科研能力，更需要有为国为民的科研理想、勇攀高峰的科研目标、求真务实的科学精神和诚实守信的科学道德。中共中央、国务院一直以来非常重视高校学生的思想政治工作，反复强调“立德树人”是高等教育的根本任务，近些年来出台了一系列包括科研育人在内的加强、改进思想政治工作的政策和措施，要求各级党委和政府以及高校贯彻落实。

（一）教育管理部门敢于担当，引领高校立足中国大地办学

各级教育行政管理部门要敢于担当，认真贯彻中共中央、国务院的决策部署，采取强有力的手段和措施引领高校立足中国大地办学，引导学校确立科学的育人目标，确保教育的正确发展方向，为党育人，为国育才，完善立德树人体制机制，加强和改进高校思想政治工作，促进大学科研育人。

（二）高校回归教育初心，强化“立德树人”的办学导向

高校要高度重视，提高政治站位，坚持正确的办学方向，回归教育初心，不忘育人使命，把“立德树人”作为根本任务落实到一切科研活动中。高校只有牢固树立并落实“科研育人”的导向，才能为科研育人铺就平坦大道。

二、完善政策法规，调整育人关系

完善政策法规，调整好人才培养和科研的关系，以及科学研究中“做人”与“做事”、“育德”与“育才”的关系，是大学科研育人的基础。

（一）立法约束，规定大学科研育人

针对高校普遍存在的重科学研究、轻人才培养的现象，特别是在科学研究中重出成果、轻出人才，以及人才培养中重知识能力培养、轻思想道德教育的现象，国家必须运用法规的手段加强对大学办学的监督和管理，规定大学实施科研

育人。当下行之有效的立法规范思路主要有两个方面：一是在高等教育法中对教师明确提出教书育人和科研育人的要求。二是将部门规章上升到法律层面。20 世纪 80 年代开始，美国针对大学重科学研究、轻人才培养的问题，先后制定了《学院——美国本科生教育经验》（*College: The Undergraduate Experience in America*，1986）、《学术水平反思——教授工作的重点领域》（*Scholarship Reconsidered: Priorities of the Professoriate*，1990）等法案，强化了人才培养。我国可以借鉴美国的经验和做法，将近些年出台的一些政策和部门规章上升到法律法规的高度，出台"高校德育法"，在宏观层面明确大学科研育人的意义、作用、地位、原则和任务，要求大学推进科研育人。

（二）政策指导，引导大学科研育人

政府及教育行政主管部门要通过政策指导大学科研育人，要求大学尊重教育规律，引导其全面履行高校人才培养、科学研究、社会服务、文化传承、国际交流与合作职能，遵循职能逻辑，引导高校把人才培养作为第一职能，把"立德树人"这一根本任务落到实处。党的十八大以来，国家高度重视高校思想政治工作并印发了一系列文件，强调"立德树人"，特别是针对高校在思想政治工作中过分依靠政工队伍和思想政治理论课，提出了"三全育人"（全员育人、全程育人、全方位育人）和"十育人"（课程育人、科研育人、实践育人、文化育人、网络育人、心理育人、管理育人、服务育人、资助育人、组织育人）等要求。高校要把这些精神贯彻落实到相关工作中，在"三全育人"中突出科研育人的功能，在"十育人"中凸显科研育人的位置，还要完善和健全相关政策，特别是要出台科研育人方面的配套政策和可操作的实施细则。当下高校应重点围绕学校、教师、团队、学生等关键要素和科研过程、科研环境、科研成果推广等重要环节，发挥好科研育人的功能。在此基础上，制定实施细则，对科研育人的目标与任务、主要内容、环节与程序、管理与考核、奖励与处罚做出具体规定，以便大学科研育人有章可循、有据可依，促进大学科研育人落到实处。

三、健全组织体系，加强育人领导

完备的组织体系就像人的大脑中枢神经系统一样，对整个科研育人系统起着

指挥、管理的重要作用，健全组织体系是科研育人的关键。

（一）政府加强领导，做好宏观指导

就宏观层面而言，教育行政主管部门要明确有专人分管和部门主管，负责所属系统的大学科研育人工作的政策制定、科学决策、组织领导工作，并对所属系统的大学科研育人工作进行布置、指导和检查、评估。同时，推动成立科研育人联盟，加强学校之间的交流与学习。

（二）高校高度重视，构建领导体系

高校要高度重视，加强领导体制机制建设。高校党委应担负起科研育人的组织领导责任，校长要亲自抓，建立科学合理、能够总揽全局、指挥通畅的领导体制和层级分明、良性对接、齐抓共管的组织体系，形成党委统一领导，相关职能部门为主导、院系为主体的“三位一体”育人机制。“三位一体”育人机制是党委统一领导下的党政齐抓共管、校院紧密结合、全校紧密配合的工作机制，是科研育人工作取得成效的基础。在“三位一体”育人机制中，党委是科研育人的领导核心，学校相关部门是科研育人的主导力量，院系及科研平台是科研育人的主体力量。同时，学校要构建三级组织领导体系。第一级为学校领导决策层面，成立由分管科研、教师工作的校领导担任主任或组长的科研育人工作委员会或领导小组，由学校党政办公室、科研部门、教师工作部门、学生工作部门、研究生工作部门、财务后勤等职能部门主要负责人担任成员，负责全校科研育人的统筹领导工作，履行建章立制、计划安排、检查督导职能。第二级为协调指导层面，由科技处、教师工作处等部门组成，负责日常工作指导、协调和考核评价、奖励惩罚工作。第三级为具体操作层面，由各二级院系、科研平台等学术部门的负责同志组成，负责部署、培训、指导、监督、检查等具体工作的贯彻落实。

四、抓好顶层设计，明晰育人方略

做好大学科研育人，要重视顶层设计，明晰育人总体方略和工作计划。

（一）抓好顶层设计，明晰大政方针

教育行政管理部门要出台大学科研育人的政策和规划，明确各高校党委与行政部门的职责和任务，提出科研育人的指导思想、育人目标、育人政策、育人要求等大政方针，为强化各高校的主体责任，明晰各高校的任务提供依据；为各高校制订科研育人计划和践行科研育人做好顶层设计、提供指导。

（二）制订工作计划，细化实施方案

高校要制订科研育人的计划和实施方案，对全校科研育人工作统筹做好规划和设计，对各级行政组织和学术组织、教师的科研育人工作做出具体的规定、提出明确的要求，为全校各级各类组织和教师实施科研育人提供行动指南。高校通过制订科研育人计划、方案，规定各级党政组织和学术组织科研育人的目标和责任，明确学校科研育人的主体与对象，细化教师科研育人的责任和任务，设计科研育人的具体内容与形式，明确科研育人的环节与过程，提出科研育人检查、考核与奖惩要求。在此基础上，学校对全校的科研育人工作进行周密部署和精心安排，从而指导和推动科研育人工作高质量、有序地开展。

第二节　构建动员与协同机制，强化主体责任与联动推进

实现科研育人，关键是各育人主体要加强协同，协同程度会直接影响科研育人的质量和成效。对学校的组织动员、教师的言传身教、团队的熏陶感染和学生的自我体验等教育形式进行整合，建立有效的动员与协同机制，是科研育人的关键。科研育人动员与协同机制是整个科研育人构成要素及其作用机理的反映，体现的是在科研育人特定活动中各要素协同作用的方式，反映的是各要素在一定结构中协同作用的过程，决定了科研育人活动能否正常、高效地运行。高校应该以科研育人过程要素动员与协同效能最大化为标准，构建科研育人动员与协同机

制，制定实现对策，具体包括以下几个方面。

一、实施全员动员，强化学校主导

做好科研育人工作，高校要面向校内各级行政和学术组织、教师和干部等相关人员进行动员。学校各级组织要强化立德树人是学校的根本任务和科研是育人的一条重要途径的认识，从而增强其使命感和责任感；要让教师认识到科研育人符合教师职业发展的方向，是高校人才培养工作的必然要求；要让相关部门的干部和职工认识到科研育人是自身应尽的责任和义务。高校要通过构建动员与协同机制，强化学校各级组织、教师和干部的认识，调动学校各级组织、教师和干部的积极性、主动性、创造性，为科研育人提供强大的精神动力和效能。

（一）发挥各级组织的力量，落实单位主体责任

高校面向各级组织进行动员是重要的一环，不能停留在发文、开会的层面。为此，高校要强化主体责任，加大组织和动员力度，通过组织动员，强化学校各级组织的使命担当，要让其充分认识到“高校立身之本在于立德树人”[①]。“大学它并非纯粹是一座知识宝库，也并非单单是创新的推动者，更不是一所职业训练学校，万万不可沦为培育贪婪、自私、毫无道德和社会责任可言的人的机构。”[②]开展科研育人，是高校的神圣使命和不可推卸的责任。同时，学校各级管理工作者要提高政治站位，强化“立德树人”的使命担当，高度重视并亲自主抓科研育人。

（二）发动全体教师参与，提高育人意识和能力

提高教师科研育人的意识是做好科研育人的前提。教师有了强烈的科研育人意识，才会有行动的自觉。长期以来，在大学中对学生进行思想道德教育的两大系统是思想政治理论课教师系统与高校政工干部系统。一些教师只强调教书育人，科研育人往往被忽视了，科研育人的意识不强。在科研过程中，多数教师将

---

① 教育部课题组. 深入学习习近平关于教育的重要论述[M]. 北京：人民出版社，2019：25.

② 刘在洲，谢晨霞，刘香菊等. 大学科研育人现状、问题与对策——基于H省4所高校的调查[J]. 高等教育研究，2019，40（6）：79-85.

工作重心放在科研成果产出上，忽视了科研育人，因此增强教师的科研育人意识是当务之急。学校要面向全体教师进行动员，让教师正确认识科研的功能、科研与育人的关系，转变观念，强化科研育人理念[①]，并不断将其内化于心、外化于行，由思想自觉引领行动自觉，积极投身科研育人的实践之中。习近平总书记在全国教育大会上指出："教师是人类灵魂的工程师，是人类文明的传承者，承载着传播知识、传播思想、传播真理，塑造灵魂、塑造生命、塑造新人的时代重任。"[②]当前高校要按习近平总书记"三传播"和"三塑造"的要求，引导教师在科研中不仅要传播知识、传播思想、传播真理，还要塑造灵魂、塑造生命、塑造新人，强化教师的科研育人意识。同时，学校还要提供多层次、多类型的教育内容，帮助教师树立正确的人生观和价值观，树立科学报国、服务人类的理想和勇于创新、敢为人先的科研目标；强化科学道德和学术诚信意识，形成良好的学风、文风，打牢教师科研育人的基础，打好教师科研育人的底色。

提升教师科研育人能力和水平是做好科研育人的基础。首先，要让教师把握科研育人的环节与时机。教师不仅要指导学生出成果，还要抓住这一有利时机开展育人活动，培养学生的科学道德和科学精神。与此同时，还要让教师认清不仅科研过程中存在科研育人时机，其他人才培养环节也有许多科研育人时机。在教学环节，由于教学过程科研化[③]发展，学生要完成一系列具有研究性质的学习任务，比如，本科生阶段的科学实验、毕业实习、毕业设计、社会调查、学士论文，研究生阶段的课程论文、学位论文等；在第二课堂，本科生、研究生开展业余科研活动是常态。他们利用课余时间，开展以科学探索与发现、科技创新与发明、科技推广与应用为目的的各种学术项目，参加"挑战杯"全国大学生系列科学技术竞赛类等科研活动。另外，科学文化、科学氛围、科学前沿讲座等都是育人的环境。[④]这些活动都是在教师的主持和指导下进行的，都是教师科研育人的舞台。其次，要提升教师科研育人的能力。学校要通过开展各种形式的宣讲会、交流会、现场会、专题学习活动等培训方式，对教师进行科研育人能力培训和指导，让教师掌握更多的方式方法，有效地开展科研育人。高校要鼓励教师加强对

① 王李金，杨彩丹. 转变观念 强化科研育人理念[J]. 中国高校科技，2012（Z1）：20-23.

② 教育部课题组. 深入学习习近平关于教育的重要论述[M]. 北京：人民出版社，2019：8.

③ 周川. 从洪堡到博耶：高校科研观的转变[J]. 教育研究，2005（6）：26-30，61.

④ 李志民. 提高科学研究水平 提升高等教育质量[J]. 中国高校科技，2012（8）：7-10.

科研育人的经验和方法进行研究和总结，分析得出有效的咨询报告、方法建议等，为更多的教师开展科研育人提供经验和典范。

二、践行言传身教，凸显教师主体

教师是科研育人的主体之一，言传身教是科研育人的有效手段，教师在科研育人过程中应做好言传身教。

（一）注重正面灌输，坚持晓之以理

教师在科研过程中要履行科研育人的职责，首先还是要言传，要加强对学生的价值引领，进行灌输式的显性教育，这是科研育人的基础。早在 1902 年，列宁就将灌输理论引入思想政治工作领域，明确指出："工人本来也不可能有社会民主主义的意识。这种意识只能从外面灌输进去。"①习近平总书记在学校思想政治理论课教师座谈会上强调，推动思想政治理论课改革创新，要不断增强思政课的思想性、理论性和亲和力、针对性……要坚持灌输性和启发性相统一，要坚持显性教育和隐性教育相统一。②可见，无论时代怎么变化，无论当代青年学生如何张扬个性，正面灌输都不能丢，应通过灌输使学生明白相应的道理。"灌输"是思想道德教育价值实现的前提和基础，也是思想道德教育价值实现的基本途径。教育者只有把社会要求的政治观点、思想体系、道德规范等"灌输"给受教育者，受教育者才有接受的可能，才能对教育信息和教育行为产生认同感，进而内化为自觉的行为，思想道德教育的价值才能得以体现。

因此，教师在指导学生进行科研的过程中，要利用自身在学生中的威望和丰富的科研阅历，以及与学生近距离接触的便利条件和经常见面的时机，通过学术报告、团队会议和个别谈心等方式，不失时机地对学生进行正面教育。

（二）突出行为示范，做到以己率人

在指导学生进行科研的过程中，教师既要重言传，更要重身教。行为示范、

① ［苏］列宁. 列宁全集（第六卷）. 北京：人民出版社，1959：29.

② 习近平主持召开学校思想政治理论课教师座谈会强调 用新时代中国特色社会主义思想铸魂育人贯彻党的教育方针落实立德树人根本任务[J]. 党建，2019（4）：4-5.

以己率人是教师科研育人的关键，示范性是科研育人的一个重要特征，虽然示范的方式是各种各样、时隐时现的，但它真实存在于科研活动的实践场域中，发挥着重要作用。

做好行为示范，教师首先要有示范的资本。习近平总书记在北京大学师生座谈会上说："教师思想政治状况具有很强的示范性。要坚持教育者先受教育。"[①]教师必须修炼高尚的科学道德和具有严谨的学术规范，只有这样才能为学生做出表率。另外，在科研过程中，教师要严格要求自己，以身作则，通过自己的模范行动影响学生。

三、促进熏陶互助，打造育人团队

现代科研已不再是教师个人单打独斗或单一的师徒行动了，组团科研是一种普遍的科研组织形式，因而科研团队成了科研育人的重要载体，是科研育人的重要支撑。

（一）培育科研育人团队，打造育人熔炉

从环境育人的角度来看，科研团队是学生受教育的环境，环境对学生的人生观、价值观和世界观的形成起着重要作用。正如涂又光先生著名的"泡菜理论"所说的那样，泡出来的白菜、萝卜的味道，取决于泡菜汤的味道。[②]教育环境好比泡菜汤，它影响和决定了浸泡其中的学生的精神风貌和行为风格。因此，教师要注重培育良好的科研团队文化，让学生在以教师为首的科研团队中，经过成员间初始阶段的从众与感染，成长阶段的示范与模仿，再到成熟阶段的合作与冲突处理，来实现自我教育的目的。

（二）引导学生融入团队，促进熏陶感染

教师要注重带领学生融入科研团队，让学生在团队接受熏陶感染，依靠自身的认知模式、知识经验、感情情绪和团队的影响去感知、接受、模仿，最后将所感所得内化，形成良好的科学道德和学术规范，达到科研育人的目的。

---

① 习近平. 在北京大学师生座谈会上的讲话[N]. 人民日报，2018-05-03（1）.

② 转引自：刘献君. 大学之思与大学之治[M]. 武汉：华中理工大学出版社，2000：11.

四、加强实践锻炼，引导学生体验

在科研育人实践中，激发学生的主观能动性和积极性非常重要。广泛参与科研活动，深度参与教师科研项目，都需要学生发挥主观能动性。

（一）动员学生参与各类科研活动，引导学生端正科研态度

学校各种类型的科研活动有很多，学生自主学习、自主安排的自由度较大，学校和教师要注重动员和组织学生参与各类科研活动。对参与各类科研活动的学生，教师要注重教育和引导学生端正态度，要求学生在科研过程中不仅要向教师学习专业知识，提高科研能力，而且要在科研过程中学习教师的科研理想、科学道德和科学精神。学生明白了这些事理，其主观能动性就能得到充分发挥。

（二）组织学生深度参与教师科研，指导学生在实践中悟道理

学生只有深度参与科研才能增加受教育的机会，让学生在参与科研的过程中认知科研的规律和规范，体验应有的科学态度、科学作风和科学方法是科研育人的重要途径。教师要安排学生系统参与科研活动和全程指导学生开展科研工作，在学生实践体验的基础上及时启迪引导，升华学生的理性认知。比如，通过安排学生参与申请科研课题和承担科研任务，让学生了解学科前沿，了解学科发展现状，提升学生的科研素养，积累科研经验，打下科研基础，培养他们瞄准世界科技前沿的意识和至诚报国、服务人民的崇高理想；通过引导学生感受科研的艰难与不易，培养学生不畏艰难、潜心钻研的拼搏精神；通过科研过程中的挫折与失败，培养学生不怕失败、越挫越勇的坚强意志；通过科研获得的成果，提高学生参与科研的获得感和自豪感；通过对学生研究方法的指导，培养学生的辩证唯物主义的世界观和方法论。同时，在科研实践中，教师要通过实践训练，培养学生诚实守信、严谨求实的学术规范；敢于怀疑、理性争鸣的批判精神；求善求美、有律有度的科技伦理。

第三节 构建支持与保障机制，强化环境培育与手段创新

科研育人是一项系统工程，需要强化育人环境与手段创新，建立大学科研育人支持与保障机制，调动校内各方面的资源和力量形成合力，整合内部各种资源形成全方位育人的合力。支持与保障机制是由评价体系导向、环境氛围支持、物资条件保障和手段创新四个方面构成的，其作用在于汇聚各方面的力量，形成评价体系导向育人、环境氛围支持育人、物资条件保障育人、手段创新育人的多方面力量，并互为补充，产生整体合力。支持与保障机制的构建和实现对策有如下几个方面。

一、规范各类评价，改善社会环境

改革评价制度，规范各类评价，是落实科研育人的重要举措。目前，当务之急是在高校人才评价、项目评审、学科与大学评估等各类评价中注重强化育人内涵，发挥评价对科研育人的引导、鼓励、支撑作用。

（一）完善评价标准，强化育人内涵

完善科研评价标准，强化育人内涵是重中之重。目前，开展大学评价排名的社会组织有很多，这些组织得出的评价结果的影响很大，备受民众关注，对大学的办学起到了导向作用。但这些评价机构的评价指标体系往往过于关注科学研究产生的所谓“核心指标”，忽视了对人才培养方面的考量，特别是没有培养学生的科研理想、科学精神和科学道德方面的指标要素，对“立德树人”的重视不够。很早以前，芝加哥大学校长金伯顿（L. A. Kimpton）就指出，“大学排名常常依据随意的标准而定，这些标准大多忽略了大学里最有价值的部分”①，他认为

① 转引自：[美] 威廉·墨菲，[美] D. J. R. 布鲁克纳. 芝加哥大学的理念[M]. 彭阳辉，译. 上海：上海人民出版社，2007：45.

这些“最有价值的部分”恰恰都体现在“无形的方面”，大学的“道德准则”就是其中之一。因此，“立德树人”方面的指标不能缺失。首先，在科研项目评价中，要有体现科研对人才培养和学科发展的贡献的指标，特别是要有通过科研育人的指标，破除科研项目评价过程中 SCI（科学引文索引，Science Citation Index）至上的纯学术导向。其次，在人才评价中，要有体现教书育人的指标，特别是对科研岗位上的教师的评价，要有科研育人的指标要求，增加科研育人的考核内容，引导教师将思想政治教育贯穿在科研过程中，要求教师在科研中既要关心学生做事，也要关注学生做人。最后，在学科与大学评价中，要把立德树人的导向贯彻其中，构建以立德树人为根本目标的标准。特别是在“双一流”建设、学位点扩展、资源调配等方面要淡化“五唯”的指标体系，重视人才培养指标，特别是要重视科研育人的评估指标。

（二）加强评价监管，强化育人导向

政府要改革评价主体、减少评价项目、优化评价方式、改进结果评价、强化过程评价、探索增值评价、健全综合评价，充分利用信息技术提高评价的科学性、专业性、客观性，健全具有中国特色的学术评价标准和科研成果评价办法。同时，要加强对各类评价机构的全方位监测，对评价程序和评价结果进行有效的监督，加大监管、问责和惩戒力度。首先，政府和教育行政主管部门组织的各类评价、评审、评估要起到引领和示范作用，聚焦立德树人，强化育人导向，引领大学回归育人初心，对社会评价起到示范作用。其次，规范社会组织大学评价管理，在控制评价数量、优化评价方式的同时，要求其围绕大学使命和职能建立全面、科学、合理的指标体系，引领大学健康发展。最后，要充分发挥评价在学术诚信体系建设方面的教育、预防、监督、惩治功能，成为遏制学术研究、科研成果不良倾向的有力手段。

二、营造育人环境，优化学校氛围

营造育人环境，优化学校氛围是促进科研育人的重要手段。良好的育人环境和浓郁的育人氛围是科研育人的肥沃土壤。环境和文化的熏陶是一个潜移默化的过程，对学生的影响是深刻而长远的，学校要特别注重科研育人的氛围营造和文

化建设。

（一）加大宣传力度，营造育人氛围

加大对科研育人的目的、意义以及政策、措施的宣传力度，让师生知晓科研育人的必要性、重要性以及具体要求，感受到学校科研育人的氛围和感召力。同时，广泛开展各种科研育人主题活动，通过专题讲座、广播、征文和比赛等形式，借助微信、微博等网络平台开展科研育人的动员、交流、宣传活动，烘托育人氛围。

（二）培育育人文化，弘扬育人传统

高校要培育科研育人的校园文化，善于发掘和总结学校科研育人的特色，弘扬学校师生长期形成的科学精神，把科研育人文化融入校园文化之中，体现学校鲜明的科研育人特色。

三、创设育人空间，保障育人条件

物资条件是科研育人的重要保障，建立物资条件保障机制也是必不可少的。

（一）创设育人情景空间，优化育人文化环境

实验室空间宣传文化环境是科研育人的影响因素。实验室空间宣传文化环境展示的科研队伍、项目、计划、目标、成果以及模范标兵事迹、励志标语、名人名言等，既是烘托科研气氛的重要工具，也是科研育人活动的教材和载体。

（二）改善科研育人条件，助力科研育人实现

科研育人条件包括两个方面：一方面是师生科研的工作条件，师生科研工作条件保障是科研育人的基础。师生科研工作条件包括实验室的场地面积和仪器设备条件，它们既是进行科研活动的物质基础，也是科研育人的重要载体。另一方面是科研育人的物资资源，科研育人的物资条件是科研育人的重要支撑。在科研育人中，学校应为科研育人活动提供经费、场地、设备、图书等条件。虽然它们不是必要条件，却是科研育人活动深入开展的助推剂。如果有经费支持，有会议

室学习交流，有设备使用和图书阅读，科研育人活动便会开展得有声有色，有利于科研育人高质量地推进。有条件的学校可以为科研育人建设提供专项资金，为科研育人工作设立奖励基金。

四、创新育人手段，增强育人效能

科研育人是一项艰巨的任务，在强调科研教师在科研过程中抓育人的同时，还要创新育人手段，丰富科研育人形式，多管齐下，综合治理。通过创新育人手段，高校可以在“三全育人”和“十育人”中把科研育人落到实处。

（一）多管齐下，综合治理

科研育人要多管齐下、综合治理。一是科研育人进课堂。学校要把对学生的科学理想、科学道德、科学精神的教育纳入相关课程的课程体系和教学内容中，组织编写师生学术规范与学术道德读本，在本科生和研究生中开设相应的公选课程和相关专题讲座。二是科研育人进活动。学校不仅要把科研活动作为第二课堂活动的载体，还要把第二课堂活动作为科研育人的载体，特别是要把科创活动、社会实践活动、社会调查活动等具有研究性质的活动作为科研育人的重要载体，注重把思想政治工作融入其中，不失时机地开展科研育人。同时，要注重培育建设一批大学科研育人工作精品项目，使之成为科研育人示范基地。三是科研育人进政工队伍。学校要动员和组织辅导员参与科研活动，与科研教师一同开展科研育人。四是科研育人进网络。学校要开通大学科研育人的网站，宣传典型的人和事，交流工作经验和体会，定期通报科研育人检查结果。五是丰富科研育人形式，增强科研育人的仪式感。学校要经常组织召开科研育人工作推进会，指导各学院和平台开展工作；定期组织科研育人的报告会，大力宣传科研育人先进学校和先进团队，培养一批科研育人示范团队；每年评选科研育人先进单位和先进个人，鼓励先进，树立榜样，加大对学术名家、优秀学术团队先进事迹的宣传力度。

（二）与时俱进，创新手段

关于思想政治教育方法的发展，“从总的发展趋势上看，是一定时代内容、理论内容、环境内容决定一定的方法”[①]。随着时代的发展和变化，科研育人也必须与时俱进，在实践中探索新的方法。一是探索满足学生多样性发展需求的引导方法。当代大学生富有鲜明的个性，有多样性的价值取向，这就需要教师在科研实践中根据学生思想的实际，针对学生个体发展的不同需求，提供个性化的教育辅导方法。二是探索利用现代信息技术和传媒手段进行引导教育。随着计算机和网络等大众传媒的普及，人们越来越多地通过大众传媒获得信息，人人可学、处处可学、时时可学将变为现实。信息技术使教师和学生所处的物理空间、学习与科研的边界变得模糊，学生和老师的交流更加便利，为学生接受教育提供了更多便利和更多选择。高校应主动迎接信息技术革命，促进信息技术与科研育人的深度融合，构建智能时代的科研育人新形态，让学生通过人工智能接受更加特别的教育。

第四节 构建监督与激励机制，强化规范管理与考核奖惩

科研育人要行稳致远，必须强化规范管理与考核奖惩，建立监督与激励机制。监督与激励机制是对科研育人工作进行检查与督促、奖励与处罚的各种机构和相关制度构成的体系，关系到这些机构和制度发挥作用的效能与效果。建立大学科研育人监督与激励机制，是促进大学科研育人的重要措施，其中健全规章制度、加强工作指导、注重日常监督和严格考核兑现尤为关键。

一、健全规章制度，规范育人行为

健全校内规章制度，建立科研育人约束机制，是科研育人顺利实施的保障。

---

① 郑永廷. 思想政治教育方法论[M]. 北京：高等教育出版社，1999：54.

（一）系统配套，形成制度体系

高校要把科研育人落到实处，必须建立健全科研育人制度，不仅使科研育人有章可循、有规可依，而且通过规章制度约束和规范广大教师和相关部门开展科研育人。从制定规章制度的主体来看，不仅要有学校层面的，还要有院系层面的、科研平台层面的。从规章制度的约束对象来看，不仅要有个人的，还要有单位的；不仅要有针对教师的，还要有针对学生的，甚至还要有针对管理与科辅人员的。从内涵来看，不仅要有奖励的，还要有惩罚的；不仅要有对师生的要求，还要有对学校、院系在服务、资金保障方面的要求等。

（二）因校制宜，形成制度特色

学校的层次不同，科研发展水平也存在差异，因此科研育人规章制度的制定应该符合各学校的人才培养特点和科学研究规律，使科研育人的政策制度具有更强的针对性和有效性。比如，研究型大学在培养学生的科学道德、科研理想的基础上，应侧重培养学生的科学精神；一般大学在培养学生的科学道德、科研理想的基础上，应侧重培养学生的科研意识。

二、加强工作指导，注重典型引路

加强对日常工作的指导和树立典型样板引路，是保证科研育人工作落实到位的重要举措，可以使基层开展工作有方寸、有样板、有目标。

（一）制定工作指南，加强工作指导

学校有关部门和各级领导通过一定的形式，深入科研一线指导工作，让科研育人工作能及时、有效地上传下达，工作能顺利开展，问题能得到及时解决，这是有效推进科研育人的重要举措。为此，学校在日常工作中要做到以下几方面：一是要制定科研育人的工作指南，在明确科研育人工作的方向和目标的基础上，细化科研育人计划安排，对每一环节的工作提出相应的要求，制定科研育人推进表、路线图，时刻提醒并指导师生开展科研育人，让科研育人工作有方向、有目标、有计划、有办法。二是要对科研育人过程进行现场指导和督促，检查科研活

动中教师言传身教的情况和学生接受教育的情况，特别是要对经验不够丰富的教师进行指导，让他们在实践中把握科研育人的时机，掌握科研育人的方法，明确科研育人的事项和任务，积累科研育人的经验。同时，要对态度不够端正的教师进行引导，让他们积极参与科研育人实践。对于不配合或有逆反心理的学生，教师要与其谈心交心，让他们在提高科研水平和能力的同时，树立科研理想，提高政治素质、文化素质、心理素质等。三是要对科研育人团队建设进行指导，打造优良的育人团队，营造团队育人氛围。科研团队的育人氛围不是自然生成的，要通过有组织、有目的的培育才能形成，高校对科研团队建设的指导非常重要。

（二）树立典型引路，注重先进示范

在树立典型引路方面，一是要注重宣传全国科研育人典型人物和事迹，如“时代楷模”黄大年的感人事迹，营造科研育人的氛围。二是树立身边的典型。要注重物色一批科研育人的先进个人和团队，让从事科研的教师通过自己周围的人和事受到感染、启发，高质量地推动科研育人。三是要开展科研育人楷模评比活动，并为育人楷模设立专门的奖金，发挥科研育人模范的榜样作用，营造树师德、正师风的良好风气。

三、注重日常监督，严管学风作风

高校要加强对相关部门和教师科研育人工作的检查、督促，密切关注教师科研育人动态，严管教师科研的学风作风，促进科研育人向着既定目标推进，防止出现偏离轨道的情况。

（一）加强育人过程管理，提高育人质量

首先，学校要重视对相关部门和基层学术单位育人过程的监督检查。监督检查相关部门和基层学术单位对科研育人工作的重视程度及组织领导、动员指导、精力投入和条件保障等工作，防止相关工作仅停留在口头上，落实不到行动上。其次，对教师的科研育人工作进行监督检查，防止在科研过程中出现教师只科研、不育人的现象，即防止教师只要求学生做事而不关注学生做人的行为发生，或虽关注学生做人，但仅关注科研道德和科学精神的教育，缺乏对学生科学报

国、服务人民的理想追求的引导，要求教师在科研育人过程中要提高政治站位，培养学生的家国情怀。

（二）注重学风作风监管，提升育人效能

打铁还需自身硬，科研育人必须从教师抓起，学校对教师的学风作风进行监督和检查至关重要。为此，学校要注重对教师在科研过程中严谨求实的科学精神和诚实守信的科学道德等方面进行督促检查，如果发现弄虚作假现象和在论文发表、成果署名、成果推广过程中有学术不端情形，实行一票否决制，进行严肃的批评教育，并要求立即改正。特别是要关注教师个人的意识形态倾向，防止教师给学生灌输不恰当的世界观、人生观、价值观等，以免给学生造成不必要的负面影响。

四、严格考核兑现，加大奖惩力度

严格考核是促进大学科研育人的重要措施，是大学科研育人工作持续深入推进的保障，因此建立一套系统、全面的科研育人考核奖励机制尤为重要。

（一）重视单位整体考核，强化单位责任

高校要建立科学育人的考评制度，每年对相关单位进行一次考核评价，这些单位不仅包括院系等学术组织，还应该包括科研管理、服务行政单位。考核内容应包括制度、动员、指导、检查、督促、投入等方面，考核结果与科研日常运行费用核拨、科研立项、平台建设立项以及干部升迁挂钩。通过对单位的整体考核，强化单位责任，提高干部的积极性和增强其责任心。

（二）加强教师年度考核，发挥奖惩功能

高校要建立教师科研育人考核制度，并将科研育人纳入教师考核评价体系，将评价结果与教师职称评定、绩效发放、年终评优挂钩，对考核不合格的教师实行一票否决制，引起教师对科研育人的足够重视。同时，高校要充分运用考核结果，建立规范的科研育人奖惩机制。奖惩机制是促进教师科研育人的有效方式，包括奖励机制和惩罚机制。从奖励机制来说，高校要定期组织科研育人优秀个人

及集体的评比活动，对先进的个人和集体给予一定的物质及精神奖励，激励教师真正做到立德树人、科研育人。从惩罚机制来说，高校要设立专门惩罚教师违反科研育人规定的专门组织，对教师的失范行为进行严肃处理，给予严格的行政处分，绝不姑息。

值得注意的是，科研育人的状况并不是可以完全进行量化的指标，学校应采取多元化的评价方式，从教师的思想道德素养、科研理想、科研动机、科研精神、科研诚信、科研作风等方面进行全方位的评价，采用教师自评、他评、团体评价相结合的综合评价方法进行评价，达到准确、真实地掌握科研育人状况的目标。

第十二章 结论与展望

第一节 结　　论

本书以提出问题—分析问题—解决问题—总结问题为研究脉络，沿着为什么要研究大学科研育人问题—大学科研育人是什么—大学科研育人育什么—大学科研育人为什么—大学科研育人如何可能—如何促进大学科研育人这一主线展开。

课题组在梳理文献的基础上，以界定科研、大学科研、大学科研育人、机理等概念为起点，首先，追寻了大学科研育人的起源与历史嬗变，并通过问卷调查、个别访谈，分析了大学科研育人存在的问题，并剖析了问题的成因。其次，凝练科研育人的时代内涵，分析了大学科研育人的本质特征，阐述了大学科研的育人使命与育人价值。再次，从多个角度探索了大学科研育人的机理。在此基础上，提出了大学科研育人的实现机制与育人路径。最后，对大学科研育人研究结论进行了总结，对科研育人的发展进行了展望。

一、主要结论

1）大学科研育人经历了从始于育人到"漂移"育人的历史嬗变。研究发现，传统大学时代，科研育人与教书育人融为一体，大学科研始于育人；现代大学时代，科研育人与教书育人并驾齐驱，教学与科研共同育人；多元大学时代，大学科研着眼于知识创新，"漂移"育人；进入21世纪，科研与育人渐行渐远，走向分离，表现为科研育人功能淡化，大学的科研功能对育人功能产生了抑制。当下大学科研育人面临许多新情况、新问题，从学校方面来看，部分学校重视不够、政策缺失，科研育人环境不优、氛围不浓。从教师方面来看，部分教师科研动机的功利性较强，教师的科研育人意识总体不强，要求不严；教师科研育人的目标偏低、站位不高；教师科研育人的主动性欠缺，投入不足；教师对指导本科生科研不够重视，范围偏窄。从学生方面来看，学生参与教师科研的程度不深，受教育时间有限；学生在科研团队中扮演的角色层次偏低，受教育机会不多。

2）大学科研育人的时代内涵丰富、特征鲜明，且意义重大。研究表明，大学科研育人任务很重，内涵丰富，共有十个方面，即科学报国、服务人民的崇高理想；勇攀高峰、争创一流的创新精神；淡泊名利、甘于奉献的高尚情操；勤奋刻苦、潜心钻研的拼搏精神；不怕失败、越挫越勇的坚强意志；集智攻关、团结协作的协同精神；严谨求实、诚实守信的优良学风；敢于怀疑、善于批判的问题意识；求善求美、有律有度的科技伦理；辩证唯物主义的世界观和方法论。

大学科研育人的本质特征如下：科研理想引领的政治教育的方向性特征，科学道德修炼的道德教育的规范性特征，科学精神规训的思想教育的认知性特征，科研方法指导的方法论教育的实践性特征。

推进大学科研育人意义重大，是社会主义办学方向的必然要求、立德树人的应然所在、“三全育人”的实然路径、科技创新的动力使然。

3）大学科研有着厚重的育人意蕴，科研活动包含着丰富的求真、向善、臻美元素，有着丰富的育人养分，大学科研的整体性有利于大学生的人性完善，大学科研的超越性有利于大学生的个性解放，大学科研的体验性有利于大学生素养的提升。

4）发生学方法反映了大学科研的应然性育人机理。研究表明，发生学方法与大学科研育人发生机理存在耦合。发生学方法在改造完善、与时俱进、系统实施的基础上是可以植入大学科研育人的，与科研育人机理耦合，促进科研育人功能的发挥；发生学方法有助于探究大学科研育人机理的逻辑路径。大学科研的教育性是科研育人的生长“基因”，为科研育人提供了潜在可能；大学教育的内在需要是科研育人的发生源头，为科研育人提供了逻辑起点；科研环境与个体兴趣是科研育人的驱动条件，为科研育人提供了现实支撑；渗透感染与体验强化是科研育人的心理机制，是科研育人的内在动因。

5）大学科研育人是由诸多要素构成的一个完整系统，各要素根据其运行规律相互作用，其过程展现了大学科研的实然性育人机理。本书根据张耀灿先生提出的主体、客体、介体、环体“四要素论”理论和主体间性理论等，结合科研育人的特点，把科研育人分为教育者、受教育者、教育媒介、教育环境四个子系统，构建了由 8 个方面、19 个基本要素组成的大学科研育人体系。通过定性分析和结构方程模型定量检验，课题组认为学校的引领与管理、教师的言传与身教、团队的互动与感染、环境的熏陶与浸润、学生的感悟与内化等要素是影响科研育人的核心要素。

大学科研育人的要素作用机理表明，大学使命和制度规则是学校主导和管理育人的原动力，统领与践行、约束与规范是学校主导和管理育人的触发模式；知识权力与情感纽带是师生互动育人的原动力，教化与服从、示范与模仿是师生互动育人的触发模式；科研属性与组织归属是团队互动育人的原动力，合作与认同、榜样与追随是团队互动育人的触发模式；环境氛围与平台功能是环境育人的原动力，熏陶与涵养、支撑与回报是环境育人的触发模式；自我意识与成就需要是个体自我教育的原动力，感悟与内化、强化与升华是个体自我教育的触发模式。介体的承载与支撑贯穿其中，发挥着平台和载体的功能。

6）促进大学科研育人必须构建育人机制，探寻科学路径。本书构建了大学科研育人的运行机制，提出了育人路径。研究表明，系统构建大学科研育人的运行机制，协调组织政府及教育行政管理部门、学校、教师、团队、学生等多方育人主体齐抓共管，充分发挥政策、法律、规范等制度的引导作用，综合利用思想教育、行政管理、社会支撑等手段的驱动力量，是开展科研育人的基本要求和有效对策。科研育人的运行机制主要包括引领与协调机制、动员与协同机制、支持与保障机制、监督与激励机制。大学科研育人路径围绕构建这四个方面的机制展开，分别如下：一是强化宏观调控与组织领导。科研育人实践中要强化立德树人，引领育人方向；完善政策法规，调整育人关系；健全组织体系，加强育人领导；抓好顶层设计，明晰育人方略。二是强化主体责任与联动推进。科研育人实践中要实施全员动员，强化学校主导；践行言传身教，凸显教师主体；促进熏陶互助，打造育人团队；加强实践锻炼，引导学生体验。三是强化环境培育与手段创新。科研育人实践中要规范各类评价，改善社会环境；营造育人环境，优化学校氛围；创设育人空间，保障育人条件；创新育人手段，增强育人效能。四是强化规范管理与考核奖惩。科研育人实践中要健全规章制度，规范育人行为；加强工作指导，注重典型引路；注重日常监管，严控学风作风；严格考核兑现，加大奖惩力度。

二、研究不足

1）大学科研育人是一个理论性较强的研究课题，在这样一个充满挑战的研究领域，理论必须与时俱进并不断创新，这是本书努力的方向。鉴于课题组成员的水平、时间及精力有限，理论创新高度不够，其中有些观点或结论可能在一定程度上有失偏颇，诚望各位学者批评指正。

2）大学科研育人的实践性、应用性和动态性强，由于调查省份和学校有限，本书研究数据的代表性略显不足。同时，时代发展较快，调查数据必须不断更新，这些是本书研究要补足的短板。

3）由于外文资料不多，加之国外没有专门的科研育人研究文献，对国外科研育人的比较研究不够深入。

4）立足大学“立德树人”这一根本任务，探索大学科研育人机理是必要的，但近期教育部第五轮学科评估将科研育人作为一项指标纳入，这无疑扩展了科研育人的内涵，给科研育人研究提出了新的要求，这是今后我们要关注的研究领域。

第二节 展 望

进入新时代，推进和深化大学科研育人已成为大学落实“立德树人”这一根本任务的重要途径，发挥大学科研育人对未来科技人才引育方面的基石作用，增强科研育人的综合效应，应把握如下几点。

一、超越当下：科研育人需要立足当下、着眼未来

从历史唯物史观来说，当下人们对社会的认知能力决定着未来世界的构建，而对未来世界的设想又引领着当下世界的发展和进步，科技人才培养与使用也要遵循这一基本关系。科研育人和科技人才培养工作是一项功在当下、利在未来的事业，科研育人需要立足当下、着眼未来。

就近代我国高等教育事业发展来看，抗日战争时期成立的国立西南联合大学（简称西南联大）以“救亡图存”为宗旨，经过岁月的洗礼，当年走出的毕业生在新中国的科学文化事业领域成为领军人物，为新中国建设做出了卓越的贡献。伴随着改革开放的浪潮而孕育的科技弄潮儿，如今也成了当下中国科技创新的栋梁。西南联大是基于中国当时的社会现状而成立的，不仅着眼于保证中华民族优秀传统文化免遭毁灭，而且准确把握了国家未来科学技术的需求，成了新中国科技人才成长的摇篮。人才培养需要立足当下、着眼未来，要充分发挥科研育人对未来科技人才的引育作用，就必须正确认识大学科研育人与未来社会对科技人才的需求的关系。这就要求政府、社会、学校、教师既要清晰地认识到现阶段人才培养的现实，又能基于此准确地把握未来的发展方向，要有战略眼光，提前超前谋划，根据未来科技发展的需求做好人才规划和预判，注重当下引育与未来需求的统一，根据未来需要制定培养目标、确定培养内容、选择育人方法。特别是要围绕“立德树人”这一根本任务，着眼未来科技发展对科技人才的新要求，进行超前设计和培养教育。

二、超越大学：科研育人需要大学与用人单位接续奋斗

科技人才成长是一个漫长的过程，如果说大学是培养科技人才的训练场，那么用人单位就是锤炼科技人才的主战场。大学的人才培养不到位，科技人才就没有走上科技战场的资格，如果用人单位不连续培养，那么科技人才的成长就会半途而废，失去价值。因此，大学要有功成不必在我、功成必定有我的历史使命感，不仅要着眼普及化教育，还要坚定精英教育的理念，不仅要培养高素质的一般劳动者，还要为培养未来的科学家努力。用人单位不能寄希望于大学一步到位，要着眼长远、立足自身培养未来的科技人才，不能“重用轻养”，必须接力

培养未来的科技人才乃至科学家。

大学培养未来的科技人才的过程不是孤立的，要充分了解用人单位的需求和人才使用环境，积极探索内外联动的科研育人协同机制。一是通过走访用人单位、对毕业生进行跟踪调查等形式，了解用人单位对未来科技人才的需求，进一步明确培养目标、细化毕业要求、丰富育人实体和手段，同时也要宣传和传达学校的科研育人理念，提高用人单位对学校人才培养尤其是科研育人模式的认同，让用人单位成为科研育人的接棒手。二是用人单位与大学合作开展科研育人工作，通过讲座、访谈、调研、开设第二课堂等方式，邀请一些知名专家、学者、科研机构进行交流合作，让学生通过暑期社会实践、毕业实习等方式进入意向单位接受在岗实践与教育，通过学榜样、尊模范等形式，让学生参与社会建设，真正增强学生对于社会的认同感和责任感，用社会力量来支撑校内科研育人的实施。三是用人单位要保证科研育人的延续性，大学毕业生走上工作岗位后，仍要保证科研育人的持续性和常态化，这既是人才培养的本质需要，也是用人单位应尽的职责，最终形成学校、用人单位等多方面的内外互动，形成科研育人的合力。

三、超越科技：科研育人需要科技与人文素质教育紧密结合

有效开展科研育人，学生不仅需要具备一定的科技素质，而且要有较强的人文素质基础。科研理想、科学精神和科学道德的培育离不开广博的人文知识、基本的审美判断及良好的心理素质等。因此，在人才培养过程中，尤其是在本科阶段，学校要为学生提供通识教育和人文素质教育，教授学生全面、系统的知识。知识的全面性与融合程度对学生的世界观、人生观的形成有重大影响，尤其是在形成理智上的修养即对知识本质及其思维方法的把握方面有重大影响。[①]科研理想、科学精神和科学道德是关于科学本质及其思维方法的理智修养，无法仅仅依靠专业化的科技教育而获得。尤其是科学创新精神的培养，学生除了需要具备深厚的专业知识外，更需要丰富的、系统的、逻辑严密的综合知识作为基础。正如鲁洁教授所说，通识教育不仅是一个综合性的，包括了科学、艺术、哲学、语言

① 赵炬明. 论大学组织与大学德育[J]. 高等工程教育研究，1991（2）：1-11.

等众多学科的知识体系，它们所构成的有机整体也真正展现了人性的深度和广度。[①]因此，夯实学生的通识教育及综合素质基础，既是使学生掌握广博的知识的需要，也是塑造学生的优良品格的需要。同时，也能为科研理想、科学精神和科学道德的培育提供认知基础。

① 鲁洁. 通识教育与人格陶冶[J]. 教育研究，1997（4）：16-20.

参考文献

[德]彼得·贝格拉. 威廉·冯·洪堡传[M]. 袁杰，译. 北京：商务印书馆，1994.

别敦荣，王根顺. 高等学校教学论[M]. 北京：高等教育出版社，2008.

丁峻，陈巍. 具身认知之根：从镜像神经元到具身模仿论[J]. 华中师范大学学报（人文社会科学版），2009（1）：132-136.

董云川. 找回大学精神[M]. 昆明：云南大学出版社，2005.

段治文. 中国近现代科技思潮的兴起与变迁[M]. 杭州：浙江大学出版社，2012.

樊小贤. 从伦理视角审视“克隆技术”[J]. 人文杂志，1998（2）：35-37.

高桂娟，陈乐. 加州大学伯克利分校如何促进本科生科研[J]. 高教发展与评估，2015（5）：63-71，99-100.

谷超豪. 苏步青老师引导我做研究[J]. 高等数学研究，2003（4）：2-3,7.

黄育馥. 美国专业人才的学术道德教育[J]. 国外社会科学，2005（1）：65-70.

李礼. 加拿大高校学术道德与学术规范教育探析——以多伦多大学和滑铁卢大学为例[J]. 比较教育研究，2012（9）：14-17.

李小平，李忆辛. 论新时代本科教育的“融合性”——兼论大学教育“分化”与“统一”的内在机理[J]. 高等教育研究学报，2019（3）：5-11，34.

李醒民. 科学精神和科学文化研究二十年[J]. 自然辩证法通讯，2002（1）：83-89.

李雪梅，邹杉. “双一流”建设背景下的高校科研育人创新模式研究[J]. 高教学刊，2022（3）：22-25.

刘润，王小莉，吴晓培. 高校研究生思想政治教育工作机制研究[J]. 中国高等教育，2021（12）：37-39.

刘在洲. 高校科研育人的内涵、特征与实践方略[J]. 思想理论教育，2021（3）：106—111.

刘在洲. 科学家精神培养：引育大学生献身科学事业的重要基石[J]. 学校党建与思想教育，2021（12）：84-87.

刘在洲，段溢波. 大学科研育人的时代价值与意蕴本源[J]. 湖北社会科学，2019（8）：170-174.

刘在洲，唐春燕. 各类课程与思想政治理论课同向同行的契合性与对策[J]. 学校党建与思想教育，2019（9）：64-66.
庞丹，陈晓晖，张晓峰. 我国教育机构科研育人的理论与实践探索研究[J]. 科研管理，2021（12）：21-25.
庞丹，杨连生，肖焕元. 我国高校科研育人的理论与实践探索研究[J]. 科研管理，2022（1）：210.
彭桓武，何泽慧，王大珩. 缅怀周培源老师[J]. 物理，1994（3）：188-190.
[美]乔治·M. 马斯登. 美国大学之魂[M]. 徐弢等，译. 北京：北京大学出版社，2009.
钱颖一. 大学的改革（第二卷·学院篇）[M]. 北京：中信出版社，2016.
秋埔. 永记周培源先生的教诲[J]. 现代物理知识，1994（2）：24-26.
[美]R. K. 默顿. 科学社会学（上、下册）[M]. 鲁旭东，林聚任，译. 北京：商务印书馆，2010.
谭梦媛，刘在洲. 高校科研育人的构成要素与相互关系分析[J]. 教育与教学研究，2021（3）：27-38.
涂又光. 论人文精神[J]. 高等教育研究，1996（5）：9-13.
涂又光. 中国高等教育史论[M]. 武汉：湖北教育出版社，1997.
王赓，杜建宾. 科研育人视阈下的高校创新实践教育效果评价——运用匹配倍差法对N高校的实证分析[J]. 中国大学教学，2021（12）：63-68.
王雨辰. 技术祛魅与人的解放——评法兰克福学派的科技伦理价值观[J]. 哲学研究，2006（12）：108-112.
王志新，周步昆，张根华等. 新时代高校科研育人影响因素与路径探索——以J省3所高校教师抽样调查问卷为例[J]. 中国高校科技，2021（12）：62-66.
吴立保，张建伟. 论科研与教学关系：非线性思维的视角[J]. 南京师大学报（社会科学版），2012（2）：83-88.
武际可. 善教者，使人继其志——周培源教育思想的探讨[J]. 力学与实践，2002（4）：70-72.
徐利治. 西南联大数学名师的“治学经验之谈”及启示[J]. 数学教育学报，2002（3）：1-5.
徐昕. 探索高校哲学社会科学科研育人路径[N]. 中国社会科学报，2021-11-30（12）.
杨振宁. 我的治学经历与体会[J]. 高等教育研究，1995（5）：1-3，6.
姚威，毛笛，胡顺顺. 内涵式还是外延式：高校科研育人效率的实证分析[J]. 科技管理研究，2021（14）：89-96.
泽芳. 理念与追求：大学发展的思考与探索[M]. 武汉：华中师范大学出版社，2018.
张君劢. 人生观之论战（上）[M]. 上海：上海泰东书局，1923.
张斌贤. 美国高等教育史（上、中、下册）[M]. 北京：教育科学出版社，2018.
赵炬明. 失衡的天平：大学教师评价中“重研究轻教学”问题的制度研究——美国“以学生为中心”本科教学改革研究之八[J]. 高等工程教育研究，2020（6）：6-27，44.

周治金，杨文娇. 隐性知识、内隐认知与科学创造[J]. 华中科技大学学报（社会科学版），2007（2）：106-110.

Clark B R. Small worlds, different worlds: The uniqueness and troubles of American academic professions[J]. Daedalus, 1997, 126 (4): 21-42.

Fulton O, Trow M. Research activity in American higher education[J]. Sociology of Education, 1974, 47 (1): 29-73.

Light D. Introduction: The structure of the academic profession[J]. Sociology of Education, 1974, 47 (1): 2-28.

Parsons T, Platt G M. Considerations on the American academic system[J]. Minerva, 1968, 6 (4): 497-523.

Scott W D. Occupational description of our faculty positions[J]. Bulletin of the American Association of University Professors, 1921, 7 (7/8): 38-39.

附　　录

附录一　关于大学科研育人的调查问卷

关于大学科研育人的调查问卷（教师）

尊敬的教师：

您好！我们是“大学科研育人的机理研究”课题组。为了了解大学科研育人的实际状况，我们特进行本次问卷调查。问卷采取不记名方式，所有数据仅用于统计研究。为了保证调查结果的准确性，请您按实际情况和真实想法填写问卷。真诚地希望能得到您的配合和支持。

需要特别说明的是，本调查问卷中的大学科研育人是指大学科研人员在科研过程中寓思想政治教育于科研实践之中，通过科研活动来培育学生（包括本科生、硕士研究生、博士研究生在内的全体学生）正确的世界观、人生观、价值观，并提高学生的政治、思想与道德素质。

对您的支持和协助深表感谢！

“大学科研育人的机理研究”课题组

2018 年 12 月

填写说明：

1. 请在相应选项下面画“√”或在“____”处填写相应内容。
2. 请注意问题后括号中所附的提示语。
3. 本问卷中的科研是指学生在教师的指导下，以自主、合作、辅助等探究的方式参与的科研实践活动，包括参与教师的科研项目、科研实验，以及教师指导学生围绕硕士和博士学位论文撰写开展的科研活动等，也包括学生在教师的指导下参与的各种科技竞赛、大学生创业项目、企业的研究项目以及自己的科研探索等。

（注：本次问卷如无特殊注明，均为单选。请在您认为合适的选项前画“√”）

一、教师基本情况

1. 您的学校层次

A. 具有博士学位授予权　　B. 具有硕士学位授予权

C. 具有学士学位授予权

2. 您的职称

A. 教授（正高级）　　B. 副教授（副高级）

C. 中级及以下

3. 您的学位

A. 博士　　B. 硕士　　C. 学士

4. 您的年龄

A . 35 岁以下　　B. 35—45 岁　　C. 46—60 岁　　D. 60 岁以上

5. 您的性别

A. 男　　B. 女

6. 您的导师资格

A. 博士生导师　　B. 硕士生导师　　C. 其他

7. 您的研究领域

A. 自然科学　　B. 人文社会科学

8. 您当前指导的博士数量（含博士后）

A. 0 人　　B. 1—3 人　　C. 4—6 人　　D. 6 人以上

9. 您当前指导的硕士数量

A. 0 人　　B. 1—5 人　　C. 6—10 人　　D. 10 人以上

二、教师科研状况和教师科研育人的做法

10. 您现在承担的研究项目（注：作为主持人）(多选）
A. 国家重点研发计划或国家科技重大专项
B. 国家技术创新引导专项基金及基地和人才专项
C. 国家基金项目
D. 省部级项目
E. 横向项目
11. 您最近五年获得的科研经费（注：在研项目经费）
A. 大于 1000 万元　B. 100 万—1000 万元
C. 10 万—99 万元　D. 10 万元以下
12. 您近三年发表的最高水平论文的刊物为
A. SCI、SSCI 及以上级别刊物　B. EI 、CSSCI 或 CSCD 级别刊物
C. 核心期刊（北大）　D. 普刊
13. 您近三年获得过的科研奖励为（可多选）
A. 国家奖　B. 省部级奖　C. 行业奖　D. 厅局级奖
E. 其他
14. 您从事科研的动机是（可多选）
A. 探求知识，破解未知
B. 技术创新，服务社会
C. 完成科研任务，通过考核，晋升职称
D. 获得科研业绩，创收赚钱
E. 其他
15. 您指导本科生开展科研活动的情况如何?
A. 指导　B. 不指导
16. 您是否吸收本科生参与到您的科研项目或团队中?
A. 是　B. 否
17. 您通常要求您科研团队中的本科生做的工作是?（可多选）
A. 收集、整理资料
B. 承担部分研究任务，如做实验或收集数据

C. 参与论文撰写

D. 管理发票和报账

E. 管理仪器设备和场地等事务性工作

F. 其他事务性工作或服务工作

G. 其他

18. 您通常要求您科研团队中的研究生做的工作是？（可多选）

A. 收集、整理资料

B. 承担部分研究任务，如做实验或收集数据

C. 参与论文撰写

D. 管理发票和报账

E. 管理仪器设备和场地等事务性工作

F. 其他事务性工作或服务工作

G. 其他

19. 您所在学校是否强调科研育人？

A. 是　　B. 否　　C. 不清楚

20. 您所在学校是否把科研育人纳入了教师工作考核体系？

A. 纳入考核　　B. 未纳入考核　　C. 不确定

21. 您在科研过程中，主要是通过哪些方式对学生进行思想道德教育的？（多选）

A. 口头表达　　B. 行为示范　　C. 团队氛围影响　　D. 不明确

22. 您在科研过程中，对学生进行思想道德教育的侧重点是什么？（多选）

A. 培养学生科学报国、服务人民的科研理想

B. 培养学生敢为人先、争创一流的科研目标

C. 培养学生的集体主义及团队合作精神

D. 培养学生的拼搏精神

E. 培养学生面对挫折勇于攻坚克难的意志品质

F. 培养学生严谨治学的学术诚信

G. 培养学生科学的研究方法与技能

H. 培养学生的人际交往能力、沟通能力、表达能力等

I. 其他

三、教师对科研育人的看法和认识

23. 您认为在科研活动中是否应该关注人才培养?

A. 是　　B. 否　　C. 无所谓

24. 您认为在科研活动中是否应该对学生进行思想道德教育?

A. 是　　B. 否　　C. 无所谓

25. 您认为在科研过程中教师对学生产生重大影响的是?（多选）

A. 教师的思想道德和人格魅力　　B. 教师严谨求实的科研作风和科研诚信

C. 教师打造的科研团队　　D. 不明确　　E. 其他

26. 您认为大学科研育人应该对学生进行思想道德教育的内容是什么?（多选）

A. 帮助学生树立科学报国、服务人类的理想

B. 帮助学生建立勇于创新、敢为人先的科研目标

C. 培养学生立德为本的科学道德

D. 培养学生严谨求实的学术诚信

E. 帮助学生掌握科学合理的研究方法

F. 其他

27. 您认为影响科研育人效果的主要因素有哪些?（多选）

A. 学校政策与环境　　B. 教师的态度和作风

C. 科研团队　　D. 学生参与科研的动机和意识

E. 科研成果的社会效益与价值评价　　F. 其他

28. 您认为科研育人主要通过哪些方式对学生的素质和道德产生影响?（多选）

A. 师生互动中教师的示范

B. 科研团队中的群体互动

C. 科研过程中学生的自我教育与自主学习

D. 学校的科研政策环境

E. 其他

四、对科研育人的建议

29. 您对科研育人的建议有哪些？（可多选）

A. 学校加强组织和领导　　B. 健全相关制度

C. 广泛宣传动员　　D. 完善评价和考核体系

E. 优化科研环境　　F. 加大奖励力度

G. 其他

答完之后请检查一下是否有遗漏。再次感谢您的认真填答！

关于大学科研育人的调查问卷（学生）

亲爱的同学：

您好！我们是“大学科研育人的机理研究”课题组。为了了解大学科研育人的实际状况，我们特进行本次问卷调查。问卷采取不记名方式，所有数据仅用于统计研究。为了保证调查结果的准确性，请您按实际情况和真实想法填写问卷。真诚地希望能得到您的配合和支持。

需要特别说明的是，本调查问卷中的大学科研育人是指大学科研人员在科研过程中寓思想政治教育于科研实践之中，通过科研活动来培育学生（包括本科生、硕士研究生、博士研究生在内的全体学生）正确的世界观、人生观、价值观，并提高学生的政治、思想与道德素质。

对您的支持和协助深表感谢！

“大学科研育人的机理研究”课题组

2018 年 12 月

填写说明：

1. 请在相应选项下面画“√”或在“____”处填写相应内容。

2. 请注意问题后括号中所附的提示语。

3. 本问卷中的科研是指学生在教师的指导下，以自主、合作、辅助等探究的方式参与的科研实践活动，包括参与教师的科研项目、科研实验，以及教师指导学生围绕硕士和博士学位论文撰写开展的科研活动等，也包括学生在教师的指导下参与各种科技竞赛、大学生创业项目、企业的研究项目以及自己的科研探索等。

（注：本次问卷如无特殊注明，均为单选。请在您认为合适的选项前面画“√”）

一、学生的基本情况

1. 您的学校层次

A. 具有博士学位授予权　　B. 具有硕士学位授予权

C. 具有学士学位授予权

2. 您的政治面貌

A. 群众　　B. 共青团员　　C. 中共党员

3. 您的学历层次

A. 博士研究生　　B. 硕士研究生　　C. 本科生

4. 您的性别

A. 男　　B. 女

5. 您所在的学科领域

A. 自然科学　　B. 人文社会科学

二、学生参与科研状况和受教育情况

6. 本科生开展科研情况（注：仅本科生填答）

A. 参与教师科研项目　　B. 参与一般科研活动

C. 否（选此项者，直接跳转至第 18 题）

7. 研究生参与教师科研项目情况（注：仅研究生填答）

A. 参与教师科研项目　　B. 没有参与教师科研项目

8. 研究生参与教师或导师团队科研项目和研究的情况

A. 全天候参与教师或导师团队的科研项目和研究

B. 部分时间参与教师或导师团队的项目和研究

C. 偶尔参与教师或导师团队的项目和研究

9. 参与教师或导师团队的科研项目和研究的动因是（多选）

A. 对科学研究的兴趣驱使

B. 加深专业知识学习，拓展知识面，提升自己的研究水平
C. 创新科技，报效祖国
D. 完成毕业论文
E. 教师要求，被动参与
F. 其他

10. 在科研过程中，教师通常安排您做的是（多选）
A. 收集、整理资料
B. 做实验或调查数据
C. 撰写实验报告或论文
D. 管理发票并报账
E. 管理仪器设备和场地等事务性工作
F. 其他

11. 通过参与科研，您发表或署名发表文章刊物的最高层次是
A. SCI、SSCI 及以上级别刊物　　B. EI、CSSCI 或 CSCD 级别刊物
C. 北大核心期刊　　D. 普通公开刊物
E. 其他成果

12. 您获得过的科研奖项（多选）
A. 国家级奖　　B. 省部级奖　　C. 行业奖
D. 厅局级奖　　E. 校级奖　　F. 其他

13. 您的学位论文选题是（填写最高学位论文的选题）
A. 自选题目
B. 在导师的建议下选题
C. 源自教师或导师的科研项目
D. 受教师或导师科研项目的启发萌生的选题
E. 其他

14. 在参与科研过程中，教师对您进行过思想政治道德教育吗？
A. 有意识进行　　B. 不刻意进行　　C. 不进行

15. 在参与科研过程中，您主要通过哪些方式接受教师的思想道德教育？（多选）
A. 教师的口头教导　　B. 教师的行为示范

C. 团队氛围的影响　　　　　　D. 其他

16. 在科研过程中，教师对您产生的重大影响是什么？（多选）

A. 教师报效祖国、服务人类的科研理想和敢为人先、争创一流的精神

B. 教师团队的合作精神

C. 教师不怕苦、不怕累的拼搏精神和面对挫折勇于攻坚克难的意志品质

D. 教师的科学道德和科研诚信

E. 教师的方法论

F. 不确定

17. 在参与科研过程中，教师是否容忍你们有学术不端行为？

A. 不容忍　　B. 适当容忍　　C. 袒护

三、学生对科研育人的看法和认识

18. 您认为科研应该负有育人的使命、职责吗？

A. 应该　　B. 不应该　　C. 无所谓

19. 您认为科研育人主要应该实现的目标有哪些？（多选）

A. 帮助学生树立科学报国、服务人类的理想

B. 帮助学生建立勇于创新、敢为人先的科研目标

C. 培养学生立德为本的科学道德

D. 培养学生严谨求实的学术诚信

E. 帮助学生掌握科学合理的研究方法

F. 其他

20. 您认为影响科研育人效果的主要因素有哪些？（多选）

A. 学校的政策与环境　　　　　　B. 教师的态度与作用

C. 科研团队的熏陶　　　　　　D. 学生的主观能动性

E. 其他

21. 您认为学生在科研育人过程中应该如何配合？（多选）

A. 加强科研过程中的师生互动

B. 加强科研团队中的群体互动

C. 在参与科研活动过程中，加强自我教育与自我学习

D. 任劳任怨，无私奉献，甘做“螺丝钉”

E. 其他

四、对科研育人的建议

22. 您对科研育人的建议（可多选）

A. 学校加强组织和领导
B. 增强教师与学生在科研过程中的互动
C. 增强学生个人与科研团队的互动
D. 发挥学生的主观能动作用
E. 优化科研政策环境
F. 营造学生参与科研的良好环境
G. 其他

答完之后请检查一下是否有遗漏。再次感谢您的认真填答！

附录二 关于大学科研育人的访谈提纲（教师）
（2019 年 3 月）

1）您指导的研究生情况（含博士后）。

2）您指导本科生开展立项科研吗？您吸收本科生参与科研项目吗？

3）您所在的学校有科研育人的政策文件吗？对教师进行相关考核吗？如何考核？

4）您认为当下教师的学风和学术诚信如何？

5）您认为当下学生的学风和学术诚信如何？

6）学生愿意参与您的科研项目吗？他们最愿意从事什么工作？他们跟老师讲报酬吗？

7）您注重吸收学生进团队吗？注重团队的思想道德教育吗？团队的教育氛围如何？

8）您在科研过程中如何对学生进行思想政治教育？对学生在科研过程中的不良行为进行批评吗？有哪些方法和主张？

9）您觉得在科研过程中对学生进行思想道德教育的首要内容是什么？采取何种方式方法？

10）您在科研过程中投入在学生思想品德教育方面的时间如何？

11）请向我讲述一下您在科研过程中对学生进行思想道德教育的故事。

12）请向我讲述一下您身边的教师在科研过程中对学生进行思想道德教育的故事。

附录三　大学科研育人影响因素实证检验问卷调查表

各位专家、教师：

大家好！为了开展对大学科研育人影响因素的研究，“大学科研育人的机理研究”课题组特制定了大学科研育人各要素对育人影响的问卷调查表，敬请您如实填写您的想法，以供我们研究使用。您的感受和建议对本次调查非常重要，本次调查采取无记名的方式，希望您不要有思想顾虑。

谢谢您的配合！

（注：本书所指的大学科研育人是指大学及教师寓德育于科研过程之中，通过科研活动对学生进行思想价值引领的教育行为和实践，旨在培养学生的科研理想、科学道德、科学精神以及其他政治、思想、文化、心理素质等）

“大学科研育人的机理研究”课题组

2020 年 6 月

一、您的基本情况

1. 您的性别？

A. 女　　B. 男

2. 您的职称？

A. 初级　　B. 讲师（中级）

C. 副教授（副高）　　D. 教授（正高）

3. 您的年龄？

A. 30 岁以下　　B. 30—45 岁　　C. 46—60 岁　　D. 60 岁以上

4. 您所在的学校？

A. 普通高校　　B. 地方“双一流”高校

C. 国家“双一流”高校　　D. 世界“双一流”高校

二、大学科研育人影响因素的状况

（一）学校的引领与管理

5. 您认为您所在学校科研育人的理念与目标如何？

A. 不明确　　B. 一般　　C. 比较明确　　D. 很明确

6. 您认为您所在学校科研育人的政策与制度如何？

A. 不先进　　B. 一般　　C. 比较先进　　D. 很先进

7. 您认为您所在学校科研管理的组织体系如何？

A. 不健全　　B. 一般　　C. 比较健全　　D. 很健全

（二）教师的言传与身教

8. 您认为您所在学校教师科研育人的意识与目标如何？

A. 不强　　B. 一般　　C. 比较强　　D. 很强

9. 您认为您所在学校教师科研育人的言传教导如何？

A. 不好　　B. 一般　　C. 比较好　　D. 很好

10. 您认为您所在学校教师科研育人的以身示范教导如何？

A. 不好　　B. 一般　　C. 比较好　　D. 很好

（三）团队的互动与感染

11. 您认为您所在学校科研团队的氛围与文化如何？

A. 不好　　B. 一般　　C. 比较好　　D. 很好

12. 您认为您所在学校科研团队的管理体制与运行机制如何？

A. 不好　　B. 一般　　C. 比较好　　D. 很好

（四）学生的体验与感悟

13. 您认为学生参与科研的动机如何？

A. 不好　　B. 一般　　C. 比较好　　D. 很好

14. 您认为学生参与科研的作风如何？

A. 不好　　B. 一般　　C. 比较好　　D. 很好

15. 您认为学生参与科研的形式如何？

A. 不好　　B. 一般　　C. 比较好　　D. 很好

16. 您认为学生参与科研的程度如何？

A. 不深入　　B. 一般　　C. 比较深入　　D. 很深入

（五）环境的熏陶与浸润

17. 您认为您所在学校科研育人的文化与传统如何？

A. 很短　　B. 一般　　C. 比较悠久　　D. 很悠久

18. 您认为学校实验室空间的宣传文化氛围如何？

A. 不好　　B. 一般　　C. 比较好　　D. 很好

19. 您认为学校实验室的科学研究条件如何？

A. 不好　　B. 一般　　C. 比较好　　D. 很好

（六）您认为的其他影响因素有哪些？状况如何？

（请用文字表达____）

三、大学科研育人效果判断

（一）大学生科研理想

20. 您认为大学生科学报国、服务人民的崇高理想如何？

A. 不高　　B. 一般　　C. 比较高　　D. 很高

21. 您认为大学生勇攀高峰、争创一流的创新精神如何？

A. 不强　B. 一般　C. 比较强　D. 很强

（二）大学生科学道德

22. 您认为大学生淡泊名利、甘于奉献的高尚情操如何？
A. 不强　B. 一般　C. 比较强　D. 很强
23. 您认为大学生集智攻关、团结协作的协同精神如何？
A. 不强　B. 一般　C. 比较强　D. 很强
24. 您认为大学生求善求美、有律有度的科技伦理如何？
A. 不强　B. 一般　C. 比较强　D. 很强

（三）大学生科学精神

25. 您认为大学生严谨求实、诚实守信的优良学风如何？
A. 不强　B. 一般　C. 比较强　D. 很强
26. 您认为大学生勤奋刻苦、潜心钻研的拼搏精神如何？
A. 不强　B. 一般　C. 比较强　D. 很强
27. 您认为大学生不怕失败、越挫越勇的坚强意志如何？
A. 不坚强　B. 一般　C. 比较坚强　D. 很坚强

（四）大学生科研方法

28. 您认为大学生敢于怀疑、善于批判的问题意识如何？
A. 不强　B. 一般　C. 比较强　D. 很强
29. 您认为大学生科学的世界观和方法论如何？
A. 不突出　B. 一般　C. 比较突出　D. 很突出

（五）您认为科研育人效果还体现在哪些方面？

（请用文字表达＿＿＿＿＿＿＿＿＿＿＿＿＿＿＿＿＿＿＿＿＿＿＿＿＿＿＿＿＿）